回想の浅川兄弟

高崎宗司・深沢美恵子・李尚珍＝編

草風館

壺を持つ弟の浅川巧

兄の浅川伯教

ソウルの忘憂里にある浅川巧の
墓地と伯教の意匠による白磁の
壺をかたどった墓標

浅川伯教と巧の家族

新しき村会合の記念写真
右より２人目浅川巧、３人目柳宗悦、５人目土井浜一
清涼里の浅川巧宅の前にて、1928 年８月２日

◎目　次◎

Ⅰ　友人が見た浅川伯教……………………………………七

安倍能成「浅川君の作品展覧会の為に」『草野集』一九三六年　8
同　右「李朝陶器篇に寄す」『陶器全集』第十七巻一九六〇年「月報18」　11
同　右「浅川伯教君のこと」『民芸』一九六四年三月号　14
河井寛次郎「浅川さん不死」『民芸』一九六四年三月号　20
浜田庄司「伯教君を憶う」『民芸』一九六四年三月号　22
田中豊太郎「浅川さんを偲ぶ」『民芸』一九六四年三月号　24
土井浜一「伯教さんとの宿縁」『民芸』一九六四年三月号　27
浜口良光「俳人伯教宗匠」『民芸』一九六四年三月号　31
赤星五郎「伯教さんのこと」『民芸』一九六四年三月号　34
同　右「浅川さん御兄弟のこと」『朝鮮のやきもの　李朝』一九六五年　36
鈴木繁男「伯教先生の面影」『民芸』一九六四年三月号　47

山本為三郎「伯教さん」『民芸』一九六四年三月号　51
広田　熙「浅川先生の思い出」『民芸』一九六四年三月号　54
手塚利明「浅川伯教先生の死」『輝く八ケ岳』一九六四年　59
グレゴリー・ヘンダーソン「浅川伯教の死を悼む」『陶説』一九六四年四月号　61
グレゴリー・ヘンダーソンとその妻「親愛なる浅川夫人へ」
一九六四年三月二六日付の手紙　72

II　親族が見た浅川伯教……七五

浅川たか代「ヘンダーソン論文について」一九六四年四月　備忘録　76
同　右「夫を語る」『京城日報』一九二〇年一〇月二二日　談話　79
鈴木正男・牧栄「父を語る」一九七八年四月八日・八月一九日　談話　80
上杉美恵子「父とおじの思い出」一九七九年一一月一八日の談話　90
同　右「父・浅川伯教の思い出」『陶説』一九九八年八月号　94
進藤　章「浅川伯教氏の死」『輝く八ケ岳』一九六四年　106

III　友人が見た浅川巧……………………………………一〇九
柳　宗悦「編者附記」『工芸』一九三一年五月号　110
同　右「編輯余録」『工芸』一九三一年五月号　112
同　右「編輯余録」『工芸』一九三一年七月号　114
同　右「編輯余録」『工芸』一九三一年一〇月号　115
同　右「浅川のこと」『工芸』一九三四年四月号　117
同　右「同人雑録」『工芸』一九三四年四月号　122
安倍能成「浅川巧さんを惜む」『京城日報』一九三一年四月二八日～五月六日　124
同　右「浅川巧君の追懐」『工芸』一九三四年四月号　137
同　右「人間の価値」『国語』（岩波書店）一九三四年　138
同　右「或る日の晩餐」『静夜集』一九三四年　144
外村吉之介「朝鮮の膳と浅川巧氏」『民芸』一九七四年九月号　153

浜口良光「巧さんと私」『工芸』一九三四年四月号　159
土井浜一「巧さんと尼さん」『工芸』一九三四年四月号　165
同　右「巧さんの仕事の跡」『工芸』一九三四年四月号　168
中井猛之進「浅川巧君へ」『工芸』一九三四年四月号　169
加藤松林人「浅川巧さんの墓」『韓国の美しさ』一九七三年　172
柳　兼子「朝鮮のこと」『柳宗悦全集』第六巻「月報」一九八一年　182
富本憲吉「京城雑信」『窯辺雑記』一九二五年　191
柳宗理・高崎宗司「浅川巧と柳宗悦」『明日の友』一九八八年夏号　200
洪淳赫「『朝鮮の膳』を読んで」『東亜日報』一九三一年一〇月一九日付　211
崔福鉉「浅川先生の想出」『工芸』一九三四年四月号　217
金二万「同じ人間として」一九七九年四月一九日の談話　221
金成鎮「浅川巧の日記入手の経緯《いきさつ》」一九九六年二月末日　手記　225

IV　親族が見た浅川巧……二二九

浅川伯教「彼の故郷と其祖父」『工芸』一九三四年四月号 230
浅川園絵「浅川政歳への手紙」一九三一年四月二二日付 238
浅川　咲「浅川政歳・ちか子への手紙」一九三一年四月二八日付 240
小宮山栄「弟の思い出」一九七九年九月二七日の談話 244
浅川政歳「亡き巧君の事」『工芸』一九三四年四月号 251
同　右「巧兄死の前後」「アルバム」より 260
小宮山辰也「おじと林業」一九七九年九月一六日の談話 262

V　解説／年譜

V　解説／年譜……………………………………二六九
高崎宗司「もう一つの回想」270
深沢美恵子「浅川伯教のこと」283
李尚珍「浅川巧のこと」295
「浅川兄弟年譜」高崎宗司編 305

カバー写真：「青花窓絵草花紋面取壺」（大阪市立東洋陶磁美術館蔵）

凡例

一、掲載資料は、脱字、誤字、誤植、明らかななどは訂正したが、原則として原文のままである。ただし、漢字は新字を採用した。

一、原題は本書に合わせて変更したものがある。また原題がないものは適宜付した。

一、読み易くするため、句読点、ルビを補った。

一、用語のなかで、現代に不適切なものがあるが、その歴史性を尊重してそのままにした。

一、〔 〕は編者による注記である。

I

友人が見た浅川伯教

安倍能成　浅川君の作品展覧会の為に　『草野集』一九三六年

私はこの表題に更に「提灯を持つ」といふ五字を附け加えようかと思つた。それはこの一文が正直の処、徹頭徹尾浅川君の提灯を持つ為に書かれたからである。

私は所謂「親分肌」なるものを尊敬しない、だから私はありもせぬ子分の為に提灯を持つことはしない。私が提灯を持つとしたならば、その年齢の高下を問はず、その位置の如何を問はず、偏に友人としての尊敬と親愛との気持を以てである。その良心を信じ得る友人の良心を打ちこんだ仕事の提灯を持つことは、寧ろ社会人としての公の義務ではないだらうか。この場合私は敢て提灯持を恥としない。

けれどもさういふ場合が私にとつてそんなに多くあつてはたまらない。又そんなに多くある筈もない。さうして浅川君の場合は、実にその稀な場合の一つである。

浅川伯教君はその弟の故巧君と共に、私が朝鮮に来て初めて得た尊敬すべき友人である。私は浅川君の、人間であれ芸術であれ、又一般文化であれ、総じて美しいもの、善きものに対する直覚の曇りなく、掩はれる所なく、僻する所なく、歪んだ所のないのに感心する。これは浅川君の如く独力で自分の道を開き且守つて来た人に於ては、殊更稀有なこととして感心していゝ。しかも浅川君はかくして感受し、理解し、悟得した所を自分の生活に体現して、それを又自分の芸術に具現せんことを、行住坐臥に念願して居る人である。浅川君は名人肌の芸術家であるとともに、一個のすぐれた人間でもある。私は浅川君と語る時いつも、「道の友」と語つて居るといふ感じを抱かぬことは少い。朝鮮のやうな人間の価値が認められることの少い、殊に官権の保護なくして何事も出来ず、民間に正しく強い与論の見られない所で、浅川君が世間生活には不適当な名人肌を以てして、しかも自分の良心を枉《ま》げる所なく、節操を汚すことなく、艱険を凌いで自分の道を開拓して来たことに対しては、実に頭の下るのを覚える。それは朝鮮の文化を解し朝鮮の将来を憂ふる人としても、私は多く同君の如き人を見ない。君の如き人には私は誰よりも長く朝鮮に居てもらひたいと思ふ。

浅川君は昨年〔一九三三年〕九月自己の作品を展覧して世に問うた。浅川君に対する信用のせゐか、朝鮮在住の人々の陶器に対する眼の執はれず開かれて居た為か、この催しが成功を得たことは、我々の喜とする所であつた。爾来一年有余、浅川君は東京、大阪を訪ひ、数々の古名器を見たり、多くの芸術的刺戟を受けたりした後、思を澄まし、心を鎮めて、世間を相手にするよりも自分の遺言をするやうな心構へを以て、北の会寧、南の高敞の窯で多くの作品を得た。中には焼けた二十個の中一つしか取れないといふやうな場合もあつたという。今その中からえりすぐつた二百何十点を展観して、ここに世に問はうとするのである。私は芸術鑑賞家、殊に陶器鑑賞家でも何でもない。併し私は浅川君の人間を信頼し、その生活の中に奪ふ可からざる良心を認め、又その芸術家としての態度を尊敬して、更にその作品の価値を認識するものである。浅川君の作品が陶器として如何なる階段に置かるべきかは、観者の所見に一任するとして、私は少くとも浅川君の志す所が、多くの内地から来た製陶家の作品などとは比べられず高い所にあるを信ずる。けれどもその志す所が如何に高くても、それを作品に具現し得ない場合、その作品は価値はない。併し浅川君が多年朝鮮と支那と日本との陶器を凝視し続けて感得し来つた様々の滋養が、随分豊富に微妙に、しかも浅川君といふ人の中に溶けこんで、それから又浅川君の作品に流れ出て居る跡は、私のやうなものも十分認め得る所である。浅川君が平生いふ所の、土に素直で土の性を枉げず、焰の自然を尊んでそれを妨げないといふやうな朝鮮陶器の美点は、又浅川君の作品に於ても十分に見出し得られる。

全体の作品二百数十点の中、百点余は茶碗、それも抹茶茶碗である。これは朝鮮の茶碗を母胎として発達し且鑑賞された日本の茶碗に、浅川君が最も多く陶器に於ける人間生活の端的にして且微妙なる表現を認め、同君の現在の興味が自然最も多くこの辺に向つて打込まれた為であらう。さうしてその作品について見ても、大きくひろやかな感じのするもの、明るい感じのするもの、所謂「懐の暖かい」感じのするもの等、数々の尤品を認めることが出来る。

茶碗の外には茶入、水注し、それから花瓶、鉢、皿、番茶器の如きをも数え得るが、その数は茶碗と比べものにならない。私は浅川君の趣味が茶に入つて茶に淫することなく、更に茶を抜け出でて、我々の平生日々親しむ器具の中にも自家の芸術を打開し来らんことを今後に望みたい。

終りに浅川君の展覧会がこの五日から九日まで三越で催されることを報告し、友人としてこの会の成功に終らんことを祈る。

（昭和九年十二月四日正午稿了）

安倍能成　李朝陶器篇に寄す

『陶器全集 第十七巻』月報18　一九六〇年

今度平凡社からでる「陶器全集」の李朝陶器篇は、浅川伯教君が書くといふので、私もそれを喜ぶあまり、ついよしなしごとを書いて見る気になった。

浅川君は甲州の生れだが、寺内総督時代に朝鮮に渡って小学校教員をやって居る中に、李朝陶器に興味を覚えて、持って生まれた凝性から、竟に一生を李朝陶器に打ちこむことになったと聞いて居る。今の坪井忠治君の父君坪井正五郎博士の人類学の講話を、私は上京そこそこの時に聴いたことがあるが、或る人がこの博士を人類学の伝道師といった。浅川君も李朝陶器の研究者であるばかりでなく、李朝陶器の伝道師たる情熱を持って居る。君の周囲には靴屋だとか銀行員だとか先生だとか少数の、人の好い処世には巧でない連中が集まって、工芸会といふのを作り、この連中は貧乏の中に李朝の陶器を集めたり、李朝の窯跡を探りにいったりして居たが、私も在鮮中いつしかこの仲間に引っぱりこまれて、浅川君の宅を訪うたり、一緒に骨董屋をあさったり、ピクニックを兼ねた窯跡さがしに参加したりもしたが、元来凝性でなく蒐集癖の薄いたちだものだから、結局やきもの通にも蒐集家にもならなかった。或る時京城郊外南漢山麓の李朝官窯の窯跡さがしにいった時にも、私は破片を捜したりするのはおっくうだから、みんなが現場へいって居る間、休所で午睡をして居たことがある。浅川君にはこれが気に入らなかったらしく、後で小言をいはれたことがあるが、別に改心する気にもならなかった。しかし一人で任地に居た私の朝鮮生活が、浅川君を中心とする数人のかうした好人物によって慰められたことは争はれない。

浅川君の李朝陶器についての造詣は、朝鮮全道の窯跡を親しく見て廻はった点だけでも唯一無二である。これは戦争前だったか降伏後だったか忘れたが〔一九三四年〕、浅川君が朝鮮全道に亙るかうした窯跡から出た破片を、朝鮮の大地図の上に配布して、一々その窯跡の陶器と地名とをしるしたうへに、君の筆で陶器の製作過程や窯の姿を画にして説明をした展観を、白木屋かどこかで催したことがある。かういふ展観を催し得る者が君の外にないことは勿論だが、私はこの展観が数日に過ぎぬのを惜しむと共に、これが長く文献として残されることを熱望し、浅川君が日常の懶癖を呵して、精力の残って居る間にこの知識と経験とを纏めることを切望したが、この巻に載せられる君の文章が、この切望の幾分を充たしてくれることを願ふに堪へない。それにつけても君の愛弟浅川巧君が若くして死んだのは、惜しみても余りある痛恨事である。巧君の李朝陶磁や朝鮮工芸に対する眼も知識も、兄君の伯教君によって啓かれ導かれたことはいふまでもないが、伯教君は中々勝れた直覚力は持って居るけれども、もし巧君が生きて居て伯教君の経験を纏めることができたならば、李朝陶器ばかりでなく、朝鮮工芸はしっかりした学問的文献を残し得たらうと思って、長大息を禁じ得ない。

私は今まで伯教君の作品についても度々提灯持を務めた。これは何も心にないことを言ったわけではないが、陶器の製作に於いて伯教君が名人であるかどうかは疑はしい。しかし名人的な気質の持主であることは確かである。それは物臭で容易に腰を上げぬこと、頑固で自信の強いこと、人と物とのよさを見つける直覚力のあることから覗はれる。ただ製作者としては、少なくとも回数だけからいっても更に多くの失敗を重ねねばならなかったであらう。製作家としての君に期待することは、既に七十五歳の老齢を重ねた君にはむつかしい。ただ私は製作者としての経験が、君にものをいはせて、この李朝陶器についての君の解説が、他人の追随を許さぬ独自のものであることを期待する。

君と会はないことも既に半年である。君の一年の長たる私も幸に元気でやって居る。これを草しつつも君の老健を祈る心の切なるを覚える。

安倍能成　浅川伯教君のこと　『民芸』一九六四年三月号

私は昭和の始めから十五年の秋まで朝鮮に居たのだが、朝鮮に来て一番始めに授かった友人は故浅川伯教君であった。君は君の文章を見ると、大正二年に渡鮮したさうだが、君が郷里の山梨県で師範学校を出たところから始めは小学教師として赴任したといふことである。恐らくそれは初代総督の寺内大将の武断政治の時代であったらしく、学校の先生も剣をさげて居た頃であったらう。君の「寺内さんは小学教師は下士級だと目して居た」といふ話をきいたことがある。しかし君は朝鮮陶器殊に李朝陶器に興味を持ち、とうとうその専門研究者となって、教職を辞したが、その年代は知らない。私のいった時には、君はもう先生はやめて、西大門近くの渼芹洞の朝鮮家屋に住んで居た。

いつ君と親しくなったかは、一つも記憶しないが、京城大学以外の親しい知合といへば皆君と君の後輩で、君を尊敬して君の周囲に集まって居た仲間であった。当時私は単身で任地へゆき、向ふに居る日本人の詞に従へば臨時チヨンガア即ちリンチヨンであった。その時分は割引もあって三十円そこそこで東京まで帰れるので、春、夏、冬と三つの休暇には、東京の妻子の家に帰り、一年の三分の一即ち四ケ月は内地に居たのであった。

元来私は蒐集欲の少ない男であったが、朝鮮に来てから骨董が安いのと、それを買ふ余裕がいくらかできたのとで、学校の往復などに、朝鮮人で東京の哲学館に居たといふ、好人物らしい、素人の骨董屋の店によって、それをあさるやうになったが、君はこの骨董の発見を一つの修行と見て居たらしく、色々の詞の端で焼物教育を私に向かって試みるやうになり、君と一緒に京城にあった日本人の骨董屋を見廻る機会をも与へられるに至った。君はさういふ店にはひると、先づ眼を光らして店内を見廻はし、尤品の所在を確めるやうな様子をした。しかし私の骨董欲はそれ程真剣なものでなく、いつか工芸会（君を中心とする仲間はかう自ら呼んで居た）の連中と一緒に、南漢山麓広州の窯跡を見にいった時、私はすぐそれに倦んで、休憩所で午睡をして居た。その後君に逢った時、君からそれを叱られたことがあった。しかし私が君の刺戟によって、骨董通にも蒐集家にもならず、又李朝陶器の研究者にもならなかったのは、私としては自然なことであって、元来私は書画骨董に対して、特殊な興味と鑑識眼を持って居ると思ったことはなかったし、昭和十六年の秋、京城を去る時、意外に沢山になった李朝や高麗、それから新羅の陶器などを、荷造りして持って帰ったが、その大方は今度の戦災で失ってしまひ、僅かに残ったのは、壺に入れて土中にいけておいた、水滴などの小さい陶器ばかりであった。

李朝陶器の研究者としては、君は全朝鮮の窯跡を遍歴し、手づからそこに残る破片を蒐集して、基礎的研究に志し、かつて昭和九年に東京の白木屋で、破片の朝鮮全道に亙る分布を具体的に示す展覧会を催したことがあったが、纏まった著述としては恐らく、「釜山窯と対州窯」の一冊があるのみであらう。私はこの書をも戦災で焼いてしまった。それにつけても私は、人物も実に立派で、自分の知識と経験とを丹念に又まめに記述に残す働きのある、彼の弟巧君の早世を悲しみ且惜しむの情に堪へない。たった一人の兄なる伯教君を尊信し愛重して居り、朝鮮陶磁器及び工芸品の研究について、彼の最も有力な協力者であった巧君が、彼より若きこと七歳近くの年齢で、しかも昭和六年四月二日にわづか四十二の厄年でなくなったことが私にはいつまでも口惜しいのである。成る程伯教君のいった如く、朝鮮の陶磁及び工芸品に対する指導は、主として兄なる伯教君によったことは確かであらう。しかし伯教君の頑固なまで自分を守った性格は、層一層君を尊信して君の為に協力を惜しまぬ、意志と能力との上に無類の勉強家でもあった、巧君を必要としたのである。

故柳宗悦君は、日本民芸の顕彰運動には、不朽の功績を残した人であるが、柳君を扶けた点でも、柳君はやはり巧君を推奨して、伯教君の、君からいはせれば「茶に淫する態度」を好まなかったらしく、伯教君も柳君の下風に立つことをいさぎよしとしないで、頑固を貫いたが、私は伯教君の茶道に対する理解には、柳君以上のもののあったことを疑はないし、又朝鮮陶器に対する理解と親昵についても、三十数年朝鮮に住んで普く窯跡を自分の足で遍歴し、又朝鮮の文献として李朝実録その他多くを読み、又親しく朝鮮人と交はり、朝鮮人の中に生活した為に朝鮮の文化を朝鮮人の生活や政治、朝鮮人の性格から体認して、その短所と共に長所を逸しない愛情を抱いて居た点では、伯教君は外に類を見ない存在であったと信ずる。

私はこの文章をかくに当って、伯教君の、「釜山窯と対州窯」以外に、伯教君の書いたものを見ようと思ひ、河出書房発行の「世界陶磁全集」第十三巻「高麗篇」、第十四巻「李朝篇」に散見する君の遺文を読んで見て新たな感銘を覚えた。前者には「高麗青磁私考」の一篇があり、簡単なものではあるが、やはり君の朝鮮陶磁に対する味解と、その生活的文化的背景に対する洞察を覗ふに足るものである。後者の「釜山窯」「朝鮮窯跡と採集品の記録」は、君の親しく足を運んで踏査した体験のにじんだもので、やはり他の追随を許さない。最後の「李朝陶磁窯跡一覧表」は君をまって始めてできたもので、実に貴重な文献であるが、かういふものは一度の探索の外に更に二度、三度を重ねてその完璧を期すべきもので、朝鮮の事情も一変した今日、朝鮮の若い人の中にその業を嗣いで、これを完成する篤志者の出ることを望むに堪へない。私は浅川伯教君の遺文を見る時、その直覚的洞察のすぐれ、文化的鑑識の鋭いことを見るが、周到な記述について欠ける処があるやうな遺憾を覚え、その周到と的確とを願ふ心が一層巧君の若い死を悲しませるのである。

「李朝篇」では伯教君の幾多の解説を読んだ。これを諸君の解説と比較する労は取らなかったけれども、君の製作経験が一層この解説を具体的にしたやうな感を抱いた。それとは別の話ではあるが、「李朝篇」の原色版12の「染付辰砂蓮花文壺」は、恐らく君の発見にかかるもので、私も度々親しく見た尤品であるところから、殊更懐かしみを覚えた。君は日本敗北後も、アメリカ方面の諒解と同情とを得て、わりに長く京城に止まって居たが、その終戦の秋、君の集めた陶片三十箱は、工芸品三千余点と一緒に、京城の博物館に寄贈することにしたさうである。これらの寄贈品殊に陶片が朝鮮文化研究の貴重な材料として朝鮮人自身によって大いに利用されることを望むに堪へない。

君の陶器製作者としての水準がどの辺に位するかは、実をいへば私は知らない。私が京城に居た時、浅川君の作品の展覧会があって、私は大いにその提灯を持ったことがある。その心持は偽でなかったけれども、今にして考へれば、私は浅川君の作品の価値を本当に認識して居たとはいへない。浅川君は李朝陶器の研究家としては、自他共に許す第一人者であったのであらう。しかし私は書画骨董は尊重すべきものであらうが、これを囲む骨董商及び鑑定家と称する多数の人間の醸し出す空気に近づくことを厭ふものであり、その空気の中の人としては、浅川君にもあまり興味は感じなかった。しかし浅川君を囲む工芸会の連中は、浅川君を衷心から尊信する若者達で、私と同郷の靴屋渡部久吉君や長く朝鮮銀行に勤めて居た土井浜一君、それから親切にリンチヨンの私を自分の家に置いてくれた浜口良光君など、皆愛すべき青年であり、彼らは皆浅川君の一家を取り巻いて、楽しい美しいグループを形作って居り、私もその一員として京城生活を楽しむことができた。

戦後は帰郷した渡部君の斡旋もあり、私の郷国伊予の陶産地砥部《とべ》で作品を試み、三越で展観をし、好評だったときいて居るが、私の記憶にはない。現代の作家としては君の富本憲吉君を推奨した詞が耳に残って居る。作家としては、窯を持つといふ便宜もなかったし、已むを得なかった所もあったらうが、もう少し腰をまめに上げて、実際に製作を試みるといふ必要があったらう。一日中ストーヴの側に坐して、古い茶碗の手入れをするだけでは足りなかったであらう。

津田青楓は自ら懶青楓と名乗って居たが、君は懶を名乗って居なかったが、事実に於いて懶でなくはなかった。それと共に頑固な一徹強靭な山国気質の持主であると共に理想家であって、この理想に比べて現実の活動が追随しがたいといふこともあったらう。殊に君が二人の男児を、一人は幼い時に、他は長じて失ったといふことは、君にとって悲痛極まる経験であった。後の方は君の老境の出来事であっただけに、一層気の毒でたまらない。しかし君はさういふ愚痴を一言も私にこぼしたことはなかった。それだけに君の苦痛は深刻だったらうと想像するのである。

しかし君のお嬢さんは各々夫にその人を得て、晩年に於ける君の病生活の支へにもなったことを、身辺の雑事にまぎれてとはいへ、一向疎遠に打ち過ぎた私としては、せめてもの慰めとしたいのである。

君の文章を読んで居る内に、「朴陋」といふ詞を発見した。李朝では工芸でも経学でも文化の一切は、王室を中心とする貴族、朝鮮流の詞でいへば両班《ヤンバン》（文武両班の官を意味する）のものであり、人民はただ彼等の誅求の対象であるばかりで、就中陶工の如きは賤民として人間の数には入れられなかった。従って陶磁の巧みも、王室の保護の手の及ぶ間だけで、それ以外は地方的にも時代的にも、君のいふ「朴陋」なものになってしまった。しかし陋の中にも朴即ち自然の趣を存したのは、投げやりの頼りなさを残しながら、朝鮮の民芸に認められる特色だったといへるのであらうか。

河井寛次郎　浅川さん不死

『民芸』一九六四年三月号

浅川さんがたうたう逝かれてしまったのは痛い。暫く会はないでゐたのですが、何時も自分には輝いてゐた、あなたは光りでありました。時には飛んで行って会ひ度いと思ふ事もあって、離れてゐても離れないでゐた一人でありました。

京城の渼芹洞のお宅で、初めて会ってから何年になるのでしょう。何も彼も見ぬいてゐるといった様子でありながら、人なつかしさが溢れてゐた、あの姿を思ひ出さずにはゐられませぬ。子供っぽい程な純真さ、物の奥迄も見透さないではをかないやうな鋭さ、一つのものを見つめて真直に突き進んで行かれたあの歩みかた、思ひ出す事は尽きないのです。

それにしても令弟浅川巧さん達と共に、早くも朝鮮の美を見付け出して、人々に示された業績は大きく、あなた方の協力によって朝鮮民族美術館が京城に作られて以来、其後に出来た東京の日本民芸館や民芸協会や各地の民芸館や民芸店の礎石がこの時据へられた事を思ふと感慨無量であります。其後巧さんに逝かれ、柳に逝かれ、今又あなたに逝かれてしまひました。

世界各地の民族の生んだ立派な物が、永い間土俗学や民族学や考古学の資料であったのが、はっきり美の対象として取り上げられたのはほんの近年の事だと思ふのですが、今でも未だに美しさは認めても、それを生んだ人と暮しへの関心は、皆無といっても好いのは何とした事でありましょう。それどころか、物は尊敬してもそれを作った人達は軽蔑されてゐるのです。

美の泥棒達が如何に多い事か――あなた方が朝鮮の人と暮しを、大切にされた事は何といっても素晴らしい事だと、思はずにはゐられないのです。巧さんが逝かれた時、慕ってゐた朝鮮の大勢の人達は、ひどい衝撃を受けて悲しんだと云はれます。そして清涼里の一番景色の好い処へ、遺体をかついで行って葬り、立派な石塔を建て、今に村の人達で守られてゐるといふではありませぬか。

古くから朝鮮と日本との交渉は頻繁で、上古以来先進国であったこの国の人々から、如何に吾等は啓発されたかは、語る迄もありませぬが、それ以来の日本は彼等に何を仕懸けて行ったのでありましょう。ことに日韓合併以来渡鮮した、吾等の同胞はどうこの国の人々を扱かって来たか、今でもそれを思ふとやり切れなくなるのです。

そんなさ中での浅川さん達は、事々にその償《つぐない》をしてゐられた事を、今思ひ出さないではゐられませぬ。

征服者が敗者に対して犯した過ち、そんな野蛮が今も尚消へない中で、あなた方こそ人間の無知に光りをあてられた方々であったことを、今又新しく意識しないではゐられません。

浅川さん、あなたは思ふ事をつき通されたのだから、心残りはないでしょう。あなたは私達の中では、死なれたどころかぴんぴん生きてゐられるのです。

浜田庄司　伯教君を憶う

『民芸』一九六四年三月号

柳から浅川伯教、巧の兄弟のことをたびたび聞くようになったのは四十年前だったが、朝鮮であれほどの李朝の工芸品を集めてくれている両君のことを思うと、その頃何よりも李朝の陶器に心惹かれていた私には、両君を思うことはそのまま李朝の陶器を思うことと一つのような気がした。今の駒場の民芸館に収められている無類の李朝工芸の蒐集には、柳をたすけた浅川兄弟の心入れに負うところが定めし多かったろうと思う。

大正十年だかに神田の流逸荘で柳が開いた李朝陶器展を、私は英国のセント・アイヴスでリーチと登窯を築きながら、「白樺」の李朝陶器特集号を通して想像するより仕方がなかったが、あとから河井に聞くと、同じ時に河井は日本橋の高島屋で個展開催中その李朝の会を見て、余り感心してやりきれなく、高島屋への帰りの電車を思わず乗り越したという。聞きながら私の気持ちを代弁して貰っているような気がした。こういう時にも私には浅川兄弟のことが思われた。

私は友達として伯教君に会う機会は多い方ではないのに、会えばいつもと同じ親しさと温かさに直ぐ戻った。形にも心にも構えたところが少しもない人柄が相手を包んで、君がいいという品には私達も不思議に批判もせず同意出来るような気にさせられた。時々内地へ帰ると滞在が長引いても連絡しないとみえ留守宅から私にまで君の様子を尋ねて来られることがあったが、一度柳と朝鮮旅行中、開城の神社の境内で、日本へ帰っているという噂を前日京城で聞いたばかりの君が、陶片を拾っているのに出会って、いくら浅川でも余り思いがけなかった。

私とは仕事の上でも物の見方でも、少し離れた線に立っていながら、会った時もあとも愉しく、私にとって君を思うことは、亡くなった井関双山、岡田平安堂の両氏からうけていたのと同じような、特別な心の支えだった。

田中豊太郎　浅川さんを偲ぶ

『民芸』一九六四年三月号

一月十五日の朝九時半頃であった。私はいつものように駒場駅から民芸館へ向うその途中、急ぎ足で向うから来る〔浅川〕園絵さんに出会ったが、何かその素振りには只ならぬものを感じた。「実はゆうべ遅く千葉の伯父が急に亡くなり、母は今朝早くに出かけましたが、私もこれから行って参りますからどうぞ……」という慌しい行きずりの挨拶であった。つい先だってまではお元気な噂を耳にしていたので、一層この急変には驚いた。

○

日頃私は伯教さんと親しいおつきあいはしていなかったが、民芸館で一緒に働く浅川さんのご両人〔弟の妻・咲子と娘・園絵〕からは、屢々同氏の様子もききただしていた。というのは何としても、朝鮮民族美術館の建設が、柳さんと浅川さん御兄弟の協力に依るもので、それに現在民芸館が所蔵する李朝陶磁器の主な優品は、大抵同館から移されたものであって、そのことはいつも念頭から離れてはいない。それに今では只一人の生き残られた功労者であり、しかも近年はとかく健康もすぐれないということを知っていたからでもあった。

○
思い出は私が昭和十五・十六年と二回にわたり、毎年の秋二カ月程も続けて、南北朝鮮の各地を旅し、その機会に幾度も渼芹洞のお宅を訪ねて、何くれとない御指示をうけたりまたお世話にもなったことを忘れていない。私の朝鮮行きは当時柳さんのお勧めで、李朝陶磁譜を編むための調べが主な仕事ではあったが、長年朝鮮の工芸品に対して、ひたむきの愛着をもち続け、是非共現地を訪ねたい念いがこの時に果たされたのである。爾来ますます朝鮮物への身近かな気持ちは、私の生活の中へ溶け込んだ形ともなった。

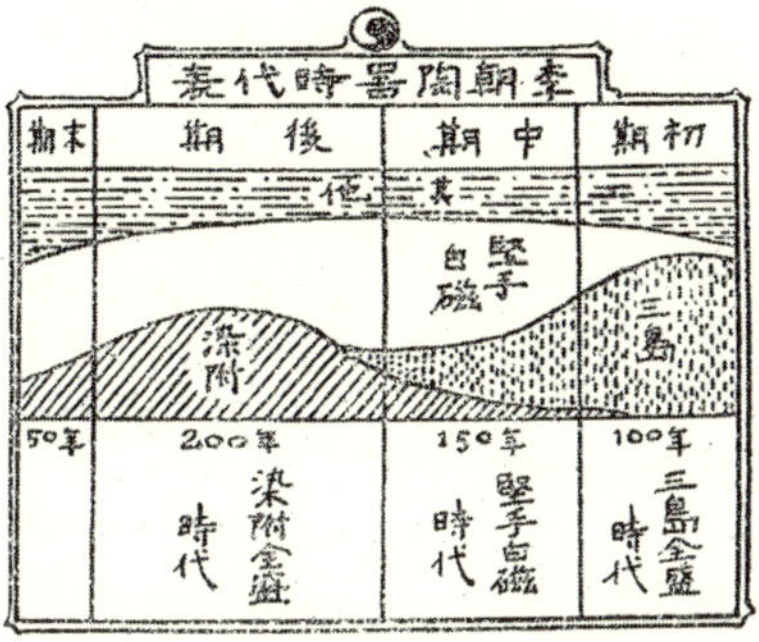

○
雑誌「白樺」が大正十一年九月号に李朝陶磁器の紹介を特集した時、伯教さんは、その歴史的な変遷についての論文を発表された（挿絵図表参照）。これは李朝の窯芸史では最初の文献となり、後年の研究者にどれほど役立ったかは測り知れない。

伯教さんと柳さんとの出会いは、白樺美術館がその頃に入手した、ロダンの彫刻を柳さんの宅に見にゆかれたのが、最初の縁になったように聞いている。恐らく伯教さんが新海竹太郎氏に師事されていたころであったかと思われる。

前記のように柳さんが朝鮮民族美術館の建設を企図されたの

も、伯教さんと御令弟で亡くなった巧さんとが、若しその頃に、京城に居住されていなかったとしたら、その後に興った民芸運動も、また日本民芸館の建設の仕事も、果たしてどんな経路を辿ったか、恐らく今日のような成果は期されなかったと思う。それほど朝鮮関係の仕事には重大な意味があり、これを起点として一貫した流れが今に続き、また将来にも及ぶことに深い思いを致したい。そして民芸の同志や関係者は、この事績に対して明確な認識をもって頂きたいと思う。

○

柳さんが発病されてからの或る日、その病床を見舞われた帰りの伯教さんは私に対し「君この仕事に深入りするには、余ほどの犠牲を覚悟しなくては駄目だよ、貧乏するからね」と注意されたことがある。事実古くから柳さんに帰依した人たちは、関係が深いほど皆な献身的であって、奉仕精神に燃えていたので、伯教さんがいろんな事情を知っての上で云われた、率直な忠告をその時に私は有難く素直に聴くことができた。固々《もともと》民芸の仕事は民芸館が中心であって、この点単なる作家や趣味家の集団ではなかった。長い間よくも民芸館が護り通され、しかも今日尚生気を失なわない活動を続けているのも、詰りは運動のもつ美に殉ずる、強固な精神的結合の一面を如実に語るものといってよかろう。

○

告別式のときに安倍能成さんは、弔詞の中で伯教君は嘘のつけない性格の人だった、と長い交友の真情を述べられたが、よくその人柄を語って余すところがないと思った。時に触れては諧謔を弄したり、面白い警句も吐かれ、また癇癪玉を破裂させて損をしたり、というような正直者特有の頑固さも多分にその性格に窺われたが、一面には慈しみのあふれた温情の持主でもあって、多くの人たちから敬慕されていた。

○

李朝の古窯趾を自から踏査された数は、凡そ三百といわれているが、その採集された夥しい陶片の整理は充分でなく、これらの整備についても一層の困難さは加わるに違いない。何としてもこの道では誰もが、神様だというほどに精通された第一人者であったから、今少し健康を取り戻されお元気で長生きをして貰いたかった。

土井浜一　伯教さんとの宿縁

『民芸』一九六四年三月号

浅川さんが長逝された。今年も何んとかお会いしたいと思って、やっと出かけることが出来て、思わず長く話して帰ったのは正月二日の日だった。医師の許しを得て去年の九月出かけて帰る時は、浅川さんも随分弱っているようであったが、私も参っていてまさか二日に会えるとは思っていなかった。

　昭和二十年、浅川さんと京城で別れてから、二十二年の冬、浅川さんが引揚げて来られたという知らせがあり、稲毛の鈴木君の宅で、御令弟巧さんの未亡人や園絵さん等と、久し振りに嬉しさ、懐しさの話をしてから、十五年間随分よく会い、話しもした。

　私は引揚げ以来故郷の山口県の平生に居たが、食い詰めて困っている時、これも京城で浅川さんの紹介で知った時の総長であった安倍能成先生の胆入りで、帝室博物館に勤めることになった。当時は家族を平生に残して、単身赴任し、船橋の椿貞雄氏宅のアトリエに御厄介になっていたが、浅川さん一家が引揚げて来たのはその時だった。そして一年余此処で寄食している間、よく訪ね、よく喋り、よく食べ、よく飲みもした。京城時代のことをよく知っていられる夫妻は、私が妻子と離れて生活していることをよく心得て下さっていたということが身に浸みる思いである。

　当時の博物館は国立博物館となり、総長は館長となり、安倍先生は辞められ、館長も五代変ったが、そして私は家族を呼び寄せたが住居も転々としたが、兎に角十六年間同じ処で働き、昨年三月末日に館を辞めて、又安倍先生の御力添えで学習院で四月から勤めることになれたが、この間何事によらず、妻子のことなど一切を持ちかけては相談に乗って下さったのは伯教さんだった。娘の嫁いだのも伯教さんに私の踏ん切りをつけてもらった。息子の就学就職のことにも私の断を極めていただいた。浅川さんも亦何かと心を用い、気をつかって、色々と心配して下さった。浅川さんが亡くなって了ったことは、私自身の生涯が急に終りに近づいたようにも思われてならない。六年前、浅川さん夫妻が千葉に入院された報告を受けた時、私も正倉院展のことでからか、急に疲労が出たのか、狭心症で倒れて自宅で静養している折りだった。昨年又入院されたとお便りがあった時も、私が脳血栓で倒れて間もなくだった。こんなことから浅川さんの消息が凡て私にも影響があるごとくに考えられて、全く淋しさ、頼りなさが、急に身に迫ってやりきれない気持ちで一っぱいである。伯教さんの訃報を受けたのは十四日夜半一時過ぎだった。翌朝千葉の黒砂へ出掛けたが伯教さんの声はなく、淋しい遺体であった。翌日は荼毘の日であったが、私の妻が胆嚢炎の疑いがあるので、そのレントゲンをとる日でもあった。心は残ったが、学校に出勤しなければならぬ仕事もあり、それを終えて浅川さんの遺骨に涙の九拝をしている頃女房は急に病状が悪化していることから息子達の計らいで腹の切開をした頃だった。十八日の告別式の打合せを済ませて、親族の皆さんと夕食をしている時、次男からの電報で妻のことを知り、急遽病院へ行き、未だ昏睡の状態にある妻の手を握って、帰宅したが、考えると何か深い因縁があるように思われてしかたがない。憶！　浅川さん私は本当に全く淋しいです。遺瀬無い思いということはこのことを云うのでしょう。

博物館では仕事が案外楽だったので、事務時間中に随分書物が読めた。李朝実録が学習院で再刊されるようになったのもその頃だった。実録の中の焼物のことについては小田省吾氏が出版されているが、焼物に心を込めている者が目を通せばそれ相応の違った見処があると思った。

「工芸」の李朝の水滴号を出す迄は一応読みたく思っていたが、それが果たせなかった今は、それを果したいと思って、少しずつ出ている再刊に目を通しては、浅川さんに意見を求めに出かけては、それが世事になったり、自分の仕事のことになったり、家族の相談になったりして、終ることが多かったが、焼物のことをもっと聞いて置けばよかったと思われる。浅川さんのことを焼物の神様と京城で呼んでいたが、朝鮮の工芸は勿論、朝鮮の焼物のことは浅川さんを通せば間違いがなかった程、そのお告げに大した威力があったものだった。又それだけよく調べ本は勿論、焼物自体にも多くの目を通して居られた。小学校の先生で、私も高等科の時、(絵を習ったことがあるが)本職は新海さんの内弟子で、彫刻家だということを聞かされているが、そして日展や、鮮展にも顔を出され、鮮展の創設者でもあるが、矢張り焼物の神様が本当であったと思う。俳句を詠み連歌に打ち込み、古筆に詳しかったが、元均窯の流れを伝える咸北会寧で、何年も陶器を焼き崔勉載のよき指導者でもあったし、私の半生の就職先朝鮮銀行の二十五周年記念のためには此処で三百余の茶碗を焼かれたこともあった。今はそれが名品として道具屋の店頭でも見受けることがある。又全南谷城では山上の部落の窯場で多くの白碗を数回焼いている。その目を削ることで、お母上が眼を患われ、先生や、巧さんと同様、きかぬ気のおばあ様とよく口論されているのを見かけたこともあった。全北の長城では青井戸を焼いて見せるといって、当時の今右衛門の一族の人を連れて数十回も長城へ赴かれたことを憶えている。

焼物の神様は、焼物につかれているのではないかと思った時もあった。其処には先生の焼物への根性があり、その根性がそうさせたのだと思われる。令弟の巧さんは朝鮮で早逝された。「朝鮮の膳」や「分院窯跡考」や、「朝鮮陶磁名考」の著者であるが、そして巧さんは柳さんによって随分と有名になられたし、その遺族は民芸館で働いていられるが、浅川さんには柳さんとはもっと違った考えがあり、一つの道があったのではないかと思われる。

然し朝鮮民族美術館は浅川さんの手で、京城の矮城台地に立派な美術館として独立しているということは、浅川さんが居られたことで完成されたのであって、将来朝鮮の人は柳さんを忘れてならないように浅川伯教さんを本当の神様とすべきだと思う。朝鮮語によんがみ〔御老人〕と云うことばがあるが、浅川さんが本当のよんがみである。

浜口良光　俳人伯教宗匠

『民芸』一九六四年三月号

陶磁の伯教先生、美術の伯教先生を知らぬ者はない。だが俳人伯教宗匠を知る人は稀だろう。芭蕉の弟子各務支考は美濃の人、師の歿後は低俗ではあるが美濃派を立てて、榎本其角の江戸座と共に有力な存在となっていた。

伯教先生の祖は甲州の人で早くから美濃派を学び相当名のある俳人となっていた。その子孫は代々これを継ぎ伯教宗匠に及んだわけである。氏の祖父は運座へ出る毎にまだ若い氏を伴い、作句をさせていた。勿論俳諧即ち連句である。山国の冬は長い。暇が多い。その暇は多く社交にあてられた。高雅な社交と考えられていた、運座の開筵数の多いのは当然だった。それは青年俳人伯教をぐんぐん伸ばしていった。この青年俳人はいつとはなくあの複雑な連句の約束をも技巧をも諳んじてしまった。

連句の約束は、中々頭にはいりにくいものである。形式には歌仙（三十六句）五十韻（五十句）百韻（百句）とあるが、その内容を云うならば、歌仙の場合「三十六歩、ひたすら進んで一歩もあとへはひかず」と芭蕉が云っているように一句一句に変化を求め、「序、破、急」とテンポを整えて進んで行かなければならない。そして何句目が月の座又は花の座、恋の座、それは何句つづくと定めの座に、それぞれそれを収めなければならぬ。前句に即かず離れず、材料としては雪月花、山川草木、人事、人性、名所、名物、神祇、釈教、恋、雑とさまざまの種を盛らねばならぬ。されば連句の妙は一句にあるのではなく一巻全体の変化と関連にあるのである。伯教宗匠はこれを十分に体得した。曽て私に「現在の日本の連句界では、私がトップだろう」と豪語されたことがある。連句は明治中期に至って衰えた。これは正岡子規が連句非文学論を唱えたためであった。伯教先生は非文学論を反し、結論として「連句は詩的表現による対話だ。自己に与えられた責任を果しつつ而も個性を強く打出す詩だ。子規がもう少し研究したら、連句の味が判った筈だのに」と云われた事がある。ある時荻原井泉水氏と連句について深更まで議論し、自分の主張を肯定させたこともあった。

先生は在鮮中もそうだったが、引揚後は暇に任せて専ら芭蕉を中心とした連句に就て研究し、その深さの奥を究め、私に後継者にならないかと勧められたこともあった。

私が柳先生の紹介で先生に会ったのは、大正十一年六月だった。この時先生は和綴の芭蕉の連句の本を手にして居られたが、

「草庵にひとり杜律を味ひて
花まばらなる竹こぎの蕎麦」

の句を示し「うまいもんだなあ」と私の共鳴を誘うかのように云われた。

最後にお目にかかったのは昨年十一月二十七日だったが、郷里伊勢の芭蕉の五句碑の復興の計画を話し、芭蕉の伊勢での十九吟に就て色々と語った。先生の頭の尚冴えているには驚いたのだった。

先生の作句は交際中一句も聞けなかった。中年以後無吟の俳人だったかも知れない。それでもいいのである。ただ先生の後年の彫刻、陶器、絵画への発展は、俳諧を温床として育てられたと私は信じている。

赤星五郎　伯教さんのこと　『民芸』一九六四年三月号

伯教さんの亡くなられる二、三日前、お婿さんの鈴木さんが来られたので、種々近況を伺い、「暖かくなったら是非参上して積る話をしましょう」との伝言を頼み、最近入手した朝鮮の焼物や、木工品をお目にかけるためお持ち帰りを願った。ところがその翌日御入院、御逝去という慌しさ。唯ぼんやりしてなんだか本当とは思われない。今度逢ったらあれも自慢しよう、これも見せようと、それを楽しみに鎌倉の道具屋や沼津のそれやら、田舎歩きにも熱が出たのに、これからは同じ楽しみを語り合う人もなく寂しさが身に沁みる。

伊東槙雄さん、柳さん、田辺武次さんと次々に亡くなられ、朝鮮陶器の同好者として親しく語り合って来た自分には、手足をもぎとられてゆくような気がする。伯教さんとは大正の終り頃、青山民吉君を誘い京城に同行した時紹介された。当時は李朝物を観賞する人も買う人もなく、染附の壺や辰砂の徳利等五円位でよりどりだった。三人で京城の街を歩き廻り、五、六点買ったのが病みつきで、母の諫めで数年間は鳴りをひそめていたものの親戚の藤島武二画伯が鮮展の審査員として京城に来た時、偶々小宮、末松両氏の売立が美術倶楽部であり、伯教さんに案内をして貰ってからは、毎年数回、仕事の関係で渡鮮するのに、肝腎の牧場経営の方は二の次で、京城に出ては朝から晩迄伯教さんと一緒に道具屋を素見し、夜は夜で痛飲した。酒はお互いに好きな道。初めは陶器の話から酔うほどに政治、経済と百般に亙り、しまいには泥酔して帰りは別々になることが屢々だった。

伯教さんには逸話は数限りなくあるが、その中で最も伯教さんらしい話は、戦争も酣となり食べる物も飲む物も不足して来た時上京され、丸の内ホテルに泊られた。飲み仲間から見れば旅の空で、酒も食べる物もないのは気の毒以上のことなので、小池、橋本、岩崎君等その道では一流の面々が集り、赤坂の小料理屋に無理を頼んで席を設け、心ゆく迄飲んで貰うことにした。ホテルに迎えにゆき案内して一同席に着いた。お茶が出て酒になる前、一寸したことから議論になり、伯教さんは奮然として席を蹴って立ち上り、その儘帰って了われた。議論の元とは「美を感ずるのに学問は不要だ。学者だろうが実業家だろうが、そんなことは無関係なのに、世間では大学者とか大実業家の讃めた物を、大袈裟にとりあげるが馬鹿なことだ」というようなことが発端だったと覚えている。折角無理をして設けた席は、このために主賓に逃げられ、いつもの連中で杯を交わす次第となった。

翌日ホテルに様子を見に行くと、独りションボリしているので、「昨日はお客さんが居なくなったので、飲む酒の割当てが多くなり倖せだった」と話すと、「実は料理屋の玄関を出るには出たが、乗り物はなし、桜田門から濠端を歩く中に淋しくて堪らなくなり、今頃はさぞ皆んな楽しく飲んでいるなと思うと、引返したくて引返したくて仕方がなかったが、今更ら帰る訳にもゆかず、ホテルに帰れば食堂はしまりバーはなし、飲むことも食べることも出来ず、昨晩ほど馬鹿な目に遭ったことはない」と大こぼしだった。あんな変ったお客様は余り類がなかった。

昔から一芸に通ずる人は、アクの強いものだが、伯教さんもその例に洩れない。然しそれがそれなりに個性が現われて魅力でもあった。近頃はアクのない人が多いので、今更あの風格が偲ばれてならない。本当に惜しい人を亡くしてしまった。

赤星五郎　浅川さん御兄弟のこと

『朝鮮のやきもの　李朝』一九六五年

浅川伯教さん、巧さん御兄弟の長い滞鮮生活も、朝鮮の人々の心の底までしみとおるような愛情にみちたものであった。その仕事も、朝鮮の人々の間にまったくとけこみ、この国のやきものの心をつかんでゆかれたのである。

伯教さんは、大正二年五月に小学校の先生として渡鮮された。もともとロダンが好きで、彫刻家を夢みておられた氏は、異郷のさびしさをなぐさめるため、せっせと李王家の美術館に通われた。氏の追想によれば、そこには「高麗のりっぱな青磁がたくさんならべられてあった。

そのころの私はさびしすぎた。一つよいものを欲しいとは思ったが、値が高くて手がとどかなかった。ある夜、京城の道具屋の前を通ると、ごたごたした道具のなかに、白い壺がぽかっと電灯の下にあった。この穏やかにふくらんだ円い物に心をひかれ、立ちどまってしばらく見いった。このことは、いまも脳裏にはっきりしみこんでいる」。それが縁で「私はとうとうやきものにひっぱられて、その古跡調べをしてみたくなり、暇のあるかぎり朝鮮各地方の旅をつづけた。乗りものを利用できるところははなはだ少なく、徒歩の旅であるうえに、たいてい朝鮮の山深く入るのである。雲をつかむような話のなかに、だいたい一とおり全鮮を歩いた。」

全生活を朝鮮のやきものに打ちこまれた伯教さんは、こと李朝に関しては、制作の年代、歴史、場所に関する研究ばかりでなく、土から陶器になるまでの生態をも追求された。「土肌にふれる火焔の色も熱も実感のできる人だから、その李朝陶器についての話は、まったく唯一無二だといってもよい」と安倍能成氏も賛嘆されたほどだった。特にやきものの作り方の説明は、浅川さんの独壇場であった。本書の写真説明でも、その部分は伯教さんの教えに負うところが大きい。

伯教さんの滞鮮生活は三、四十年に及び、やきものの研究のうえだけでなく、その間、朝鮮の人々のためにつくされ、両民族のかけ橋としても、かけがえのない存在であった。

伯教さんを追って渡鮮された弟の巧さんは、林業試験場の勤めのかたわら、伯教さんの指導のもとに、名著『朝鮮の膳』『朝鮮陶磁名考』を残された。聡明誠実、意志の強い実行力のあった方であった。朝鮮服を着こみ、朝鮮語を話された氏は、その国の人々と見わけがつかぬほどで、朝鮮の人々の心からの信頼を得ておられた。惜しくも兄の伯教さんに先だって早世され、日鮮の知友たちに深い悲しみを与えた。氏の温情をうけた人々は数えきれぬくらい多く、その葬儀に際しては、住んでおられた部落の人々がみんな参列したということだ。『朝鮮の膳』には柳さんの心をこめた序文がある。

伯教さんは、終戦後一冬を京城で送られ、柳さんや巧さんと創立された民族美術館の蔵品を、米軍に頼みこんで、安全な旧総督府跡に移され、別に自分で集められた工芸品三千余点と陶片三十箱を朝鮮博物館に寄付された。空襲を恐れて庭に埋めておられたこれらの工芸品を、一カ月半がかりで掘り出されたものだが、その間、見ず知らずの朝鮮の人々から食物のさし入れがあり、奈良や京都を空襲から救ったウォーナー博士も三度にわたって氏を訪ねられ、美術部主任のギフォード氏が、伯教さんの弟子になって世話をやかれたのだった。

伯教さんは、帰日後いろいろの心配事が重なり、健康も損われたが、私たち友人が伯教さんの重い尻をたたき、その博識と朝鮮のやきものに対する愛情を結晶された『李朝の陶磁』を執筆していただき、私家版として限定出版をした。安倍能成氏に序文を、安田靫彦画伯に題字をお願いした、思い出の多い本である。朝鮮のやきものに関しては、多くの本があるが、伯教さんのお仕事に頼ったものが多く、こんどの本でも、すべてにわたって、その研究結果を利用させていただいた。

また伯教さんが、財団法人啓明会の第五十五回講演会で、当時の朝鮮陶器研究会理事の倉橋藤治郎氏とともに講演された「朝鮮古陶器の研究に就きて」は、きわめて貴重な内容を含み、バーナード・リーチ氏も、英国で出版したいと感激されたほどであった。

私の朝鮮遍歴と伯教さん

私が朝鮮のやきものに興味をもちはじめてから、もう四十年にもなってしまった。私が最初に渡鮮したのは、中学一年生のころかと思う。記憶がかすれるくらい古い話である。従兄の本田幸介博士が、朝鮮水原勧業模範場（のちの農事試験場）の場長だったので、そこへ二、三回訪れたことがあった。そのころは、馬関〔下関〕でハシケに乗り、壱岐対馬などという船に乗り移ったような時代であった。だから朝鮮との関係はずいぶん古いことになる。私は朝鮮で農場経営をしたらなどと、漠然と夢みていたものだ。

やきものについては、大正の終わりごろ、青山民吉君と同行し、京城で浅川伯教さんにお眼にかかったのが縁のはじめであった。当時は李朝ものを鑑賞する人も、買う人もなく、染付の壺や辰砂の徳利など、五円くらいでよりどりみどりというありさまであった。伯教さんに教えられたりして興味がわき、京城の道具屋で五、六点買って、東京の自宅に送ったが、亡父の数多い道具の処理に手を焼いていた母から、私たちの骨董癖をつよく戒めてきた。

その後、私の勤めていた銀行が、昭和三年のパニックでつぶれたので、朝鮮に農場を経営していた兄の手伝いを頼まれて渡鮮した。たまたま遠縁の藤島武二画伯が渡鮮され、当時の李王職次官小宮氏、末松氏の売り立てに画伯といっしょに行った。ところが、その売り立てには非常にいい品物がたくさんあり、その魅力にひかれて大いに買気を起こし、ついに母の戒めを破る次第となってしまった。

当時私は道具屋まわりなどにはまったく無経験だったので、浅川さんに紹介してもらった美術倶楽部の太田尾氏に、入札の方法をきくしまつであった。ふつうは入札品の三分の一くらいしか落札できぬといわれ、それならばと勝手に気にいったものを十二、三点さし値をして、その結果も見ずに羊の牧場を建設するために北鮮に出かけた。帰ってみると、ほとんど全部落札されていたのには驚いてしまった。当時としては大金なので、落札したものを元に返せるかと聞くありさま。ところが骨董屋は、その品は質がよいものばかりだから、利づけして売ってあげてもいいという。若気の私には、品物を売買してもうけるという行為がひどく卑しく感じられ、勘にさわった。そこでつむじをまげ、銀行から金を借りて全部自分がひきとった。当時の朝鮮では、落札ぶりが派手だったので、道具屋仲間で評判になり、一躍その方面で顔ききになってしまい、道具屋まわりに拍車をかけることになった。きってもきれぬ李朝ものに対する縁は、こうしてはじまった。そのうえ浅川さんという願ってもない指導者を得たのは、なんといっても幸福なことであった。

浅川さんは先にものべたように、李朝のやきものとともに生きてこられた方である。二人は意気投合して、京城の町をやきものをさがして歩きまわるのが習わしとなり、夜は酒好きのこととて、いっしょに飲みまわったものだ。伯教さんとの楽しい思い出は尽きるところがない。

私は最初、高麗青磁の魅力に打たれて京城市内を歩きまわり、李王家博物館をたびたび訪れ、岩崎小弥太氏の蒐集品や大邱の市田氏の蔵品も拝見したが、いずれも優品だった。しかし、これらに匹敵する品はほとんど市場には出ず、たまに出ても高価で初心者には手がつけられるものではなかった。そんなとき、当時少しもかえりみられなかった李朝ものに対する開眼を行なってくださったのが、浅川伯教さんであった。渡りに舟とばかり、浅川さんに連れられて、京城の骨董屋を片っぱしからさがしまわった。いまにして思えば、驚くべき逸品が市場にごろごろところがっていた。いま私がもっている品の大部分は、京城で求めたものであって、品物の一つ一つをとりだして見るたびに、入手当時の苦心や喜びが、絵巻物のように胸のうちによみがえってくる。

そのころ京城には、天池、鈴木、佐々木、新保、太田尾、黒田、祐川などの道具屋がたくさんあった。そのほかにも朝鮮人の骨董屋が実に多く、それが、だいたい屑屋と兼業だった。道具屋の店先にいると、ヨボ（労働者）が風呂敷に仏像や銅器、やきものなどを包んでもちこみ、店の主人と交渉をはじめる。やがてヨボが帰ると、たったいまヨボから仕入れたただ同様の安い品を、仕入れ値の百倍以上で売りつけられたものだ。慣れるまでは、それが実に不愉快だったが、買わないとせっかくの品も、どこかへ売られてしまうのは明らかなので買わざるを得ない。腹にすえかねる思いをしたこともしばしばだった。

李朝のやきものや工芸品には、別段規格というものがなく、また内地のやきものとちがい、作者を云々しない。もののよさを、自分独自の鑑識眼で自由に選びだすことができる。骨董屋を歩いて、好きなものをさがしだすのが実に楽しかった。いつ、どこからどんなものが飛び出すのか、誰にも見当がつかない。染付、辰砂、鉄砂などの絵付も、まったく千種万様で、意想外の名品が、きたない路地の屑屋の店から掘り出されたものだ。それに値段も月給取りの懐ろをさして痛めないほどの安さである。いまの壺中居主人の〔広田〕熙君も、まだ二十二、三歳の純情な青年で、人一倍の蒐集熱心であった。京城に見えると、浅川さんと三人で、京城をふり出しに、大邱、慶州などを経て、釜山にゆき、熙君はそこから日本へ帰り、私たちはさらに北は会寧まで、美術行脚と掘り出しものあさりをしたものである。

こんな状態であったから、自分自身の好みがだんだん強く出てきて、独自の意見、鑑賞を押し通しながら十数年、こんどの戦争で朝鮮の土地を失うまで、李朝のやきものを勝手にあさりつづけた。そのときの品々が、この本の写真の大半をしめている。

老いの坂にかかったいま、私は一生をふりかえってみて、李朝のやきものを好きになったことが、どんなに幸福なことであったかとしみじみと思う。やきもののおかげで世の憂さを忘れ、多くの知友を知る楽しさがふえ、私の貧しい人生がどれほど多彩なものになったか、その恩恵は、はかり知れぬものがある。先年、バーナード・リーチ氏が拙宅を来訪され、朝鮮茶碗の高台を見て、拝んでおられたことがあった。ほんとうにいいものをみると、そんな気持ちになり批評することばを忘れさせるものである。これは同好者だけがわかる気持ちなので、本書によってその気持ちのわかる人が一人でもふえたら、どんなに喜ばしいことかと思う。李朝のやきものの少しも気どらない暖かさと柔らか味、一度好きになったら生涯捨てられないやきものだと思う。

いまや李朝ものを命にかけて愛し、また研究された浅川さん御兄弟も、美の世界における朝鮮芸術のしめる位置を、君皇の位とまで賛美され、数々の業績を残された柳宗悦さんも、私と親しい交際をつづけた蒐集家の伊東槇雄さん、田辺武次さんも他界され、朝鮮のやきもので親しかった方々を、次々に失ってしまった昨今、私は手足がもぎとられていくようなさびしさを味わっている。この本も、これらの方々にささげる気持ちが多分にある。

伯教さんに教えられた朝鮮茶碗

私は朝鮮のやきものを、ずいぶんたくさん見たし、買ったりした。日本の鑑賞界では、やきものといえばすぐ茶碗を思い起こすくらいだから、特に茶碗について私が考えていること、感じていることをのべておこうと思う。

朝鮮茶碗を大別すると、(a)食器として現在までも朝鮮の人々に使用されているものと、(b)日本の茶人からの注文品と思われるものの両種がある。そして私の滞鮮中の経験では、(b)に属するものは、現在の食器類のうちには跡をとどめていない。すなわち初期の李朝物だといわれるわが国の伝来品、井戸とか斗々屋《ととや》とかいう形の茶碗は、民間の食器中には見かけない。

結論から先にいえば、井戸とか蕎麦《そば》とか、斗々屋とかは、最初は雑器で、ごく一部の地方窯で焼かれたが、のちに日本人の好みによって注文されて焼かれた。したがって、朝鮮の民間には跡をとどめていないと思う。地方窯はいまはほとんど盗掘されつくしているので、この点から考えても、井戸の形式が民間に出てくるとも思われない。浅川巧さんの『朝鮮陶磁名考』の食器の項によって、茶碗の形の変遷を追ってみる。

「われわれが器物との接触において最も密接な関係にあるものは食器であろう。日常生活に深い関係を有するだけに、生活様式の変遷に対しては最も敏感である。すなわちその影響は質や形のうえに、時代を追うて変化を見せている。たとえば宋や元の伝統をうけた高麗青磁、絵高麗、天目などの流れをくんだ李朝初期の陶磁器も、明の流行を追うにおよんで白磁の普及となり、染付が珍重されるようになった。また同じ白磁にしても、その姿において時代の流れを読むことができる」と。さらに氏の言葉を要約すると、李朝初期のものは、宋および元代における磁州窯の影響から生まれた鶏竜山の絵刷毛目と同時代の作で、ふちが次第にうすくなり、端反りがいちじるしく、文様は、線彫りに鉄釉を象嵌されたものである。明にならった染付のやや形の丸いものが次代のもので、さらにその次にいわゆる白沙器《はくしやき》（白磁）がつづく。これは前二者よりももっと端反りが少ない。その分布も広く、焼かれた時代も長いといわれる。それが末期となると、端反りをまったく失って直立の状となる。これが各時代のだいたいの流行形で、ふつうは各時代とも文様のないのが一般で、あるのは上手に属している。その線の反りは碗のみでなく、壺のふち、瓶の口、皿から匙《さじ》まで共通するという。

地方別に形を見ると、北鮮系統は胴がふくれ、口がややしまって、全体丸味をおび、高台が比較的小さくて、いわゆる熊川《こもがい》とかハミキャンタイとかいう形が多い。南鮮のは胴はほとんど直線に近く、口が開き、高台が大きく、いわゆる江戸系統のものを多く見る、といっておられる。

私が、昔から井戸茶碗といって茶人間で大騒ぎされた茶碗を見かけたのは、大正から昭和にかけての滞鮮中に、柴田井戸（根津美術館所蔵）とほとんど同型のを見た以外一度もない。雑器であるならば、もっとたくさん製作され、したがって遺品も多いはずである。

浅川さんがのべられたように、現在なお、食器として使用されているものの型は、陶工が長年、旧来の方法をそのまま踏襲しているから、現在もそのまま残っている。村落のスリチビ（居酒屋）などで、熊川、堅手茶碗そのままの姿をした茶碗に山盛りにした飯を売っているのをよく見かけたものだ。前述した啓明会の講演で、倉橋藤治郎氏ものべられたように、朝鮮の人々は元来保守的で、服装、風俗習慣にいたるまで大陸の古格をそのまま伝えている。工芸ややきものにおいても同じことで、製作、技術共に弱くなりながらも、なお古格が正しく伝えられているものが少なくない。その跡をたどれば、高麗、唐宋代の痕跡がたどられるのである。

茶碗においても同じであって、浅川伯教さんによれば、茶をのむためだけの茶碗ができていて、そのいちばん古い型は胴に少し丸味がある天目形の茶碗で、茶色の酸化青磁である。その後、釉と土と形が変化しながらも、それなりに古い型がうけつがれている。そして井戸茶碗の形式を見かけないのは、地方的な一部の窯で偶然にできたこれらの型を、初期の大茶人たちがとりあげ、一時的に日本から見本を出して注文したからではないかと思う。伝来している名器のなかに、井戸が圧倒的に多いのに、朝鮮に跡をとどめないのもその証拠となるのではあるまいか。

日本では珍重しても、朝鮮人の生活のなかに根をおろさなかった形式なので、日本との交通の絶えたことは注文品の絶えたことになり、朝鮮人は別にその形式に魅力も感じなかったので、自然に絶えてしまったのだろうと考えられる。

その証拠になる一つの例は、釜山窯の歴史的事実以外にも、大正末期から昭和初期にかけて、京城の元町の土産品として、日本の名茶器や酒器を模したものがたくさんあった。当時私は、新物としてはなんとも魅力を感じなかったが、そののち年を経て、茶人にかわいがられ、育てられたもののなかには、なかなか古名器と区別のつかないくらいの、味の深い品格をそなえたものがあるのに驚いたものである。いまでは、それはほとんど作られていないようだ。日本人向きに考えて作られたものだったので、要求がなくなっては自然に滅びるのである。

このごろ朝鮮から航空輸送により三島の鉢、茶碗類が相当な量、骨董屋に流れているようだが、旧来の茶人好みの徳利、茶碗の寸法にあったものは、ほとんど見かけない。これも日本人の趣味の変遷に応じた朝鮮陶磁の姿といえよう。

　生きているうちにもう一度、京城に行って現在のやきもの、新しいものも古いものも見たいし、それに戦後発掘された高麗青磁などにも、りっぱなものがあるのではないか、また李朝ものも、思いもかけぬ名品が出現しているのではないかとも想像され、焦燥の念にかられているが、私の現状の健康では、渡鮮の望みをかけることもできず、まことに残念である。

鈴木繁男　伯教先生の面影

『民芸』一九六四年三月号

　伯教先生の訃報に接して「残念」の一語が心の底からこみ上げてくる。日本人の背骨に流れている良心を、厳しく抱き続けた明治生れの、気骨にすぐれた一人が、今また元の姿に還ってゆかれたことを痛切に淋しく思う。

　私が李朝の焼物を初めて見た頃には、伯教先生のお名前だけは存じあげていた。縁あって私が柳先生の膝下に在った頃、余人をあまり近づけない先生の書斎に度々伺う折り、円い金色の額が壁にかけてあった。何人なのかと心に懸り、或る時伺って見た。「この人はね、僕の若い頃、一番尊敬し一番信頼していた人なんだよ。浅川巧さんと言ってね……」感慨深げな柳先生のまなざしを今に覚えている。先生をしてかくも畏敬させた人とは、一体どういう人なのかといつも私は考えていた。伯教先生がその方のご令兄であることを知り、それならばきっと偉い人に違いないくらいに思っていた。今のように民芸館で浅川さんご一家と親しいご縁が結ばれようとは、夢にも思わなかった頃である。戦後私は偶々四国の砥部で焼物のお手伝いをすることとなり、そこで初めて伯教先生のお名前をはっきりと耳にした。私が砥部に行く少し前に先生は、ここの窯で焼物の指導をされていたのである。人々は厚い敬念をもって先生を語っていた。私もお会いしてみたいという気持ちが募り、その後浅川園絵さんを介して、千葉の黒砂町に住まれるお宅を訪ね、初めて先生にお目にかかる機縁を得た。その頃私は先生に対し、仕事の上の事で少なからず抵抗を覚えていた。併し教えていただきたいことも山ほどあって、数々の質問を用意して行ったのである。ところが初めの質問は軽くたしなめられてしまった。それでもまた何気なく次の質問を試みた。「またそんな質問が出るのか、だからいかんのだよ……」と先生はもてあまし気味で苦笑された。その時の質問は遂に役に立たないで終った。併し色々と話している間に、今まで抱いていた偉い人だという考えはいつの間にか消え去って、只白髪の老人と対座しているだけの思いとなった。厳しさを秘めてはいるが、温かい人間性に満ちた感じのよい白髪の老人、朝鮮の茶碗の内面をじっと見つめている深いまなざし、只の白髪の人、ああ、これがまさしく伯教先生の面目であったのだ。そこには朝鮮陶磁の権威者というような翳は微塵もなく、毀誉褒貶の外側に立った先生のお姿があるばかりであった。反骨の精神はあっても、そんな事は意に介さない人柄であったに違いない。もとより先生は、朝鮮の焼物については生きた辞書であり唯一のかけがえのない人である。併し朝鮮の焼物のもつすばらしさと二重写しにして、無理に権威者扱いをすることは、迷惑なことであったろうと思う。そんなこととは、殆んど無関係に朝鮮の陶磁器を深く深く愛し続けてきた一個の人間が、深く愛したその事に万斛の意味がかかっているのだ。人の値打は業績だけできまるものではない。

先生の遺愛の品として一個の美しい鶏竜山の茶碗が霊前に供えてあった。それは鶏竜山の茶碗であって然も伯教先生そのものの単的《ママ》である。

私達は朝鮮の焼物を此上なく愛するが、誰でも茶を論じたり、焼物を云々することはさして難事とは思わないが、茶そのもの、焼物そのものの中に己れを見いだし、それと一体になる事は容易ではない。伯教先生の生涯は正しい茶の精神に徹していられたことと思う。

告別の式は簡素を極めたものであり、温かい真情が罩められたものであった。学習院長の安倍能成氏の弔詞の中で、「浅川君は少しは嘘をついたかも知れないが、沢山の嘘をつけない人だったと思う。それで私とも長い友情が続いた……」と述べられた。嘘がないということは大変な意味があると思う。茶でも焼物でも、このことは通じる訓えである。朝鮮の陶器はなぜ日本人にかくも愛されるか。

嘘のない心があって嘘のないものが接するのか、物があって心が接するのか、どちらとしても、日本人の背骨に流れる精神、これあって宗教も美も即する相手を見いだすものと思われる。

伯教先生はこれを強く持った一人である。

私はただ数回の訪問に過ぎない面接ではあったが、生涯忘れ難い印象を受け、言葉に余るものを得ている。

終戦によって、先生の情熱を傾けられた朝鮮でのお仕事が中断されたことは、どれ程淋しく残念であった事か、お察しするに余るが、しかしよく耐えておられた御様子であった。又先生が極めて心の明るい人であった事も私は知っている。庭で先生が丹精の草花のお話を伺った事もある。ある時、

「鈴木ちょっと来てみないか」と招かれるので、傍らに近よって覗くと、草にかくれた小さな池があって金魚が沢山いた。

「おれがね、こうして手を叩くとね、金魚が皆んなこっちを向くんだよ。ポンポン。ほーらね……」さも嬉しそうな無邪気なお顔を今も思い出すことができる。私が伯教先生を想う時、必ず瞼に浮かぶものは、朝鮮の古窯跡に佇んで、独り陶片を見つめている真剣なお姿である。あの高麗青磁のほの暗さを秘めた奥の奥までも想いを届けた事であろうし、静謐な李朝白磁に御身の心のかたちを見つけた事であろう。

世をとりまく毀誉褒貶の外に生きて歩みつつその歩みを今や天上に進め給うた。私は葬儀に列した人々が歌う先生生前の愛唱の讃美歌に心打たれた。

さすらうまに 日は暮れ 石のうえの

かりねの 夢にもなお 天をのぞみ 主よ
みもとに ちかづかん

山本為三郎　伯教さん

『民芸』一九六四年三月号

浅川伯教という人は若い時に朝鮮に渡り、縁あって柳宗悦さんとも知り合い、共に朝鮮の美術や工芸に深い研究と大きな足跡を残されました。このことは日本のためにも、また朝鮮のためにも立派なお仕事であったと私は思います。

伯教さんの弟さんで農林技手をしておられた巧さんも、伯教さんが朝鮮に赴かれたので共に京城に住み、この三人が協力して朝鮮の芸術、特に工芸の方面について、比類ない仕事をされました。李朝の焼物も、大正の末頃までは一般には関心が薄く、殆んど顧みられなかったのですが、これら一派の人たちが、広く世に紹介して漸やく認められるようになり、今日は李朝、李朝と誰でもが口にするようになったわけです。また朝鮮の木工品は実に格調の高いものが多く、これも柳さんの勧めで、浅川巧さんが類のない「朝鮮の膳」という書物を著わされて、朝鮮の焼物と共に木工品、その他の工芸品も次第に認識される機運となりました。

大正十二年四月には、遂に朝鮮民族美術館を景福宮内の緝敬堂へ開設し、私も昭和十一年ここを参観したのですが、今日から見ると、実にすばらしいものが無数に蒐集されていました。而もこれらの品々は、悉くが柳さんと浅川ご兄弟の協力に依る蒐集であって、私はこれだけでも朝鮮文化のために、どれほど貢献されたか、高く評価すべきだと思っています。

殊に伯教さんは渼芹洞という朝鮮人町の真ん中に住まい、朝鮮人と同じ生活をし自分が全く朝鮮人になりきったような気持ちで暮らされたのです。そして焼物の研究をしているうちに、自身でも作る仕事も果たされたのです。

昭和の初め頃から、焼物蒐集に凝っていた倉橋藤治郎君が、浅川君が元気なうちに、朝鮮の窯跡を出来るだけ調査させようという相談なのです。当時李朝の窯跡などを発掘するような仕事は考えもしなかった時代でしたが、南は釜山の端から北は満州の国境までも、ことごとく浅川君に発掘して調べさせようじゃないかということになりました。それで私達、主として大阪の方々、例えば野村徳七、山口吉郎兵衛、毎日新聞の本山彦一、朝日新聞の村山龍平というような名士で而も焼物好きの方たちに相当な資金を出して貰って、昭和四年に朝鮮陶器研究会というものを作り、財団法人啓明会の事業の一つとして、浅川君に朝鮮の窯を隈なく調べさせたわけでした。

浅川君は五ガロン入りの石油缶が二つ入る位の大きな箱、何百箱かの中へ無数の陶片を詰め込んで、内地へ送ってよこしました。これが今も残っておる筈で、朝鮮陶器の研究にとって貴重な資料となっていると思います。

ところがその当時、その記録を書くように私は随分と勧めたわけですが、浅川伯教という人は、字もうまいしまた絵もうまいのですが、どうも気が長いというのか怠け癖があるというのか報告書はいつまでたっても作らない。それで遂に電報まで打って、阪急沿線の三国荘に呼び寄せて、君が報告書を作りあげるまでは、朝鮮へはどうしても帰さないよと云ったわけです。だが先生は段々に年の暮れも迫ってくる時期だったし、お正月だけは、自家で迎えさせて下さいと哀願される始末。それではお正月が済んだらすぐに戻って来なさいよと云って、京城へ帰宅を許した次第です。ところが正月早々に京城から、小さな豚を一頭送り届けてきました。そしてこれは私の身代りですから皆んなで喰べて下さいと云う添状です。この仔豚はビール会社の大阪支店の連中が皆で平らげ如何にも浅川さんらしいねと話し合ったわけです。春になってこちらへ帰って来れば、それでよさそうなものだが、朝鮮へ帰ったら、すぐ感謝のしるしに仔豚を送ってよこした。丁度外国でクリスマスの時などに、仔豚を大きな盆に載せた料理を卓上に出すが、そういう同じ風習が朝鮮にもあるらしい。私はその時実に嬉しかったのです。浅川君はそうした心の優しい面をもつ人でもありました。

その後、「釜山窯と対州窯」を著わして、さらに二、三の著作を重ねました。恐らく朝鮮陶器の研究については、誰よりもよく調べよく知る人であったと思います。

終戦の時までも京城に居住し、内地へ帰ろうと思っても、朝鮮の人達がひき留めて中々帰れなかったそうです。そして帰る時には、在鮮のアメリカ人からも特に手厚い処遇をうけて帰国したとの話です。

私は朝鮮の美術や工芸を心から愛し、また研究した人として、柳宗悦、浅川氏兄弟の名は永く史上に記録さるべきだと思います。

広田熙　浅川先生の思い出

『民芸』一九六四年三月号

浅川先生に初めてお会いしたのは、昭和五年六月頃、北京へ旅行した帰途、京城に立寄った時のことです。たしか京城の公会堂前に朝鮮陶器や木工品を主として商売していた吉田氏の店でした。店内には朝鮮の箪笥や八角形の膳が数々並んでいた。主人は散々内地で道楽の果てに、京城へ流れて仕方なしに朝鮮古美術を扱う骨董屋になったような、無愛想な老人でした。壺中居の名刺を示すと、先生も吉田氏も、不孤斎や西山南天子をよく知っていられたので、快く迎えられた。浅川先生に、初めて朝鮮の美術品を仕入れにきたのでよろしくご指導願いますと頼んだら、率直に引きうけて頂き、早速朝鮮美術品は、こういうものが美しいとか、この木工品が素直で良いから買えとか、ご指導を頂き朝鮮物についての見方とか認識を大いに深めました。

その後渡鮮する度毎に、渼芹洞のお宅へ伺って、ご所蔵品を拝見したり、色々と教えを乞いました。その頃拝見したものでは、李朝染附角瓶や柿鉄砂丸瓶、高麗青磁尚薬局銘の薬器、三島大鉢、粉引大鉢、茶盌数百点等、すべてが美しいものばかりで、この愛陶振りが全くご生活の中に溶け込んでいると思いました。

成歓牧場を経営していた、赤星五郎氏は度々仕事の関係から渡鮮せられ、浅川先生のお勧めで、李朝陶器を蒐集されましたが、同氏の美的感覚も伴って今では日本でも有数なコレクションとなっていますが、その赤星氏を先生から紹介されたのがご縁となり、昭和十二年二月頃、北京へ行く途中釜山で、先生と赤星氏と私が落ち合って大邱へ行き、その当時有名だった、市田氏のコレクションを拝見して、大いに眼福を得たことを思い出します。一泊の上で慶州行きとなり、慶州博物館を見学してその地の朝日旅館に投宿。その晩飯の折に、石窟庵を参詣するには、朝日の昇る時刻に到着する方が、一番良いというわけで、翌朝の午前三時半頃タクシーを呼ぶことにしました。あすは早起きだから、早く寝ようといって、先生の止めるのを振り切り、赤星氏は十一時頃床に就かれましたが、同氏は賢明な方で先生の毒舌には屢々苦い経験を嘗めていられたらしいのです。当時は先生もまだ五十一、二歳頃で、仲々の酒豪であり、呑むほどに酔うほどに弁舌は益々旺んとなり、赤星氏が見えないため、私が悉く酒の肴にされて往生したのですが、十二時頃となり寝みましょうと申したところ、もう少しオレの話を聞けよ、教えてやるんだから、という調子でとうとう午前二時過ぎまで、先生の毒舌を余儀なく拝聴させられた始末でした。それから少々寝たかと思うともう三時半だよと赤星氏にたたき起され、睡眠不足を我慢してタクシーに乗り込み、午前四時頃に暗夜の仏国寺へ到着したのです。石の段々を登って山門をくぐると、境内はそれこそ静寂そのものであって、闇の中で微かに、正面の本堂、左右に新羅時代の十幾丈もある多宝塔や舎利塔らしきものが、仄かに美しく見えて、実に浄らかな眺めでした。

仏国寺の見学を終えてから一行は、石窟庵に向って登り始めました。夜明け前のでこぼこ道を歩いていますと、山蔭には残雪が青白く点々として見え、全く寒さと寝不足で、僅か二、三千米のこの坂道を十里位にも感じました。途中は雑談に興じながら約三十分位で頂上の石窟庵前に漸く辿り着きますと、あたりはまだ夜明け前の暗さで、石窟庵の中からは微かな灯明と、読経の声が聞こえ初めてくるという情景でした。そのうちに東の空が白みかけ、僧侶達は朝の勤行を了えて、経巻を捧持しながら、お行儀よく一列に並んで退出されて行く。私たちは早速朝日の射しこむ石窟庵の内陣に入り、朝の浄らかな光で、御本尊や廻りの壁面に浮彫りされた数々の脇侍を拝観。何分新羅統一時代の最も優れた彫刻であり、さすがにその美しい姿態の線とい い格調といい夢心地になって胸打たれる思いでした。こういう境地にあって拝観するのが、最も意義深いことと助言して呉れたのも浅川先生であって、少々の睡眠不足や毒舌に当てられても、そのご意見に従って大変に良かったと、今でもそのことに感謝もしました良い思い出ともなって心に残ります。

終戦後引揚げてからは、鵠沼の赤星家に身を寄せられた頃、奥様の手料理でご馳走になった折に、韓国の特別な計らいで、持ち帰られた数々の茶盌や徳利、壺などを拝見しましたが、粉引のお預け徳利と井戸の徳利は、特に私の目を惹きまして、失礼を顧みずに、粉引か井戸かいずれかの徳利を是非割愛して下さい、とおねだりしたところ、今夜蚊帳の中で、一晩中オレの講義を聞けば考えてみようといわれ、また始まったなと思いながらも我慢してその夜は素直に拝聴しました。その翌日朝食を了えて帰ろうとすると、あの粉引徳利は君持って行き給えとお許しが出たので、本当に嬉しくもあり、何んだか悪いなとも思ったことでした。以来私は十数年愛用しておりますが、青山二郎氏は、勝手に「猪の頭」と銘をつけて、余程気にいったか、是非譲れ譲れと度々申されますが、先生の形見として大切な徳利ですから、ずっと断り続けております。

その後二年位も過ぎて、先生が店に見えまして君に徳利一本あげようと思って持参したところ、新橋と東京駅との車中で、網棚に置いてあった筈のが見え無くなったよ、と事も無げに言われたが、私が酒好きだから酒の一升瓶のことかなと思っていたところ、例の井戸徳利のことだとわかりびっくりしたわけです。がご当人は至極平気なお顔で、淡々としたご様子には言い知れぬ先生の風格を感じました。

それから後での話ですが、或る日に梅の茶屋（秦秀雄氏経営）へ食事に行くと、珍品堂主人が自慢げに井戸徳利を見せるではありませんか。おやこのご仁が犯人なのかなと、厳しく問いただすと、否オレじゃないよ、この間、上州の骨董屋から五千円で買ったという。実はこの徳利には深いわけがあるのだと話して、結局八万円で譲りうけました。先生にもその話をしてご諒解を求めた後、田辺武次氏の愛蔵品となりましたが、田辺氏もこの事情を知ったので、一夜大橋茶寮で、先生と私が招待されまして、その井戸徳利を中心に再会の集まりをした時に、久し振りで井戸徳利に会えて先生は嬉しそうでした。箱書をお頼みすると早速「忘形見」という銘をつけて頂きました。自分の愛什が、徳利の大家で、殊に徳利を愛していた田辺氏の所蔵になったので、先生も満足されまた安心されたらしく思いました。その田辺氏も昨秋は他界されて本当に淋しいことです。

先生は、度々口癖のように「素直」なものが最も美しいんだよ、見てくれが無いので見飽きがしない、とよく言われましたが、人間が頑固で、強情で中々人の言うことを聞かない、そして執念が強くて、物を掘りさげて研究するような人間には、却ってこの素直な李朝陶器などに感動するのかも知れません。

朝鮮陶器に関しては、その偉大な研究と、この位にまた陶器を心から愛した人、つまり研究家と愛陶家を兼ね備えた人は滅多にないと思います。

手塚利明　浅川伯教先生の死　『輝く八ケ岳』一九六四年

その昔、手塚利明十八歳未だ師範学校に入学しなんだ頃、富里小学校で准訓導を勤めた時のことである。草鞋脚絆で徒歩二里の道を通っていた頃のことであった。村山西学校の小せぎで二百十匁の鰻を捕って学校へ持って行った。そのころ伯教先生は師範学校を卒業して富里へ首席訓導で赴任して来て居った。丁度梅雨の頃であったろう。僕は洋がさをさして手拭で鰻をつるして校門をくぐったが、先生は驚きもしない褒めもしないただぶすの顔をして一寸笑いをした丈だった。その鰻はひげの生えそうなものだ。新富武里組合役場吏員小使さん夫婦がびっくりして大騒ぎ。小使さんに、料理して貰って皆んなで食べたことがあった。そのうち夏休みの前あたりから牧ノ原から台ケ原の教舎へは伯教先生のおともをして通ったことが数回あった。何時も上三吹の肉屋さんで桜肉を食べるのが例になっていた。或る日曜に県庁知事官房の先生が、和服で伯教先生を訪ねて来た。そして白州の松原へ名物の松茸狩としゃれこんだ。弁当箱へ葱、味噌、ちゃんなべ、用意が整って出掛け牧ノ原、下三吹、台ケ原、白州約二里の道である。そんな頃だから乗合自動車があるわけでなし、弥次喜多に近い、いでたちで全然テクッタものだった。そこで白州の松原へはいったが細い山道がついている。一寸《ちょ》っと隔ってつつじの根っ子なんかへ松茸が見えるのではないか。生いていると思ったら山守が前の方から持って来て苔の中へ挿したものだった。各々とれただけ買って帰途についた。上三吹の高台へ座った。名にしおう富士見三景の一つ花水坂の下は花崗岩の釜無川、七里岩が韮崎まで続いた。八ケ岳高原の上にくっきりと富士の霊峰が浮んでいるではないか。その三吹の高台の芝生へ腰を下ろし、ちゃん鍋、味噌、にんじん、葱、松茸など煮て食った。その中に秘書の先生が遙か向うの方へ行った。何か松の小さい盆栽用のものを掘って、六尺のフンドシをほどいてつつみ、吊したのである。供は子供の様なもんだから、おかしいけれども笑われもせず伯教先生はクリスチャンでむっつりや、県庁の秘書さんも、先生と仲がいい供だから、平気で吊して学校へついた。その夜は村の祭で、盆おどりの支度をしている様だった。その秘書の先生は、盆栽ふんどしをつるし野猿ん帰りを登って日野春駅へ行った。

それから僕は師範を卒業して南都留旭小学校へ赴任した。その二年目に朝鮮平壌に居た視学、坂本常政先生の世話で平壌へ行こうとしたが、意に満たず山梨から朝鮮へ一人行く、その一人として付属に居られた浅川伯教先生が行ったのでした。伯教先生の弟に巧さんがいた。巧さんは龍岡村若尾新田、浅川政蔵(クリスチャン)さんの姉を妻としたが、妻に先きだたれた。一人娘の園枝さんは龍岡小学校で私が世話をしたのである。その縁故によって浅川巧著の朝鮮古陶磁器観識製作〔原文のママ〕の権威者であった。

小淵沢〔の〕進藤章君の山日〔山梨日々新聞〕報道によって伯教先生の訃を知って悲しみに

堪えない。謹んで哀悼の意を表する次第であります。先生の母は五丁田で紺屋を経営して居り、巧君は兄さんより先に逝かれたのであった。

母は詩歌文章に秀で此の母にして此の子ありというべきである。

グレゴリー・ヘンダーソン　浅川伯教の死を悼む

『陶説』一九六四年四月号

千葉の浅川伯教が、八十歳をもって遂に逝去したという知らせがたった今届いた。――韓国文化の研究家であり、愛好者でもあり、そしてまた李朝陶磁の先駆的な再発見者でもあった浅川だったが……。

浅川は一風変った人物であった。情熱的で、独創的な魂の持ち主であった彼は、自分の国籍や他の国籍などのことは顧みることなく、自己の内に蔵したやむにやまれぬ熱意にかられ、昼夜の別なく半世紀の間、陶工や韓国の工芸作家の研究に一生をささげたのであった。

誰一人として浅川に、彼が専門とした分野を研究するようにすすめた者はいなかった。李朝陶磁の研究は彼の職業ではなかったのであった。むしろ彼の研究は、死のみが研究から彼を解放できた魔術によって魅せられたものであった。

私の手許には、彼の生涯の詳細について調べることのできる書物もなければ、たずねるべき友人も身近かにはいないのである。彼が私に語ったところによると、彼は甲府近在のいなかに生れ、天賦の才のある彼の弟、巧と共に、教師として韓国へ早くから渡ったのであった。浅川達が韓国へ渡ったのはまだ大正時代で、その頃はあらゆるタイプの日本人移住者が続々と玄界灘を越えたものであった。ひろがり行く新しい植民地に、多くのものは一旗あげることを願い、あるいは新しい仕事を求めたのであったが、なかには異国の民族と文化に進んで接触してゆこうとする冒険的な試みをする少数の人々がいた。この頃は、文化的には同一であるという神話は生れていなかったので、日本人は韓国には自分達とは異なった文化と言語とがあると思っていた。

浅川兄弟は、新しく住みついた国とそこの住民達とがすっかり気に入ってしまい、多くの韓国の友人を持っていた。そして少なくとも弟の巧は韓国語が得意であったと信じられている。公的にも私的にも日本人が韓国人に対して行なった日本統治のきびしいおきてや抑圧的な手段は、浅川兄弟に嫌悪感をいだかせたので、巧は同国人が韓国人に対してとっている行動や手段は、一日本市民として、はずかしく思うということを公然と筆にしたのであった。韓国人自体も、それから彼等自身の意見を表明する僅かな機会をつかむことによって、ごくまれであった日本人の抗議の表現をかりて、意見をのべることができたのであった。このことはジョージ・L・

パイクの著した韓国におけるプロテスタント教会史中に著者が引用した浅川の言によって立証できるのである。韓国文化の様相を韓国人と共同研究することが、浅川の日頃の念願であり、日本人自体がこのような共同研究の効果をあげる機会を著しく損ってきたことは、彼の生涯の悲劇であったというのが浅川の見解であった。

日本人は、日本人の世界に冠たる陶磁に対する見方をもって韓国にやってきた。古い文化がすたれてしまっていたので、当時の韓国人は、数世紀の間侵すことのできなかった彼らの祖先の墓を、どうしても守ってゆこうとは考えなくなっていた。京城の市場には、一九〇六年以来非合法的に持ち出してきた盗品のやきものが急激にあふれてきて、一九一二年頃には最高潮に達した。高麗ものが主なものであったが、必然的に各時代の李朝ものが徐々に過去から表面に浮かび上ってきた。当時韓国内ではどこでも陶磁器生産が行なわれていなかったし、韓国製陶磁器の優秀さを明らかにする文献もほとんどなかったのである。このような状況のもとで日本人がはじめて、それから続いて他国の人々が、驚異の眼をもって、この疑いをはさむことのできぬ宝物の不思議な存在について論議するようになったのである。浅川兄弟はどちらも韓国陶磁に関係のある職業にたずさわっていたわけではなかった（浅川巧は農村技手であった）し、また以前にこの道である程度の経験を積んでいたわけではなかったが、二人とも韓国陶磁を実際に使用したり、あるいはその偉大さやその美しさを強調したりすることに夢中になってしまったのである。彼等は韓国陶磁の研究に没入し、趣味からやがてはそのために両兄弟の名が人々に記憶されるに至った彼らの生涯の仕事に入って行ったのであった。

浅川両兄弟は蒐集家ではなかった。彼らは研究上必然的に数点の陶磁器を手に入れたことはあるが、蒐集という点では両兄弟はそれをするだけの資力もなかったし、また蒐集本能をも持ち合せてはいなかった。事実浅川伯教の情熱はほかのところにあったのである。そして晩年になって自分の研究を続けるために、かつて彼が発見した陶片の数個を韓国から送ってほしいと希望したときに、破片の代わりに完器を贈られてぐーの音も出ない程に失望したことがあった。伯教は貧しかった。彼の持っていた完器は経済的価値という点では全く縁遠いものであって、これらの完器ですら伯教の研究の一助となることはできなかった。そこで彼は、これらの完器を全く無視してしまったのである。それにも拘らず、彼の情熱は彼をして商売人と交渉する機会を与え、彼らの援助を得て時に展覧会を企画し、あらゆる蒐集家の間に名前が知られるようになったのである。伯教は蒐集家と一緒に絶えず京城にある骨董屋や韓国内のかくれた場所を探しまわった。彼は自分の発見したやきものの質を詳しく説明し、韓国陶磁器にかくされていた美についての讃美者をどしどしと作って行ったのであった。伯教と彼の弟とは実に多くの発見をしてきたのであって、両兄弟の友人柳宗悦によって建てられた東京駒場の民芸館に現在ある李朝陶磁のすぐれたコレクションにはこの兄弟の広くて適確な趣味をもって見つけ出されたものがたくさんある。漸次自分の研究のために全部の時間をさかねばならなくなってからは、伯教自身は時折り自分の蒐集品を売らねばならなかった。西大門のフランス大使館近くにあった彼の小さな家を建てるために、当時の有名な蒐集家赤星氏に李朝染付辰砂入大壺（この壺にある辰砂の蓮花は世界的に有名になり、現在では大阪の安宅コレクションの看板の一つになっている）を売ったとのことである。とはいうものの伯教自身はいぜんとして貧しく、住む家は小さく、彼のなりわいは商売的ではなかった。日のよくあたった西大門側の部屋で、部屋一ぱいに韓国に関する書物をひろげ、彼の愛したやきものについての文献を彼はできるかぎり探し廻っていたのであった。

とはいうものの、彼が主として有名になった研究は、書物を書くことではなくて、外に出て実際の学問をすることであった。真の学問的権威にとっては外に出て研究するということは、価値の低いものと考えられ勝ちであったが、彼の研究はそういう環境内で行なわれたのであった。浅川兄弟は韓国の陶磁器研究に際し、外に出て実際にものを見て研究する態度を主張する最初の偉大なる提唱者となったのである。第一次世界大戦の間、伯教と彼の弟はその当時知られていなかった李朝及び高麗時代の窯の調査を始めた。この研究のために伯教は一九三一年に弟の巧が早死してからは、その全期間の半分はたったひとりで、ほとんど三十年間を費した。彼は一九四六年に、日本人最後の引揚げ者のひとりとして、帰国せねばならなかったときに、不本意ながらその調査を放棄したのであった。

浅川兄弟が韓国のやきものの研究を始めたときには、〔京畿道〕広州郡にあった李朝のごく晩年の官窯の窯跡をのぞいては、韓国の窯については実質的には何も判っていなかった。浅川の研究が終ったときには、ほとんどは自分ひとりでやったことではあるが、浅川は釜山や〔全羅南道〕康津郡から北は豆満江畔の会寧に至るまでに散在していた六八〇カ所ばかりの窯跡を発掘したのであった。これらの窯跡から、浅川は、韓国のやきもの研究にとって現在の国立博物館資料の重要な部分を形成している陶片を見本として採集したのであった。

何びとの助けも借りず、また何びとからの金銭の恩恵をも受けず、季節のいつであるかをも問わず、主として自分の足で、しかもさまざまな肉体的なあるいはその他の困難とたたかいながら、遠くはなれたいなかの道三千里を歩んだこのひ弱な男の姿はいまだかつて例のない学問に対する献身的な物語りではあるまいか。李朝陶器に関して私達が持っている大部分の知識は、死が弟の巧の研究を挫折させ、日本の敗戦が伯教をして彼らが発見した知識を十分に開拓させることをはばんだとは言え、この両兄弟の研究から来たものであり、また彼らの調査によって確実性をましたものなのである。現在でも韓国のやきものを研究する韓国人にしろ、その他外国人にしろ、彼らが未だに到着していない記録がある。

浅川伯教は自分の研究活動範囲を過去のみに限定したわけではなかった。彼自身が活動的な、創造的な陶工でもあった。そして長い間会寧地方で、韓国人の協力者と小さなやきもの窯を営んでいた。ここの窯で、彼は収入を得るだけではなくて、更に古い土や釉薬についての研究や、李朝の陶工達がやきものを作るにあたって直面していたさまざまな問題の考察を行なっていた。近代の韓国人が試みているのとは異なり、彼は古いものをただ写そうとはしないで、新しい創造を目ざして自由に韓国の形や意匠を利用したのであった。「古い時代のやり方をそのまま受けつがないで、昔の人々がどう考えていたかを自分で考えてみることだ」。と言っているようである。

野外に出て実地に調査することに献身的であったと同時に確固として純すいな趣味が若い魂に根をおろした。彼が始めて韓国へやってきたときには、彼の関心は、専ら高麗陶磁のもつどちらかと云えば解りやすい豪華さにあった。（事実、その当時には開城の大墳墓群から高麗ものが、ぞくぞくと出てきたのであった）彼は高麗ものを好みそして讃えたのであったが、彼の性格から幾分消極的で控え目な態度で讃えた。彼の好みとしては、むしろ簡素なものを選んだが、これは多分陶器に対する日本人の茶道からくる趣味に影響を受けたのであろう。事実、両兄弟は日本の茶道を好み、李朝の簡素なやきもの、特に李朝初期のやきものをお茶に使ったのであった。李朝ものをお茶に使うことは趣味と研究とに於ける新発展であった。李朝末期のやきものはそれから一般に使われるようになって、李朝ものはまあまあ使えると考えられたのである。それまでは殆ど売れずに、美学的には価値のあるものとは考えられなかったのである。

李朝初期のものは殆んど知られてもいなかったしまた誤解されていたこともあった。例えば三島ものは、伯教が景福宮（当時、日本人は総督府の建物をたてるためにこの場所を掘りかえしていた）の李朝初期の窯跡から初期の陶片を採集して、正しくこれは李朝初期のものであると判断を下すまでは、新羅末期のものと思われていた。今日ではケリョンサン〔鶏竜山〕、キムハヱ〔金海〕、として知られているものや、ハンピョン〔咸平〕、ポーシン〔抱津カ〕、コーチャン〔高敞〕等の多くの遺跡から出土した白磁等は、当時は未だよくその正体が解っていなかったし、それぞれ固有のやきものとして区別されていなかったのである。しかも、例えば三島のようなやきものに関する知識は主として茶道との関係にのみ限定されていた。浅川は柳と共に李朝の偉大なる陶器を発見し、その名声を日本中に、そして或る程度、世界的にひろげた人々の仲間の中心に位置を占めていた。柳は、後でこのグループの偉大なる代弁者となったが、彼は絶えず、柳自身やその他の人々にとって、窯の移動を語り、採集陶片を比較研究し、古い韓国史書に於ける韓国のやきものの重要性の推移や状態を推測し、新材料を提供してゆくのに、最初の口火をきった人は浅川兄弟であり、彼らに負うところが大であることを強調していた。今や研究の灯はついて、韓国陶芸は、日本以外では例えばバーナード・リーチのような人によって漸く認められ、普及している。しかし、多くの点で浅川と彼の弟は、彼らの深い趣味と情熱をもってこれらの炎に最初に火をつけた人と云うべきである。

浅川は書物を書いたが、ものを書けば仲々立派なものを残している。彼の才能は、不朽の大作を完成するために、自分の研究を整えることの出来る包括的な才能ではなかった。それにも拘らず、彼は釜山、金海地方の窯の重要性について論文を書き、また世界陶磁全集やその他の大きな著書に見られるような長い論文をも書いたのであった。彼は情熱なしではいられない性であって、美的なほとばしりに満たされた韓国のやきものについて知りすぎるほど知っていた。

彼の書いたものは科学的にその同情的な想像力をもって、韓国のやきものを実際にそれが焼成された時代の枠の中にはめようとし、やきものが生れた当時の趣味と技術を説明しようと試みたのである。彼の語るところは事実にもとづいたものであると同時に暗示に満ちた思索的なものでもあった。彼の著作を読んだり、彼と実際に話をしたりした人々は、彼の新しい洞察力や真に理解しようとする激しい努力によって感動せずに、中途で書物を措いたり、話を中断することはなかった。それは彼の内面からわき起り、彼の著作や、年をとったときですら、さっと輝いた彼の表情にまで、また彼の話の聞き手にまでひろがって行った不思議な感動であった。

彼の晩年は東京の東の方にあたる、女子供が蛤を掘りにくる長い海岸線を背にした、芭蕉の木でかこまれた小さな家で、体の小柄な気品のある妻（曽つてはヘレン・金を教えたことのある老教師）と共にすごされた。彼の家は日本では到るところに見られるような貧弱なものであって、風が吹くたびにがたがたと音をたて、暖房などは絶対にきかない態のものであった。彼の周囲には、近代日本の風潮が月毎にふえていった。年毎に、外を走るトラックの騒々しい音が激しくなり、彼の家の窓と云う窓のガラスをガタガタといわせたのであった。工業の波が、波うち際までコンクリート台を作ることが、彼の住んでいる海岸にまで進められてきて、浜辺で蛤をひろう人々をさえ追いやってしまう程になってきた。彼の環境がこのように変ってきても、彼はその変化を見たり、或はそれに耳をかたむけようとはしなかった様子である。棚からおろされ、手にもたれそして実際に使用されるまでは、その美しさが永久にわからないで眠ってしまうことに気がついた折には、愛用の茶盌でお茶をたてることがよくあった。茶道については、次から次へと色々な問題が起ってきた。日本にはもはや騒音を消したりすることや勤勉な姿もない。日本自体がもっていた皇室の思い出すら失ってしまった。さて世宗時代には、ある役人が居った。彼は宮廷用のものを作るのに個人的な興味をもっていたので、製品の質を向上させた。三島の優品は彼のいた時代に製作され、と同時に或る種の銘も彼の時代のものである。彼の話が進むにつれ、彼の年おいた手は紙と鉛筆をつかみたえず鉢や壺の絵を画いていた。彼は、たえず劇しく興奮して身体をふるわせていたし、波をうつ長い白髪をふりたてながら、彼の両眼は獅子のような鋭さをもって、相手をみつめたのであった。このような場合に、彼を見る人は彼の火の様な個性の強さばかりでなく彼の持つ特有の容赦のない迫力を感じたものであった。私の心にやきついていることは彼のあごの堅固さと、鉄の如き意思と明治生れの人々には著しいが、日本の若い人々の顔にはどこかに消えさってしまっている断固たる決意である。彼のおしゃべりの種がつき、彼の妻が止めるまで、彼はよく、やきものの変遷について語り、略図を画き、鉢をためつすがめつして、過去のことを推測し、遂にはあと十ばかりの韓国の時代の研究をのこしたまま、午後の日がくれてしまうことがよくあった。

曾つて、色々な質疑にぶつかって私達が彼に、別れをつげたときは、会寧陶器だけについて語ることで午後の時間一杯を費していたことに気がついたこともあった。彼が逝ってしまった今日、彼のように午後一杯の時間をたった一つのことに費やせる男が、彼をのぞいてこの地球上に果しているかどうか私は疑問に思っている。

このような特例は――日本人にとっては大変な悲劇的なことであるが――人間として韓国人を考える彼の個人的な情熱によるものであって、韓国についての日本人学者がたまたま持ち合せているような情熱ではないのである。或る日のこと、韓国の友人をつれて彼を訪ねたことがあるが、他の日本人や外国人を紹介して、金氏を紹介するだんになると、伯教の表情は灯をつけられたようにかがやき、その場に居合せた他の人々に比べて一段と興味を示した。彼にとっては他のどこの国の訪問者よりも嬉しい、なつかしい訪問者であったのだろうと思う。彼にとってはこれほど貴重なものはないと云った風な動作で、とっさに他の人々から離れてしまっていた。

愈々《いよいよ》別れを告げねばならなくなったときでさえ、そのときは彼はまるで韓国に住んでいるかのように見え、美の追求のために誰よりも多くひたすら彼が歩き廻った山や川が彼の骨や肉に溶けこんでしまっているのではないかと思われたのであった。彼の生涯中に探し求めていたのは日本と韓国の共存共栄ということであって、死んでも彼はその望を棄てようとはしなかったのである。彼はたえず韓国で死に、その地にほうむられたいと願っていた。彼の死が、彼の第一の望をとりあげてしまったけれども、恐らく彼の望はいつの日か芽を出すことであろう。彼が祈っていた愛情と彼がもっていたすぐれた精神は将来必ずや彼が半生を過した大地に於て認められることであろう。

（井垣春雄訳）

グレゴリー・ヘンダーソンとその妻　親愛なる浅川夫人へ

一九六四年三月二六日付の手紙

親愛なる浅川夫人

御親切にお送り頂きました貴女の悲しいニュースの電報は、私の両親により直に私の手許に届けられました。貴女が悲嘆にくれ、しかもお忙しい中にこの打電の労をお取り下さいましたことを深く感謝いたします。

このニュースを頂いた時、私は先生についての小さな論説を書いて居ったので御ざいます。それは私共夫妻が先生をお知りいたしました様に、朝鮮の若い世代の人達が先生を知り、先生を賛美する様にする為、朝鮮の新聞に送るためのもので御ざいます。これを貴女がお読み下されば、私が手紙の中に書きました以上に私共の心情をおわかり頂く事が出来ると思います。なお、私は同じカピーを日本の出版物にも出して頂き度く小山先生にお送りいたします。

私共は貴女方よりもずっと若いとは云え、私共の古くからの友人でありますことを極く身近に感じて居ります。

日本に参ります毎に千葉〔伯教は千葉に住んでいた〕を訪れました事は、私共の大きなよろこびの一つで御ざいました。

私共にとり、先生の死は大きな損失であります。そして私共には勿論多くの人々にとりましても、彼に代るべき人物のない程の人であります。

貴女は今迄通りあのお宅にお住居になられますか、お知らせ下さいませ。私共は貴女との交際をいつまでもつづけ度う御ざいます。

私共の送りましたクリスマスカードは、先生がお元気な間に届いてよろこんで頂けたでしょうか。又御臨終は苦痛もすくなく平和でありましたでしょうか、どうぞお知らせ下さいませ。貴女が療養中の年月の間、よくお世話なさいましたことを、貴女の知人の皆様はよく御存じでほめて居られました。

私の書きました論説の中で、訂正したり、又伝記など加えたりせねばならない所がありましたら、どうぞお知らせ下さいませ。どんなにか貴女がお淋しいかよくわかります。私共は貴女の事を思い出して種々思いめぐらす事で御ざいましょう。

一九六四年一月二十六日

（訳・浅川たか代）

II

親族が見た浅川伯教

浅川たか代　ヘンダーソン論文について

備忘録（未公刊）

別紙の論説〔「浅川伯教の死を悼む」〕を後世に残す様にとの親戚の者の希望によりましてカピーにする事にいたしました。

なお私宛のお手紙にもあります様に同氏の御希望により、多少違った点或は御存じのない点などにつきまして私より返書の中に数点申上げましたので、それも序ながらこのカピーの最後に追加して置きます。

一　浅川は甲府の師範時代の夏休毎に上京して新海竹太郎先生の内弟子となり彫刻の勉強をつゞけたそうでございます。

大正二年（一九一三）の春朝鮮に渡り、教員生活を六ヶ年（大正八年、一九一九）で辞職して上京、再び新海先生の内弟子となり満三年間研究をつゞけました。其間二回年末から正月にかけて数日帰宅した丈で御ざいました。

その研究の間に雑誌「民芸」にもあります様に二、三の作品を発表いたした事もございました。

二　帰鮮後、ヘンダーソン氏の書かれました西大門外の仏大使館近くの家の一部を改造してアトリヱとなし数年そこで製作をつゞけました。

併し日本とはいろ〳〵事情も違い、彫刻と云う仕事はなか〳〵むづかしくそれに非常な重労働で体力もつゞかず、遂にその仕事は中止いたしました。その間の作品もいくつかありました。その家は其後又なおしまして私共の住居といたし、戦後引揚までそこに居りました。

三　蓮の絵の壺を売って云々と申されましたヘンダーソン氏のお言葉の家。実は私共はいつも鮮人家屋を改造した家にばかり住んで居りまして不自由な生活をいたして居りましたので、年老いた母が死ぬまでに純日本式の家に住み度いと云う長年の希望を叶えて上げる為、西四軒町と申します大和《ヤマト》町（日本人の高級住宅地）の一番奥の高台の広い土地、俗に老人亭とよばれて居りました所を例の赤星様におゆづりした蓮の壺のお金で買求めました。大きな山林で囲まれ見晴も空気もよく、それに山上に清水が湧き出で理想的な土地で、母も見て〔一字不明〕り一同大満悦でございました。私など家の設計までも考え、只々完成の日を夢見て居りました。

ところが昭和十二年（一九三七）思もよらぬ日支事変が起り、世の中がさわがしくなりました。浅川の事とて折角目出度く新築の家を建てるのに世間に気がねして造るのでは気持がわるいから、この戦争が終ってからにしやうと母に申しましたところ、母も承知の上で一先づ中止いたしました。併し悲しいことに母はその年の八月多年あこがれの家も見ずに他界したので御ざいます。今その土地は如何なって居りますやらわかりません。

四　浅川は渡鮮当初から李朝の陶器には大に心を引かれ、弟の巧と共々よく古道具屋をあさり歩きました。

彫刻を止めましてからは専心それにこり固り、窯跡の調査をいたし、皆様のおすゝめで本にも研究の一部を発表したりいたしました。

家に居ります間はいつも朝鮮紙に壺の絵ばかりかいて居りました。そしてそれにもあき足らず会寧や南鮮地方に参りなど自分でも作陶する様にもなりました。
五　当時浅川や弟の巧の宣伝により故柳様はじめ多くの方々の間に朝鮮陶器の研究熱が次第に高まり、昭和四年（一九二九）には啓明会と云う大きなグループのすゝめと後援により、浅川が全鮮に渡り窯跡の調査を本格的にはじめました。そして昭和九年（一九三四）に東京の白木屋で陶器破片の朝鮮全道にわたる分布の展覧会を催したこともありました。
六　なおヘンダーソン氏が度々記されました弟巧の事につきましては、只今京城郊外の忘憂里にその遺体は埋葬されてあります事を附記しておきました。
いつの日にか墓参に来られます日のある事をお祈りいたして居ります。

以　上

四　月

たか代

浅川たか代　夫を語る

『京城日報』一九二〇年一〇月二二日号　談話

良人《たく》は、山梨県の出身で、朝鮮へ参ります間は、山梨県の師範学校の訓導を勤めて居りましたが、爾来教員としては相応《ふさわ》しくない美術や文学の研究にばかり没頭して殆んど家庭のことなどには没交渉で、三百六十五日、食事の時でさへ何事か思案に耽《ふけ》つてをりましたが、他の場合は必ず読書を続けてゐました。

以前、柳宗悦さんが来鮮された時も、柳さんと二人連れでいつも朝鮮の骨董屋を漁り歩いたものです。其の〔一字不明〕具合で、当時教員はして居りましたものゝ、他の御宅とは異つて私の宅には只の一冊も児童教員の参考書などは御座いませんやうな始末で、良人自身にしましても、俺は芸術に拠つて生きるのだと常に口癖のやうに云つて居りました。朝鮮で在職して居りました時は、横山校長が大変良人の為に前途を祝福して下さいまして、何かと便宜を与へて理解して戴いてゐたやうで御座いますから、いつも粘土弄《いじ》りをして居りました。彫刻ではなんと申しましてもロダンに越すものは無いと云つて非常に絵画なども好んで居りました。総て生活上の事は無頓着で一意専心芸術にのみ没頭し続けて御座いました。学校に奉職中にも夏冬の休暇には必ず新海〔竹太郎〕さんの御宅に参つて居ました。

鈴木正男・牧栄　父を語る　一九七八年四月八日・八月一九日の談話

正男　伯教は通称「はっきょう」ですが、戸籍上は「のりたか」と読みます。父は如作、母は「けい」といいます。「たか代」というのは家内です。伯教と巧の間に栄がおり、小宮山家に嫁ぎ、現在、八王子に住んでおります。甲村《かぶとむら》の五丁田《ごちょうだ》という所に生まれました。

甲府の師範学校を出ました。学生時代から、彫刻だけではなくて美術全般に興味をもっていたと聞いております。

学校を出て、甲府の小学校に奉職していたのですが、学校の中に不満があって――非常に純粋であったので――おりあいが悪く、自分がこうしようと思うようなことがうまくいかないというようなこともありまして、朝鮮に行って、自由な仕事をしたいということで渡ったと聞いております。

そして、京城の西大門小学校に奉職し、のちに京城師範になる教員養成所で嘱託もいたしました。が、籍はずっと西大門にありました。

甲府師範学校時代から教会に籍をおきまして、指導的な立場におったようです。キリスト教については、かなり深い造詣をもっていたようです。晩年になりましてからは毎日聖書を読んでおりましたし、京城にいるときはメソジスト教会に属していたのですが、晩年は長老になりまして、その方面で活躍しておったようでした。

最初は、貞洞（梨花女専の近く）に住まっていましたが。

牧栄　私〔伯教の長女〕が西大門小学校を出まして、女学校に入る少し前に……

正男　昭和のごくはじめか、大正の末期に渼芹洞という所に移りました。そこに最後までおりました。ここは、京城の駅をおりまして西大門の方へ行く義州通りといわれた鉄道沿いでございます。

朝鮮に行って美術の仕事をしてみようということではなかったのですが、行ってみると高麗のものなどを見て、感銘をうけたようです。

牧栄　秋草の壺は父が最初に柳さんの所へもっていった……。

正男　伯教も巧も、今のように自分のものにするというような考えはなくて、だれがもっていてもいいんだというような考えが非常に強かったと思います。所有権というようなことについては非常にうとかった。ですから、朝鮮民族美術館〔一九二四年に柳と浅川兄弟が中心になって設立〕に自分のものをどんどんもっていったり、あるときはそこから自分のところにもってきたりというぐあいで、所有権を主張するというようなことはなかったようですね。

早くから『白樺』の読者であり、「新しき村」にもかなり関心をもっていたようです。

朝鮮の林業試験場ではいまでも巧の仕事に深い関心をもっているようです。特に、巧は、朝鮮の禿山を何とかしようということで萩を植えたんですね。それを盛んに提唱し、いくつか論文を書いて、自分も率先して植えたので、その面での功績が非常に多かったと、韓国の林業試験場の方たちが今でも話していると聞いております。

美術館設立のころ伯教も巧もお金の余裕もなかったから「ずいぶんたくさん」工芸品をもっていたということはあたらないと思います。

牧栄　絵と焼物の個展はいたしましたが、彫刻の個展はいたしませんでした。他人様のご依頼があればこしらえておりましたが。

正男　最初彫刻をやって、帝国美術展で入選〔一九二〇年、「木履の人」〕したけど、次の帝展に自信のある作品を出したところが、それが落選して、それがショックで陶器のほうに移ったと聞きました。落選したのは、義父が新海派だったためらしい。

牧栄　父の絵は暖かい感じがするという高崎〔宗司〕さんの批評はやはり宗教的なものからきているんでしょうね。聖書を手から離しませんでした。

好んで朝鮮のものを描きましたね。窯は朝鮮中を見て歩いていて、年中家をあけておりました。私どもが育つ間はほとんど家におりませんでした。焼物のかけらを集めてきまして、家にいる朝鮮の若い人に全部分類させておりました。終戦で思うように仕事をできませんでしたが……。紀行文は書きませんでした。

正男　巧の日記などは、引きあげのときみんなおいてきたんですね。戦後、比較的懇意にしておった朝鮮人に預けてきたものがありますので、この方を訪ねるとあるかもしれません。兄の方は非常に感覚的に鋭いものをもっていて美術についてはかなりの感覚があったと思うのですが、ものを書くということは不得手といいますが、やらなかったのですね。弟の方は、兄ほど感覚的には鋭くなかったと思うのですが、書くことは好きで、いろんなことを書いておったようです。

牧栄　ほとんど一人で、朝鮮人の家にとめていただいて一年中窯跡を調べていました。連れて歩いた方はございませんね。

正男　周囲の人からこれまでの研究をぜひ書くようにといわれていましたし、戦後は特にそういわれていたのですが、戦後は病気をしたりしまして、やらずじまいで亡くなってしまいました。

朝鮮の陶磁と日本ということに非常に関心をもって調べたんですね。そのうちに日本の茶器に朝鮮のものが多いということを調べようと、あちこちにいって見せてもらったようですね。喜左衛門の井戸などもね。そうしているうちに、この茶碗は朝鮮のどこで、どういうふうに焼かれたんだというようなことを調べたんですね。

大正年間はお茶が盛んだったのですが、経済界の人がことごとく茶人であった時代、益田鈍翁、小林逸翁、そういった人々が、岩崎を中心に啓明会を作っていたんですが、そこから多少の経済的援助もいただいたようでした。
牧栄　わたしたちが物心ついて連れだす所は必ず分院など、かけらのある所でしてね。その他のところに連れていってくれたことを覚えておりませんから。私たちにも焼物のかけらは何でも拾うようにと……。
正男　牧水と似ていましてね。家内のたか代が〔山梨英和と〕東洋英和の出身で、はじめは梨花、のちには淑明の女学校の英語の教師をしておりまして、家計はほとんどたか代の給料でやっていたようです。
牧栄　たか代の旧姓は三枝で韮崎の出身です。やはり、クリスチャンで母の父という人がハイカラな人で、ミッションの女学校に入れたのです。
正男　アメリカ人の宣教師の通訳もしていたようです。
伯教の著作集をぜひ出すようにと高崎さんに言われたんですが――私は今でも李朝の陶器についてこれだけ調べた人はいないと思うんですが――それを記録に残さなかったんですね。性格的にへんくつな所もありましてね。
土井浜一さんは、朝鮮銀行にお勤めだったですね。工芸会のメンバーです。陶器がただ好きだというだけでなく、浅川兄弟の考え方に共鳴するという意味で陶器を愛する人の集まりであったようです。蜂谷喜郎さんや安倍能成さん、浜口良光さん。浜口さんは、旧制中学の先生で、童話をラジオ放送されたりしました。

牧栄　渡辺久吉さん、上野直昭さん。

正男　渡部久吉は松山の人なんですね。靴屋を、京城の本町でしてた。朝鮮では、一、二の大きい靴屋でした。

牧栄　音楽が好きで、メソジスト教会に属してました。

教会に合唱団を作ってました。そんなことで〔柳〕兼子さんにきていただいて、音楽会をしました。

工芸会の会員でもありました。

昭和三〔一九二八〕年ごろだったと思いますね。ほとんど私の家で、一カ月に一回位、集まっていました。

京城高商の鈴木孫彦先生も陶器に関心をもっていました。そういう関係で先生の彫刻を作りました。

正男　一旗組的考えが全くなかったですね。住んでいる家も朝鮮の古い家でしてね。貧民街のようなところに平然と住んでおりましてね。同じような生活をしてね。そこらへんが人柄ですね。

牧栄　戦後は、韓国に自分のものを寄附して、分類し、記録も残して、それで帰ってきた。グレゴリー・ヘンダーソンという人がいましたね。『陶説』一九六四年四月号に「浅川伯教の死を悼む」を書いています。当時、父がつきあった人です。

父にしてもおじにしても朝鮮の家に入って、朝鮮の服を着て、朝鮮語で話していましたから。

私もそれが当然だと思っておりました。

主人〔鈴木正男〕は成歓で牧場をやっていました。朝鮮人といっしょに食べ、仕事し、遊びました。朝鮮人を日本人がいじめたというのは大げさじゃないでしょうか？　帰る時も大事にしてくれましたしね。

成歓の農家の人たちは、日本人が統治してくれるので静かに生活できたといってましたがね。私に弟〔二四夫《にしお》〕がおりまして、弟が国立博物館に勤めておりました。二十七歳で亡くなったのですが、父のことを調べていたんです。

李朝の研究者が私の家へ来宅したことはございません。

正男　他人に教えてやろうとか、弟子を作ろうとかということはない人でね。他人から尊大にみられるようなところもあったですね。何カ月も歩いていて、家族のものにはどこをどう歩いているのかわからなかったこともありました。

山梨県の甲村には浅川家の墓がいまでもありまして、何回かまいりました。咲《さき》さん、園絵さん〔巧の妻子〕も分骨してあります。

栄は、八王子で健在です。小宮山に嫁ぎました。

キリスト教に入った動機はわかりません。

芸術に対する関心は、祖先〔祖父・小尾四友、曾祖父・小尾兵之進〕が文化人であったということでしょうね。今も甲村に碑がありますよ。

牧栄　貞洞の今の梨花女子中の前のあたりにいました。渼芹洞です。栄おばさんもキリスト教に入りましたね。

父は一徹のところがありましたね。自分の意見を通しました。一生の半分を旅にすごしましたね。朝鮮の人とね。それを通して朝鮮の人は陽気だと感じていたようですね。学校をやめてからは、もっぱら窯跡めぐりですね。展覧には力を入れてましてね。

正男　キリスト教はかなり熱心に真剣にやってました。

牧栄　教会に行くというよりも、熱心に聖書を読んで、自分の糧にしていました。母は教会の婦人会長をして、よく教会にでていました。表千家の先生の津田よしえ先生を尊敬していました。

正男　赤星五郎さんとは啓明会を通じて知りあったんですね。戦後、三年位世話になりましたね。

牧栄　祖母の「けい」は昭和十三年に亡くなりました。七十四歳でした。よくよその方が「おばあさん、男だったらよかったのにね」と言われました。女丈夫なのね。人の世話をひじょうによくした。外交的な人でね。あっさりしてました。やはり教会にいって、敬老会をやって、よくお年寄りを呼んだり、困った人のめんどうをみていました。だから家にはしょっちゅう人がきていまして、夕飯は家族だけで食べることがめったになかったですね。わたしなんかもおばあちゃんに育てられたようなものです。未亡人としてしずんだようなところはなかったです。

巧おじさんにも受けつがれましたね。
正男　昔の人としてはハイカラであったようです。あのころ朝鮮にいったのですからね。田や家を処分していったり、栄は初婚だったんですが、再婚で子どもがいる所に嫁がせたり、びくびくしない。
牧栄　助手に若い朝鮮人がきて、うわぐすりをぬったりしていましたね。ものの整理をさせたりしてましたね。窯跡のかけらを持ってきて分類したり。ずいぶん長い間でした。なんで会寧によくいってたんですかね。一度いくとなかなか帰ってこなかった。
正男　作為的でない、土から生まれてきたものがよいと口ぐせにいってました。明川や会寧は、作為性がないので、特に好きだったのだろうと思いますね。
朝鮮の経済を豊かにする、というような問題意識ですか。それはほとんどなかったでしょう。四国の砥部には、前にも何回か行っていましたが、渡部久吉が松山にいたので、その関係で行った。
牧栄　白水窯という所で焼いていましたね。半年位、二回ほど行ったんですかね。
正男　砥部というところでちゃんとした焼物を焼きたいから、指導にきてくれということでいって、のちには自分でも焼いたんですね。三越で展覧会を開いたりして、それから砥部が脚光をあびたということもあるんですね。
戦後は、ほとんど悠々自適でした。病気もしましたし。

牧栄　俳句をこしらえたりもしてました。父も朝鮮の土になるつもりでしたからね。陶器の破片を山のようにつみあげていたんです。

正男　ずいぶん資料を集めていました。朝鮮民族美術館のうらには、系統別にわけて破片を山のようにつみあげてました。

朝鮮戦争のときに形のあるものは釜山に移したけれど、破片は移さなかったと聞きました。いろいろ調べたことをまとめる必要はないと思っていたようですね。ぜんぜん無関心でしたね。

牧栄　小さいときから陶器を拾うように言われましたね。染付は絵かきが描いたから、ひじょうに上手だと言ってました。しょっちゅう、鈴木をつれて、青山や鎌倉の道具屋を歩いてましたね。池順鐸〔浅川伯教の勧めで陶芸家となり、名をなした〕のような人がいることは、地下で喜んでいるでしょう。いろいろな人がきていましたが、そういう人の一人だったんでしょうね。話はじょうずで、おもしろい人でした。

ほんとうに家中のあちらこちらに陶器がおいてありましたね。家のことなんかかまいませんでした。ぜんぜん〔日本に〕引き揚げることなんか考えていなかったようですよ。

（整理／高崎宗司）

上杉美恵子　父とおじの思い出　一九七九年一一月一八日の談話

わたしは大正六〔一九一七〕年生まれです。

おばあさん〔けい〕につれられてよく教会にいきました。たいへん人のめんどうをよくみてましたね。よく人をよんできていました。

父はあまり家におりませんでした。わたしが五つのころ〔一九二一年ころ〕、姉と二人で母につれられて東京に会いにいきました。新海先生の書生でした。

家計は、母が全部まかなってました。梨花女専はほとんど外国の先生でしょ。母は英語で日本語を教えていたんです。梨花のまん前に家があったんです。そのあと、淑明の英語の先生になったんです。給料は百円位だった。わたしが小さいときから淑明です。

津田節子さん〔緑旗連盟の施設・清和女塾の塾長〕とは親しくしておりました。いまも姉は節子さんのおじょうさんのひさ子さんとつきあっているようですね。母はお茶でのつきあいだけだったようですよ。父も緑旗連盟とは関係ないようですよ。

戦争といえば、焼き物の人が召集されたようですね〔砲弾を作る金属が不足したので、焼き物で代用しようとしたらしい」。東京の大空襲のときに。それで東京から帰って「もう負ける」なんていう話をしてましたね。

父たちの集まりを工芸会といってました。工芸会で山に行ったり、家族ぐるみで。海にいったり、お正月集まるとか。朝鮮民族美術館の虫干しをするとか。柳兼子さんの音楽会の切符を売るとか。

父は食事をしているときも、空に手で壺の絵を描いてましたね。食事のときもしゃべると叱られる。よく外に出ていて、どこにいるかわからない。年に一〜二カ月いないなんていうのはふつうでした。

ずっと家で手伝ってくれた朝鮮人に宋さんという人がいます。朝鮮人もたくさん出入りしてましたね。両親ともお客がすきで、奥のざしきで他の人が食事して、こちらでも別の人が食事してとかね。いく組もいたりして。

宋さんがよく仕事場でカードをかいたり、陶片に付箋をつけたりしてましたね。宋さんは通いの助手でした。

今回、父はよく勉強してたんだな、とびっくりしたくらいなんです。

整理がへたで、廊下にいっぱいでした。物置きに焼き物が入ってましたね。物置きが三つあって。古書もありました。

わたしたちでもかんたんな朝鮮語会話はできました。母もね。

咲子さん〔巧の再婚相手、咲ともいった〕を京城駅に、巧おじさんと園ちゃん〔巧の長女・園絵〕と三人で迎えにいったんです。それから休みたんびにおじの家に行ってました。おもしろい人でした。うちの父とちがって、家庭を大事にしてましたね。食事のときもたいてい帰ってきてましたね。おばが料理が上手で、たのしいふんいきでした。おばをからかったり。

巧おじが亡くなったのは、わたしと園ちゃんが女学校の二年のときです。

たいへんチャーミングな人だったですね。人に好かれる人だったと思います。山に散歩にいくと、賛美歌なんか歌ってましたよ。ロマンチックな人でした。

園ちゃんは、学校を出てからは、おけいこごとをしてました。勤めにはでなかったんじゃないかしら。母が学校をやめてお茶を教えてたんですが、園ちゃんは手伝いにきてましたね。うちから十分位のところに住んでましたから。

竹添町に住んでました。おじさんが死ぬ二年前に生命保険に入ってたんです。それで、貸家を一軒と自分たちが住む家をたてましてね。宣教師の方たちに貸してましたね。七十円とかで。恩給もありましてね。

友湖〔京都の御仕覆屋〕にいってる間は、けいおばあちゃんが園ちゃんといっしょに住んで。昭和七、八年ごろ、京都にいったんです。咲子さんも津田よしえ〔津田節子の母〕先生を尊敬してますね。よしえ先生の思想なんて深く考えなかったと思いますよ。京城で表千家をきっちり教えてくれるのはよしえ先生一人だったんじゃないでしょうか。

朝鮮民族美術館には工芸会のみなさまと家族ぐるみで、お弁当もちでよくまいりました。内地からのお客様がありますと、姉や園絵たちと前日にお掃除に行きました。カギは父からあづかって、私たちには開け方が難しいので、隣の小母さんに頼んで開けてもらいます。お掃除のあと、風通しをしているあいだ、お弁当をひらいて、これも楽しい思い出です。

ほんとに小さいときから、父はよく勉強した人ですね。引きあげてからは、全面的に鈴木〔正男・牧栄〕のほうに世話になりました。

戦後は、身体がよくなくて、原稿をかくのもおっくうだったでしょうね。引きあげてきただけでもたいへんだったと思いますね。とても気の毒だったと思いますね。

わたしたちが引きあげたときも、自分たちは引きあげないつもりだったようですね。わたしたちが帰るときに、「いられるだけいたい」と言ってましたから。

姉〔鈴木牧栄〕は絵を描いたり。あの人はまじめでね。あの人はカラスとかうさぎを飼って、それを写生して、それを刺繍にしていました。日本刺繍ですけど、題材は朝鮮ですね。

（整理／高崎宗司）

上杉美恵子　父・浅川伯教の思い出　『陶説』一九九八年八月号

朝鮮陶磁の美に魅せられて

森　今日は、かつて「朝鮮古陶磁の神様」とうたわれたご尊父・浅川伯教（のりたか）氏についてて、ご令嬢の上杉美恵子さんにいろいろとお伺いしたいんですが、ちょうどいまから十年前の一九八八年に山梨県立美術館で催されました「浅川伯教資料展」の図録を見ますと、明治四十三年、お父様が山梨県師範学校附属尋常小学校の教員時代に、やっぱりお父様と同じ甲府メソジスト教会の会員だった小宮山清三という人と出会い、その小宮山氏が蒐集された古美術品、とくに朝鮮陶磁の美に魅せられたとあります。そうだとすれば、新天地中国や朝鮮に渡って一旗上げようという当時の人々とは違って、お父様の場合は、最初から朝鮮陶磁の美に憧れて渡朝したともいえます。小宮山氏のことや、渡朝の動機についてなにかお父様から伺っていらっしゃいますか。

上杉　とくにこれといっては聞いていませんですね。ただ、姉から聞いた話では、上野の博物館に父が朝鮮へ行く前に徳富蘇峰さんだったか、徳富蘆花さんだったかにいろいろ相談したという手紙があって、それが出てきたというんです。私は、それを見ていないからなんともいえませんが、父は蘆花さんとはわりに親しかったんです。昔、吉祥寺から母をロバに乗せて、いまの蘆花公園のお宅まで訪ねて行ったことがあったそうで、そんな話を聞いてましたから、一度元気なうちに蘆花公園に連れて行ってあげたいなぁと思っているうちに、父が亡くなってしまい残念でした。

森　ひょっとして、お父様の渡朝の動機が分る貴重な資料かも知れませんので、その手紙は是非拝見したいです。徳富蘇峰も、蘆花もクリスチャンでしたし、とくに蘆花は文学の人でしたから、俳句や歌を詠まれるお父様とは気が合ったのかも知れませんね。ところで叔父様の浅川巧（たくみ）さんの『浅川巧全集』が草風館から出版され、また年内には朝鮮の林業や美術の振興に尽力した浅川巧のドキュメンタリーが制作されるなど、いま浅川巧の再評価が高まっているようですが、お父様と叔父様を比較されて、お二人の性格の違いというのはどうなんでしょうか。

長男・伯教と末っ子・巧

上杉　巧さんは末っ子でしたから、きっと皆に可愛いがられたんだと思うんです。だからすごくやんちゃなところがありましたね。そのやんちゃなところが、また巧さんの魅力の一つで、皆に好かれたんだと思うんです。父は長男で、巧さんより七つ年上なんですが、仲のいい兄弟というより親子みたいでした。父はどんなにつらいことがあってもただ黙っている人で、とにかく愚痴というものをまったくいわない人でした。私たち子供を叱るということもあまりなかったですね。

森　お話を伺っていてなるほどと思ったんですが、それはお二人の風貌にも表われているような気がしますね。

上杉　巧さんは林業試験所に勤めておりましたが、仕事が終り夕食を済ませると、よくうちにきました。「バァさんまだ生きてるかね」といって、それがいつもの挨拶なんです。祖母が「上ったら」ていっても上らないんです。ですから「清涼里から狐が来たよ」って祖母が父にいいますでしょ。すると奥から父が「おぅ」といって出てきて、そのまま二人で骨董屋めぐりに出掛けてしまうんです。

森　「清涼里の狐」というのは巧さんのアダナなんですか。おばあ様は巧さんに負けずユーモアのある方なんですね。

上杉　そうなんです。巧さんはやっぱり甘えん坊だったんですね。巧さんのことを、年中朝鮮服ばかり着ていたように人はよくいいますが、そうじゃないんです。林業試験所に勤めていた方のお母さんが、綿の入った朝鮮服を仕立てくださったので、それをお正月や外出する時なんかに着てたんです。皆さんがお年始に来ますと、誰彼なく「上れ、上れ」ていって、叔母がお料理がとても上手だったんで、座敷いっぱい並べましてね。皆で歌留多取りをしたり、羽根突きをしたり、子供のようにはしゃいで遊ぶんです。お互いの顔に墨を付け合ったり、からかったりして、私なんか年中からかわれていました。

上杉　巧さんはとても家庭的というか、家族思いだったそうですね。

森　それは一人娘の園絵さん、私たちは園ちゃんと呼んでましたけど、その園ちゃんが母親と早くに死別し、叔母の実家に預けられていたこともあって、だからとても大事にしたんです。

森　巧さん自身、父親が亡くなってから生まれた末っ子ですし、母親を亡くしたわが子への愛情は人一倍強かったでしょうね。ところでお父様は大正九年、三十五歳で教職をやめ彫刻家になるため単身東京へ行かれる。新海竹太郎の内弟子になるためですが、それは大変な決断だったでしょうね。お父様には、どうしても芸術家でありたいという強い意志がおありになったんですね。しかし、大正十一年には再び朝鮮へ戻られる。大正三年「白樺」で知ったロダンを見せてもらうため我孫子にいる柳宗悦を訪ねるんですが、その時、土産として持参した「李朝秋草文面取壺」がきっかけで、柳は朝鮮工芸の美にめざめ、民芸運動を起すんですね。朝鮮に戻られたお父様は、その柳と弟の巧さんと共に「朝鮮民族美術館」の設立のために奮闘される。その一方、啓明会の資金援助を受けて、朝鮮半島全土の古窯址六八〇余の実地踏査もなさってますね。

朝鮮陶磁研究の功蹟

上杉　啓明会からは、確か年間で三千円の資金援助があったといいますが、それは父の仕事の話で、私たち家族の暮しは、母が四十ぐらいまで学校の教師をしておりましたから、それでなんとか生活はしてました。でも、いつも誰かしらお客がある家で、とても賑やかでしたね。

森　そんな状況を見兼てか、お父様の研究援助のため、倉橋藤治郎が中心になって関西の名士、山本為三郎（朝日麦酒社長）、野村徳七（野村証券社長）、山口吉郎兵衛（山口銀行社長）、本山彦一（大阪毎日新聞社長）、村山龍平（朝日新聞社社主）ら焼物好きに資金援助を呼び掛けたといいます。その時の補助の名目は、「浅川伯教、倉橋藤治郎、浅川巧、柳宗悦の四人の共同研究『朝鮮陶磁の研究』に対して」となっています。その補助でまとめたものが、のち彩壺会から出版された浅川伯教著『釜山窯と対州窯』なんですね。

上杉　そうですね。姉も、父のことを「物事を系統的・論理的に考える方面は得意ではなかった」といってますが、父は朝鮮陶磁の研究家でしたけど、本来芸術的直感の鋭い人でしたから、芸術家的要素の方が強かったかも知れませんね。京城（いまのソウル）の渼芹洞の家には、その頃、宋（ソン）さんという書生さんがいましてね。その宋さんが手伝って、よく陶片の裏に発掘場所を書いたシールなどを貼ってました。

森　山本為三郎さんの文章（「民芸」百三十五号）に、「浅川君は五ガロン入りの石油缶が二つ入る位の大きな箱、何百箱かの中へ無数の陶片を詰め込んで、内地へ送ってよこしました」

とありますが、資金援助の礼として各人に送られたようですね。その一部が戦後アメリカの美術館に流出してます。ところで、アメリカの大統領トルーマンに進言して、日本の古都（奈良・京都）を爆撃から救ったウォーナー博士が、どういう訳かお父様のことを知っていて、「朝鮮に居る日本人浅川伯教は、極めて大切な人である。絶対に万一のことがあってはならない。」と、在朝鮮アメリカ軍司令官に伝えたといいます。敗戦後、朝鮮に残って、朝鮮民族美術館のコレクションの散逸をくいとめるためアメリカ軍と交渉したり、収集した三千余点の工芸品と陶片三十箱を朝鮮の博物館に寄附したり、そういうことが出来たというのもウォーナー博士からの進言があったからなんですね。その時、在韓大使館で文化担当官をしていたグレゴリー・ヘンダーソンという人が、昭和三十九年四月の「陶説」（一三三号）に浅川兄弟について次のように書いています。「浅川両兄弟は蒐集家ではなかった。彼らは研究上必然的に数点の陶磁器を手に入れたことはあるが、蒐集という点では両兄弟はそれをするだけの資力もなかったし、また蒐集本能をも持ち合せていなかった。」ヘンダーソン氏がいうように、お父様はコレクターではなかった。こよなく朝鮮と朝鮮の美を愛された方で、その情熱から研究に着手されたんだと思うのですが、もう一つキリスト者としての浅川伯教というものがあったんじゃないかと思うんです。

上杉　そうですね。コレクターではなかったです。教会へはあまり行きませんでしたが、明治の人ですから聖書はよく読んでました。食事の時なんか、母が「お父さん、お祈りお願いします」ていいますでしょ。ですから、食事の時はちゃんとお祈りをしてました。

森　日常生活の中でのお父様の思い出というのはどうでしょう。

上杉　お茶碗なんか手に入れますとね、一生懸命に洗いますでしょ。その頃は大抵、夏でも部屋には火鉢があって薬罐が掛けてあり、そうじゃなかったら、（お茶の）風炉に火を入れてお釜が掛っていたんです。その熱いお湯をお茶碗に入れて、茶筅でもって掻き回すんです。そうして、ゆっくりゆっくりお湯を建水にあけ、布巾でなんどもなんども繰り返し拭くんです。側で見ていると本当にお可笑しいんですが、お茶碗が可愛いくて、可愛いくて仕方がないという感じでした。そうじゃなかったら、絵を描いているか、本を読んでました。毛氈のようなものを下に敷いて、絵を楽しそうに描いてました。欲しいといわれれば、どなたにでも差し上げていましたね。

森　そんな時が一番幸せなんでしょうね。時々お父様のお作りになった茶碗が出るんですが、偶然、僕が見たお茶碗の箱の蓋にはお父様の箱書と茶碗の絵が描いてありました。

上杉　朝鮮の子供なんかも可愛いく描いてましたよ。気に入った壺なんかが手に入ると床の間に飾って、蒲団を床の間の方に向けて、そちらを向いて毎日寝るんです。障子を開けたり、廊下のカーテンを引いたり、夜は月の明りを入れて、一人でじっと眺めているんです。

森　そうやって、飽きるまで眺めてるんですね。

上杉　いや、いくら眺めても飽きなかっただろうと思います。

浅川伯教を慕う人々

森　その当時の陶磁器の研究家はもとより、愛陶家、コレクター、そして古美術商といった、じつに様々な人がお父様の研究の恩恵に預かり、その指導で朝鮮陶磁の美にめざめていったんだと思うんですが、はじめお父様は巧さんらと、「朝鮮趣味を語る会」を発足するんですね。その会がのち「朝鮮工芸会」に発展し、在朝の愛陶家の集まりとなり、その会に京城大学の先生をなさっていた安倍能成さんも、時々顔を出された。

上杉　結局、皆さん国を離れて外地に来てましたから、淋しさもあってか本当に仲がよかったですね。冠婚葬祭といわず、お互いなんでも助け合ってました。「今日わ」といったかと思うと、もう家に上り込んでいて、誰もいなくても、祖母が相手でも、食事をして帰って行きました。家族ぐるみで海へ行ったり、山へ行ったり、父もそういうのが好きでしたから、皆さんと連れだって、とても賑やかでしたね。

森　安倍能成さんというと、どうしても学習院大学の学長というイメージなんですが、安倍さんの書かれた随筆を読みますと、本当に家族ぐるみのお付き合いだったことがよく分ります。もうお一人、親しかった方に赤星五郎さんがいらっしゃいますね。

上杉　京城から二時間ほど汽車に乗ったところに、赤星さんの農場がありましてね。赤星さんにいわせれば、「ほんのポケットマネーで作った」というんですけど、二里四方ぐらいあるんです。農場といっても、水田もあり林業もありで、こんどは牧場を作るというんで、誰か牧場の責任者を紹介してくれるよう北大に頼んだんです。そしたち、種牛といっしょに貨車に乗って兄（鈴木正男・姉の主人）がやって来たんです。そのうち奥さんがいないというんで、浅川さんのところは女の子がたくさんいるから誰か嫁にと、赤星さんからいわれましてね。その頃わが家には私と姉、母の親戚の娘さん、私と同い年だった園絵さんもいましたから。ところが、安倍先生がおっしゃるように、父は娘の結婚のことなんかに一生懸命になるタイプではないので、「それじゃ順番だ」ということになったんです。姉の名前は「牧栄」といいましたから、ちょうど牧が栄えるで縁起がいい、これも縁だからというんです。

森　赤星さんの文章（「民芸」百三十五号）を読んでましたら、「伯教さんとは大正の終り頃、青山民吉君を誘い京城に同行した時紹介された」とあります。青山民吉というのは青山二郎のお兄さんで、確か赤星さんとは同級生だったと聞いてます。青山二郎は昭和五年、中国へ行く計画で朝鮮へ渡り、お父様と会っているんですが、二郎よりずっと早くに民吉がお父様と知り合っていたんですね。

上杉　青山二郎さんが父を訪ねてきた時のことはよく覚えております。とても面白い方で「このうちの畳は波打ってますね」て、笑いながらおっしゃるんです。それから小林秀雄さんがおみえになったこともありました。父に頼まれて私がホテルまで届けものをしまして、真黒な奇霹な髪の方だったですね。

森　のち韓国陶芸界の大御所になった池順鐸（チ・スンテク）さんも、若い頃にお父様に付いて窯址を歩き、高麗青磁の美の再現に情熱を燃やされた方ですね。

上杉　この前の日本経済新聞（一九九八年六月一一日付）に写真が出てましたので、私も古い新聞記事を探してみたんです。

森　これは昭和四十年の池さんの記事ですね。この方は、お隣に住んでいたんですか。

上杉　それが違うんですよ。池さんは、ちゃんとしたおうちのお子さんでしたのよ。私どもが住んでいた渼芹洞というのは、もう本当に中以下の人が住んでいるところでしたから、この方が小さい時住んでいたということはないと思います。

森　確か、お父様にいわれて、木工から陶磁にめざめ、高麗青磁に取り組むようになったそうですね。ところで、お父様は会寧（かいねい）で作陶もされてますね。

上杉　朝鮮工芸会の会員だった土井浜一さんという方が、当時、朝鮮銀行に勤めていらして、その朝鮮銀行の二十五周年の記念品として、会寧で茶碗を三百個ぐらい焼いたんです。それに叔母が御仕覆をこしらえて、上野の美術学校の校長をしておられた正木直彦先生に箱書をお願いしたんです。父はせっかちですから、「明日行くから美恵子、お前付いてこい」というので、蓋を行李に入れて、それぞれの銘を紙に書いて、慌てて仕度して、正木先生のところへ伺ったんです。その時の茶碗が、時々、美術倶楽部なんかに出るみたいですね。

森　僕が偶然見たのも、その時のものかも知れませんね。お父様は帰国されてからも、四国の砥部（とべ）で作陶されてますね。
上杉　砥部の白水窯というところで一度焼きましたけど、二度目の時は、もう体を悪くして行かれませんでした。

晩年の浅川伯教

森　先日、繭山順吉さんにお話を伺ったら、日本へ戻られてすぐ龍泉堂に行かれ、何日か泊まられたんですね。
上杉　それは三日間ぐらいで、父と母は引き揚げてきた後、しばらく鵠沼の赤星五郎さんのところにいました。その頃、キティ台風ていうのがあって、屋根の銅（あか）が飛んじゃったんです。それでどうにもならないというので、千葉の姉夫婦がこちらへ来たらというので、引き取ってもらい、それ以来、ずっと亡くなるまでお世話になったんです。
森　そういえば、鵠沼にいらした時、壺中居の広田熙さんが訪ねて行かれ、粉引の徳利を分けて頂いてますね。青山二郎が「猿の器官」〔広田は「猪の頭」と書いている。本書五七頁〕と名付けて欲しがったという珍品なんですが、それを分けて頂く条件として、一晩蚊帳の中で講義を聞かされたという有名な話があります。それともう一つ「忘形見」という井戸の徳利、これもお父様がお持ちだったものですが、電車の網棚に置いて盗まれてしまった。後日、広田さんが秦秀雄のところへ行くとその盗まれた徳利を自慢げに見せるので問いただすと、上州の骨董屋から五千円で買ったというので、訳を話して八万円で買い戻したそうです。この井戸の徳利は、その後、田辺武次氏の所蔵となりましたが、この話を聞いていると、やっぱり名品というものは不思議なもので、ある特定の人物の間を回るものだなと思いました。大阪市立東洋陶磁美術館が所蔵する「青花辰砂蓮花文壺」にしても、お父様から繭山順吉さんを通して赤星さんへ、そして安宅コレクションと受け継がれる訳ですから、名品そのものの運命を感じますね。

上杉　中国のものに比べますと、朝鮮のものはどことなく温かいし、親しみ易いですね。そこが朝鮮の焼物の魅力なんでしょうね。

森　お姉様のお書きになった「浅川伯教の晩年」〔所在不明〕を読みますと、「日本へ帰ったあとは社会的にはやや不遇であった」とありますが、その理由として「いままで心血を注いできた李朝磁器の研究が、終戦、引き揚げで中断による虚脱感から立直るには年を取りすぎており、又持病もあり健康にすぐれなかった。」とあります。戦後は、河出書房の『世界陶磁全集』、平凡社の『陶磁全集』などに執筆されてますが、お父様としては朝鮮に骨を埋めたいと、ずっと思っていらしたでしょうね。

上杉　私もそう思っております。しかし、実際は日本に帰国し千葉で亡くなり、私の義弟が臨済宗の住職をしておりましたので、渋谷の東北寺に埋葬されました。私は、やっぱり京城で生まれ育ちましたから、ふる里というとどうしても京城なんです。京城はとてもいい街でしてね。どこを歩いていても、必ず山が見えるんです。東京へ引き揚げて来た時、どこを見ても山がないんです。それに朝鮮はどこへ行っても空が高いんですよね。

森　今日は貴重なお話を聞かせて頂き、どうも有難うございました。

（聞き手・森孝一）

進藤章　浅川伯教氏の死──朝鮮陶芸に尽した生涯　『輝く八ケ岳』一九六四年

〔一九六四年一月〕十八日午後新宿駅についた私はその日柏木の親戚におちつき、あくる日は千葉黒砂の海岸、浅川伯教氏宅を訪うつもりでいた。その夜である。小淵沢から電話がきた。「浅川伯教氏なくなり、きょう葬儀」だという。間にあわなかった。新宿から直行すればせめて告別式には参列できたのに、何ともいい知れぬ気持である。今はなき富本憲吉氏文化勲章受章の折、親友の一人として、たまたま在日中のバーナード・リーチなどと共にゲストとしてテレビに出たその折の姿、能役者にも似た和服姿が、妙に印象的にまな底にうかぶ。

十九日稲毛駅に下車した私は、タクシーをひろって伯教氏宅にいそいだ。冬枯れた庭の一木一草にもこの人の息吹を感ずる。奥の床の間の中央には生きているような故人の写真と、生花のいくつかが、きのうのままにのこされているばかりである。合掌、焼香、瞑目。今は老未亡人となった、たか代女史と語ること二時間余、ほとんど半世紀に近い歳月への回想と追憶である。若いころ武者小路実篤氏等の雑誌「白樺」誌上でこの人の文章を読んだことなど連想する。このころ帝展の会場でみた彫刻「木履の人」。足に木靴をはき頭をさげて、膝をだきかかえるまでに、前かがみになったポーズは、当時の朝鮮人の象徴でもあろうか。ここにも氏の白樺派の思想につながるヒューマニズムがほのみえているかに思われる。氏が新海竹太郎氏の内弟子として彫刻の修業に専念していたころアトリエを訪問したことがあった。私が彫刻に深い関心を持ちだしたのはそのころである。貴重な時間をさいて上野博物館に案内もしてくれた、その時陳列されていた乾山のキキョウの絵のあるやきものなど、今も忘れはしない。そのころ既にあれほど深い陶磁に関する研究が進められているとは後になって知ったことであるが、間もなく浅倉文雄、内藤伸らにつながる帝展の内紛にいやけがさし、当時千円もの陶磁関係古文書とともに渡鮮したとか。朝鮮では百いくつかの窯跡を掘って調査、東京でも何度か発掘破片の発表展や講演などもした。

やがて古法によって自ら窯をきずき、作陶もしている。多くの後援者たちによって自作品の発表展もいく度となくやっている。氏の幅広い生活はそればかりではない。朝鮮民族美術館の建設やら民芸品の蒐集、鮮展の設立に奔走したり、同展においては、参与として活躍し、ずっと終戦にいたるまで朝鮮におけるその道の第一人者として、ここの発展に貢献した実績は大きい。氏の卓越した鑑識眼は、たまたま東京へ来ても、蒐集家や骨董屋に引っぱりまわされて、居所もわからぬ位でさえあった。□〔陶〕芸史の一部が書きかえられもしたろうし。在鮮中の著書に「釜山窯と対州窯」がある。やがて大東亜戦争が終結すると、一度はそのまま、京城に留まる決意をしたものの、情勢の変化はそれをゆるさない。翌二十一年十一月、米軍のジープで釜山まで送られて引き揚げたという。その際縁の下まで置いた三千点に余る貴重な蒐集品を、民族美術館に寄贈してきたとか。後年黒砂の自宅で話した折「寄贈はしたがあの当時のごたごただから、別に文書でやった訳ではなし、口頭のことだからどうなったかわからない。君、今でも夢にさえ見るよ」と、そんなことを聞いたのもすでに過去。

京城を引き揚げてから四国で焼いた作陶展を一度三越でやったことはあるが、引き揚げ後はとかく病弱になやまされていたので、□〔李〕朝陶磁に関する遺著二つなどがその後の目ぼしい仕事ではなかったろうか。

会葬された安倍能成氏も弔辞をのべたとか。東京における知友や後援者も多いが、郷里を出でて県外で活躍した終生を持つ人ゆえに、山梨にこの人あるを知らぬ人も多いと思うが、今は知らず大履〔作か〕「木履の人」はずっと小宮山清三氏の蔵品であったはずだし、戦後は県芸術発展に、彫工部審査のため招かれたこともあり、甲信交換展や山日主催のアンデパンダン展に出品してもらったことなどもあった。

伯教氏は山梨の生んだ（北巨摩郡高根町五丁田）造形芸術界の大先輩であり大物である。寿八十一歳の長寿をまっとうしたとはいえ、おしみてもあまりあることである。冥福を祈る次第である。

III 友人が見た浅川巧

柳宗悦　編者附記　『工芸』一九三一年五月号

此号の為に朝鮮の茶碗に就て、三月中に何か執筆してもらひたいと云ふ依頼を浅川巧君に出した。春の頃とて林業に従事する同君にとつては最も多忙な時であつた。

原稿は正確に三月三十一日に私の手許に届いた。併し見慣れない筆跡であつて、令兄伯教君の手紙が之に添えてあつた。「弟は肺炎で今寝てゐるが、責任感の強い彼は四十度近くの熱に犯され乍ら、此原稿を断片的に書いた。未完成ではあるが、兎も角他人に清書してもらつて一先づお届けする、文意を然るべく訂正してほしい」旨の手紙であつた。

越えて翌四月一日夕、「病重し」との知らせに接し、取るものも取りあへず、其夜京都を立つて朝鮮に急いだ。私はどうしても逢ひたかつたのである。併し翌二日中夜汽車が大邱を過ぎた時、再び電報をうけて「巧二日午後六時死す」との知らせに接した。

まんじりともせず其一夜を過ごし、清涼里に駆けつけた時、言葉なき骸《むくろ》が私の前に横はるのみであつた。心をえぐられる想ひである。

熱に悩み乍ら床の上で仰向きになつたまゝ、私の為に書きつけてくれた此原稿は遂に其絶筆になつた。日附は三月二十九日であるから死ぬ四日前である。此事が死を早めた一つの原因であるかを想ひ、真にすまない事をして了つたのである。こゝに挿入した写真も、一々奥さんに命じて其間にとらせてくれたものである。下書を見ると、病ひが既に重かつた事が分る。文字文脈共に乱れ互に錯雑する。而も終り迄訂正し加筆し整理しようと努力した跡がありくと見へる。書き終つて令兄を省み、「之以上書けないから、直した上兄さんの名で出してもらつてもいゝ」と話した。原稿はそのまゝ直されずに私に送られたが、他人が清書したものに二三巧君の筆跡で訂正した個所があるから、尚も目を通そうとしたものと見える。題と署名日附とだけを自身で書き終り、写真を添え、令兄の手紙を添え、遂に投函された。出し終つた時それを聞いて非常に安心した悦びを洩らしたと云ふ。そのまゝ病勢は進み再び立たず、四十二歳を以て此世を去つた。看護の人達がせめて私の来る迄はもたせたいと、非常に苦心してくれたと云ふが、僅か半日の差で間に合はずに終つた。

巧君は私の最も尊敬し愛慕する友達の一人である。もう十有五年の交りである。常には健康な其体にこんな事が突如として起らうとは、夢にも思はなかつたのである。かへすくも口惜しく思ふ。特に朝鮮の工芸に関しては、取り返しのつかない損失である。もつと生きてゐてくれたなら幾多の本が同君によつて書かれたであらう。近くは「朝鮮紙の研究」「朝鮮の筵席」「銀象嵌」等を題目に書いてくれる事になつてゐたのである。朝鮮窯跡の調査は令兄伯教君の努力と共に、一大研究を成したであらうが、今は各所から集められた無数の陶片と覚え書とが努力の跡を語るのみである。最後に調査した窯跡から集めた陶片の包紙が、三月十五日の日附であるから、床につく僅か一週間前である。

同君の著書に「朝鮮の膳」がある事は人も知るであらうが、最後の大著「朝鮮陶磁名考」が組版中であつて、同氏生前に上梓されなかつたのは遺憾の限りである。だが五月中に出るべき此書は、同君の名を永遠にするであらう。

本誌の此号は、わけても巧君の悦んでくれるものだつたにちがひない。それを見せる事が出来ず、却て同君の絶文を此号に納める様なはめになつた事を、返す〳〵も残念に思ふ。此断片的な一文だけが残り、同君の此問題に対する蘊蓄を充分語る折なく、此世を去つた事は、遺憾の限りである。（昭和六年四月八日朝鮮海峡を渡つて帰る時）

柳宗悦　編輯余録　『工芸』一九三一年五月号

浅川が死んだ。取り返しのつかない損失である。あんなに朝鮮の事を内から分つてゐた人を私は他に知らない。ほんとうに朝鮮を愛し朝鮮人を愛した。そうしてほんとうに朝鮮人からも愛されたのである。死が伝へられた時、朝鮮人から献げられた熱情は無類のものであつた。棺は進んで申出た鮮人達によつてかつがれ、朝鮮の共同墓地に埋葬された。

私とは長い間の交友である。彼がゐなかつたら朝鮮に対する私の仕事は其半をも成し得なかつたであらう。朝鮮民族美術館は彼の努力に負ふ所が甚大である。そこに蔵される幾多の品物は彼の蒐集にかゝる。

もつと生きてゐてくれたら、立派な仕事が沢山成されたであらう。彼程朝鮮の工芸全般に渡つて実際的知識を有つてゐる人はなかつた。私達が計画し合つた仕事も多いのである。半にして彼に死に別れた事は、遺憾の極みである。彼のゐない朝鮮は、行き所のない朝鮮の様にさへ感じる。こうなつてみると朝鮮にしば〳〵通つたのも半彼がゐた為だとも云へる。

私はわけても彼を人間として尊敬した。私は彼位ひ道徳的誠実さを有つた人を他に知らない。彼は明確な頭脳と、温い眼との所有者ではあつた。併しそれ等を越えて私を引きつけたのは、その誠実な魂であつた。彼位ひ私の無い人は珍らしい。彼程自分を棄てる事の出来る人は世に多くはない。彼の補助で勉強した朝鮮人は些少でない。私は彼の行為からどんなに多くを教はつた事か、私は私の友達の一人に彼を有つた事を名誉に感じる。

二年前、外遊の途上、京城に立ち寄つて逢つたのが最後の別れになつた。突如危篤の電報をうけて駆けつけたがもう間に合はなかつた。

此号は思はずも彼の絶筆を載せることになつた。死ぬ四日前に病床で書いてくれたのである。私はあと何年活きるかを知らない、併し残る生涯で彼の志を少しでも承ぐ仕事を果したい。

彼は死んでも、私の心に活きる彼は尚も死なない。

近々工政会から発行される「朝鮮陶磁名考」は彼の最後の著作になつた。それが生前上梓されてなかつたのは遺憾の限りである。その著述は今後朝鮮の焼物を省る人にはなくてならない本となるであらう。現在ゐる朝鮮での鴻学たる崔南善氏が、原稿を見て感嘆してゐたと云ふが、之は彼の名を留める永遠の著書になるであらう。此一冊を残してゐつてくれた事は、吾々にとつてせめてもの慰めである。

柳宗悦　編輯余録　『工芸』一九三二年七月号

河井〔寛次郎。河井の妻と巧の妻は従姉〕の所に浅川が書いた原稿〔「朝鮮窯業振興に関する意見」〕が一つ見出された。色々朝鮮工芸の為に画策した努力の一面が見られる。過ぎ去つた品物に対する研究も一つの仕事であつたが、来るべき工芸をどうしたらいゝかと云ふ事が念頭を離れなかつた。朝鮮では人間の手が余り過ぎる位余つてゐる。それに朝鮮の各地では伝統を引くいゝ品が点々として残つてゐる。復興させれば随分いゝものが今でも出来る。その事を人一倍知つゐたので、此仕事に志を注いだ。真鍮、銀象嵌、蓆、紙、焼物、籠、膳等々。色々と試みたのがある。そうして将に其仕事の端緒に入らうとして急に世を去つた。朝鮮の事情、特に朝鮮人の生活を知つてゐないと到底此仕事は出来ない。浅川がゐなくなつたら当分実現の望みはない。誰も之に代る人はゐないからである。朝鮮のものを見るにつけ今更彼の事が思ひ出される。私にはとりわけ一緒にしたい仕事があつたのである。始めて親しい一人の友達を失つて、嘗てない経験をなめてゐる。彼の意志を少しでも遺したく、見出されたその遺稿を此号に載せた。執筆したのは多分今から四五年前である。

柳宗悦　編輯余録　『工芸』一九三二年一〇月号

心待ちしてゐた浅川の「朝鮮陶磁名考」が出た。他人事《ひとごと》ならず悦ぶ。頁を繰り研究の跡を辿り、今更に此本の価値を思ふ。真に前人未踏の地に加へた開拓であつて、此本の為に朝鮮陶磁の研究は、将来どんなに確な基礎を得るであらう。主として言語的検〔調か〕査であるが、至る所に独創的な発見が見られる。之で在来の名称に幾多の修正が加へられるのみならず、将来の研究に非常に多くの暗示を受ける。朝鮮に関する近年の出版物中の白眉と云つても過言ではない。此本が掲載した項目全部に対し図説を施した事は、どんなに研究者にとつて便宜であらう。之がなかつたら読者にとつての価値は半減したであらう。如何に著者が実物に就て隈なく調査したかゞ分る。単なる文献的な抽象的な記述ではない。その実例の恐らく八割迄は私達が一緒に企てた朝鮮民族美術館の蔵品から図説してある。恐らくどんな人も著者以上に実物を知り、その用途を知つてはゐず、又知る事は出来まいと思ふ。朝鮮人と雖も之だけ広い範囲に亘つての名称を知る者はない。どんな朝鮮陶磁の研究家も、将来此本を座右から離す事は出来ない。のみならず日本陶磁の研究、特に朝鮮系の焼物に対しても極めて示唆が多い。その名称や形態の起原をこゝに数多く学ぶ事が出来る。日本の焼物に現れた不思議な名称(徳利とか丼とか猪口とか飯茶碗とか云ふ如き呼び方)が此本で随分はつきりしてきた様に思ふ。浅川自身が行つた窯跡の調査も此言語的研究から発見したものが甚だ多い。

朝鮮工芸各部門に対し漸く著者の研究が熟し、その第一の結果として此書を発表したが、どんな命数か、突如として世を去つた。真にとり返しのつかない損失である。併し此一冊だけでも著者の名は永遠にのこるであらう。形見として見れば此以上にいゝ形見はない。此本は彼であり、彼は此本である。

本著は記載の一項目に対し各々名称、諺文、欧字発音、邦語、解説、図解、番号と是だけのものが備はり、組方が甚だむづかしいのである。出版者の注意も並大ていではなかつたらうと思ふ。凡てゞ二百五十三項目に及ぶ、索引附総頁数二百十六。それに数多くの銅版が入れてある。此本の詳しい広告は本誌七月号の巻末に載つてゐるが、定価は六円五十銭、東京工政会出版部の刊行である。

柳宗悦　浅川のこと　『工芸』一九三四年四月号

省みて感謝に余る事が数々あるが、よき友達を有つて此の日を暮してゐる自分をしみぐ〵有難く思ふ。唯の親しい友達なら他の人達も有つてゐよう。併し自分の手本となる徳を備へた友達を、幾人か有つと云ふ事は稀有の恵みだと想へる。

私はいつも私の目前に五六のさう云ふ友達を数へ得る事を此上ない誇りに感じる。若し私が一生のうち此の世に何か甲斐ある仕事を遺せたら、それは大方友達のお蔭である。（私も出来たらそれ等の友達に何か役立つ人間でありたいと希ふ）一つの正しい行為や仕事は個人の力だけでは中々背負ひ切れないものである。孤独は人間を鋭くする場合はあつても、狭隘にし変態にする。とかく縺れ勝ちな私の心を清くしてくれた友達の一人に私はいつも浅川を数へる。

彼が死んで早くも三年の月日が流れた。私も身内の幾人かをなくし、多くの知友とも別れたが、浅川の死ほど私の心に堪えたものはなかつた。彼のことを想ふと今も胸が迫る。彼はかけがえのない人であつた。とりわけ私には彼が「徳」そのものゝ存在として残る。何よりも人間として彼は立派であつたと思ふ。而も彼位ゐ自然にその徳を備へた人も少ないであらう。彼の存在はいつも彼の四囲を温め又澄んだものにさせた。彼を知る凡ての者は、例外なく彼を愛した。彼の心には不思議な力があつた。彼は右にも左にも一様に篤かつた。

浅川の陰徳は鮮人の間には知れ渡つてゐた。僅かな収入の大方半は貧しい鮮人達の為に費された。幾年も此事をつゞけてゐたが、日本人では知る人が少かつた。彼は幾人も学生を貢いで卒業させた。彼は自分の貧乏を知らないかの様だつた。彼の死が近くの村々に知らされた時、人々は、群をなして別れを告げに集つた。横たはる彼の亡軀を見て、慟哭した鮮人がどんなに多かつた事か。日鮮の反目が暗く流れてゐる朝鮮の現状では見られない場面であつた。棺は申し出によつて悉く鮮人に担がれて、清涼里から里門里の丘へと運ばれた。余り申し出の人が多く応じきれない程であつた。その日は激しい雨であつた。途中の村人から棺を止めて祭をしいとせがまれたのもその時である。彼は彼の愛した朝鮮服を着たまゝ、鮮人の共同墓地に葬られた。昭和六年四月二日、彼は厄年の四十二歳で死んだ。

浅川は終始林業試験場に勤めた。最初は京城西大門外の阿峴里に住んだ、後には東大門外の清涼里に移つた。幾度かそれ等の土地を訪ねた日があり〳〵と想ひ出される。林業方面での仕事に付ては私はよく知らない。だが実質的に試験場の仕事を背負つてゐたのは浅川だと度々同僚から聞いた。仕事には熱があつた。わけても植物の根の研究に心を注いだと見え、見事な図面を何十枚となく見たことがある。浅川は絵が中々上手だつた。農具のスケツチ等には優れたのがある。朝鮮の山が青くなつてゐる所があれば、大概は浅川の息のかゝつた所である。彼は苗圃でよく働いてゐた。仕事には極めて独創的な所があつたと云ふ。実験に追はれがちの様だつたが、彼はその道の学者として立てる充分な素質があつた。彼は綿密であり、さうして忍耐強かつた。私も時々山林の話を聞いたことがある。彼には一種の哲学があつた。「結局山林を自然法に帰せ、それより道はないのだ」、さう結論してゐたのを今も私は覚えてゐる。「神のものは神に帰せ」と云ふ聖書の句など想ひ出され、結局科学も宗教も工芸も道は一つなのだと云ふことを話し合つたことがある。彼の自然への観察には暗示に富んだものがあつた。

彼は信仰に篤かつた。籍をメソデイストに置いてゐたが教会とはさう深い縁はなかつた。彼はその空気に飽き足りないことを私に度々話した。併し彼より恐らくいゝ教会員はなかつた。神への感謝深い生活を彼は真に送つた。彼は凡ての境遇を恵みとして受けてゐたが、此事に私は何より打たれた。此の気持ちは彼の生活を明るくし清め又深いものにしたと思ふ。彼は現世の悦びとは甚だ無頓着だつた。彼の様に暮せる人は世に多くはない。

本職の他に彼が熱情を献げたのは、人も知る様に朝鮮の工芸に対してゞあつた。大正十一年の事だつたと思ふ〔正しくは九年十二月〕、我孫子に訪ねてもらつた時、二人の話が煮えて、遂に「朝鮮民族美術館」の設立を決意した。最初は吾々二人の集めたものを合はせて出発させた。吾々はなけなしの金をためては漸次に数をふやした。今日美術館に残るあの美しい水滴の大部分は当時の浅川の蒐集である。その頃は今日の様な状態ではなかつた。僅か十有余年前の事ではあるが、うたゝ隔世の感がある。当時は李朝ものと云へば馬鹿にされてゐて、堕落の時期と批評が定まつてゐたものである。私達はそのお蔭で僅かばかりの持ち金を十二分に働かせる事が出来た。私は平均年に一度程は渡鮮したが平常は内地にゐる関係上、保管や整理や帳簿や様々な事務は殆ど浅川の手で成された。景福宮内の緝敬堂は彼を紀念する存在である、若しその美術館が将来人々から感謝される事があつたら、その名誉は私心なき彼の努力の賜物に帰せられるべきであるのを忘れてはならない。

浅川には二つの著書がある。一つは生前に出で、一つは遺憾乍ら死の直後に上梓された。前者は民芸叢書の一冊として「朝鮮の膳」と題して刊行された。此様な著書は彼に最も応はしかつた。続けて「朝鮮の紙」や「朝鮮の金工」等計画されたが、執筆の暇なくして終つた。併し著書としての彼の存在を不朽ならしめるものは「朝鮮陶磁名考」である。少くとも朝鮮の陶磁を愛する者は今後此の本を顧みないわけに行かない。近時陶磁に関する著書の刊行が多いが、質に於て此の本に匹敵する名著はない。幾年かの努力の後に遂に完成され、稿本が私の手許についたのは生前半年程前の事であつた。校正中多少訂正加筆する意向であつたが、組版中に此の世を去つて了つた、あの本を見るにつけ、彼の彼〔事か〕を想ふ。

浅川の死は将来試みられる筈の幾多の仕事を中絶して了つた。とり返しのつかない恨がうたゝ多い。彼以外に彼はゐない。彼の巧な鮮語は又他に人も出よう。その永い在住は更に他人に越される事もあらう。彼の如く器物を愛する人は今後も幾人かは出よう。併し彼の様に朝鮮が解つた人はいつ何処に出ようか。歴史に精しい人は沢山あらう、事情に通じるは幾人か出よう。併し彼の様に鮮人の心に内から住める人がどこにあらうか。浅川は寧ろ鮮人の心で活きてゐたのである。否、鮮人以上に鮮人の心が解つてゐたのである。此点で朝鮮に対し彼以上の仕事をした人は決してゐない。彼の仕事は基礎が違ふ。彼が朝鮮の服を好んで着たり、多くその食物で暮してゐたことなどはほんの外側の事に過ぎない。彼はもつと朝鮮の心に深く活き浸つてゐたのである。それ故その民族の苦しみも悦びも、彼の苦しみであり悦びであつた。

嘗て青物を女が売りに来たことがある。「あゝ買つて上げようい くらだ」「之は一つ二十銭ですが」そばで奥さんが云ふ、「今お隣ではねぎつて十五銭で買へましたのよ」「あゝさうか、それならわしは二十五銭で買つてやる」。貧しい女をさうしていたはつた。奥さんはわざと高く買う夫の行為にほゝえんだ。彼の所へは時々人知れず台所に贈り物が届けられた。みな貧しい鮮人達の志の現れだつた。朝鮮人は日本人を憎んでも浅川を愛した。（こんな逸話が浅川には多いのである。集めたら何よりのいゝ伝記とならうと思ふ）。

私は色々の人に廻り逢つたが、彼位ゐ自分を殺すことの出来る人はなかつた。さうしてその事程彼を活かしたものもなかつた。大体人間は二様に分れる傾きがある。どこ迄も自我を守つて了ふ人といつまでも自分を棄てる事の出来る人とである。浅川は後者の典型的な人であつた。不思議にもそれが浅川を素晴らしい人間に活かした。彼の徳望は此性格から湧き出たと思へる。彼は実に謙譲だつた。之が彼の存在を荘厳なものにさへ変へた。少しも自分を傷めることなく自分を殺し得た彼には、不思議な力があつた。

長い交りであつたから彼には尽きない想ひ出が湧く。併し何よりも人間としての輝きが私には忘れられない。

私の記憶から消えない限り、彼は「徳」の存在としていつも私を清め励ましてくれるであらう。

柳宗悦　同人雑録　『工芸』一九三四年四月号

此の四月二日は故浅川巧の三回忌に当るので、此の号を霊前に献げたく、友達が相寄つて編輯したのである。死に面して筆をつゞけてくれた絶筆が、本誌の第五号に載つた事は読者の記憶に残る事と思ふ。今ゐてくれたら、既に幾度か此雑誌を飾つてくれた事と思ふ。此号には死後見出された二つの遺稿を掲げた。一つは金海を訪ふた時の紀行文で、一つは朝鮮の漬物に関する覚え書である。版に附すのであつたら、更に加筆したとも想へるが私達は見出された是等のもので彼を一入偲びたい。

紀行文の方は彼の辛捧強い探求心の性格が出てゐて、並ならぬ興味がわく。漬物の方は朝鮮の事物に対する彼の用意深い観察の現れと云へよう。

挿絵は生前彼自らが丹念に試みた拓本の中から選んだ。此の仕事には最初私も加はつて試みたが、後に内地から拓本の道具を調へ、浅川が本式に整理してくれたのである。今となつては之も中絶し甚だ惜しい。暇を得て其志を継ぎたいと私は思つてはゐるが、いつその時を得るであらうか。

浅川の手紙の幾つかを奥さんが編んで送られたのは何よりである。家庭に厚かつた彼の心の一面が、それ等の書翰ににじみ出てゐる。彼の性格の宗教的な一面もかう云ふ手紙で一入解る。奥さんからその書翰に次の様な便りを添へてあつた。

「……皆様にばかりお願ひして大変すまなく感じ、〆切間ぎわになつて急に古い手紙を抜き出してならべて見ましたが、紙数の御都合もあり無益の所も多々あると思ひますから、如何様にも御随意に遊ばして下さいませ。それに慣れぬ者が書いたので字の誤りもあり却て御迷惑と存じます。私の病中巧の書きました日記は先年帰京のせつ、京都の母が「巧さんのお手紙よ」と云つて残せる中から出してくれました。連日の疲れの中からかく迄心をこめて書き送つてくれた有難さを思ひ、感謝の念に涙あふれて泣き崩れました。彼が書き遺したものと思ひ、一つにはこの世の光を見ない子供の為、世に出して頂くのも、赤坊に対する回向にもなる様な気が致しましたから、写して見ましたが、余り自分のことがあからさまに出ておりますから、皆様の前へ出してはと一寸躊躇して居ります。しかるべく遊ばして下さい……」

(編者附記。病中の日記と云ふのは、奥さんが産褥で大病され、子供が死んで生れた時、浅

川君が京都にゐる奥さんの両親の為に、日記を書いて送つたものを云ふのである）
此の号には故人の色々な友達からの寄稿がある。第一は令兄の伯教君から、次には親友の浜口君や土井君からの思ひ出がある。浅川琅玕洞と云ふのは巧君の義弟である。中井氏は東京の植物園長で林業の方で親しかつた方である。崔君は当時朝鮮の学生だつた人。安倍能成君は先年単行本として出た「青丘雑記」にも、巧君に関し思ひ出を書かれたが、晩年の友達の一人である。多くのそれ等の親しかつた人達から寄稿を得た事を編纂者として深く感謝したい。私も何か心をこめたものを書きたい希ひがあつたが、打ち続く雑事の為に、遂に充分な時が得られず、〆切にせかされて書く様になつた事をすまなく感じる。不日、朝鮮模様の拓本も大成し、巧君の名も永く伝へたいものと思ふ。又同君の書いたものを集め一冊にまとめて世に贈りたいものである。何も思ふにまかせず、不充分な号であるが、四月二日の忌日に間に合ふ様に霊前に届けたい希ひである。

安倍能成　浅川巧さんを惜む　『京城日報』一九三一年四月二八日〜五月六日

一

我我の仲では巧さんで通つてゐた。兄さんの伯教君と区別して。

我我といつても私と巧さんとの交はまだ三年かそこいらであらう。けれども巧さんは私の最も尊敬する、さうして最も好愛する友人であつた。少くとも私だけはさう思つて居た。

巧さんは動《やや》もすればペシミスチックにおる私の朝鮮生活を賑やかにしてくれる、力づけてくれる、楽しくしてくれる、朗かにしてくれる尊い友人の一人であつた。少くともさういふ友人になつてくれる、なつてもらひたい人であつた。この人が春の花の咲くのも待たずに死んでしまつた。私は寂しい、私は悲しい。街頭を歩きながらこの人のことを思ふと涙が出て来る。私は東京に居て、思ひかけず巧さんが急性肺炎で危篤だといふ電報を受取つた。さうしてその翌日の夜には、もうその訃報を受取つてしまつた。それは四月二日であつたが、その翌々日の晩には又同僚にして先輩なる島本教授の思ひがけない訃報に接した。人間の生死ははかり知られぬとはいへ、これはまた余りにひどい。私は朝鮮に帰るのに力が抜けたやうな気がした。

よき夫である巧さんが奥さんに残された悲しみ、よき子を先だてられた母君の嘆き、またよき弟と同時によき友達を持つといふ最大の幸福を突如として奪はれた兄君の伯教君の心を思ふ時、私は妻たり母たり兄たるこれ等の人々の為にも、巧さんの死を悲しまずにはをられない。けれども私は巧さんの死をたゞこれ等の人々の為にのみ悲しむのではない。巧さんのやうな正しい、義務を重んずる、人を畏れずして神のみを畏れた、独立自由な、しかも頭脳のすぐれて鑑賞力に富んだ人は実に有り難き人である。巧さんは官位にも学歴にも権勢にも富貴にもよることなく、その人間の力だけで堂々と生きぬいて行つた。かういふ人は美《よ》い人といふばかりでなくえらい人である。かういふ人の存在は人間の生活を頼もしくする。殊に朝鮮のやうな人間生活の稀薄な所では一層さうである。かういふ人の喪失が朝鮮の大なる損失であることは無論であるが、私は更に大きくこれを人類の損失だといふに躊躇しない。人類にとつて人間の道を正しく勇敢に踏んだ人の損失くらひ、本当の損失はないからである。

二

巧さんは確かに一種の風格を具へてゐた人である。丈は高くなく風采も揚らなかつた。卒然としてこれに接すると、如何にもぶつきらぼうで無愛相らしく、わるくいへば一寸不逞鮮人らしい所もあつた。しかし親しんでゆく中に、その天真な人のよさは直ちに〔感ぜられ、〕その無邪気なる笑とその巧まぬユーモアとは、求めずして一座を暖かにする所があつた。

巧さんは生前よく人間は畏しくないといつてをられたさうである。人間を畏れない巧さんは即ち自由に恵まれた人であつた。さうしてこの自由の半面に、巧さんの類稀な誠実と強烈な義務心とがあつた。巧さんは僅に四十二の厄年でなくなられたが、この自由とかの精刻との調和を具現し得た点において、珍しく出来た人であつたと思へる。

巧さんの自由な風格は又、その求める所貪る所のない所から来て居る。巧さんは生前冗談の様に「俺は神様に金はためませんと誓つた」といはれたさうである。しかしこの冗談の中にやはり巧さんの真骨頂がある。巧さんの生涯がこの詞を裏書きして居た事実は、決してそれが単なる虚栄心や附景気からなされたのでないことを思はせる。私の考へる所では、巧さんは恐らくそこに一種の宗教的な安心を得て、よく現在に応接して執する所なきを得たのであらう。

巧さんの行事を見ると、それは其自身の為になされてその他の目的の為に、報酬の為になされることを、極度に忌まれた様に思ふ。巧さんの朝鮮語に達者なのは周知のことである。総督府の役人は朝鮮語の試験に通過すると手当がもらへる。巧さんの力を以てしてこんな試験に通過する位は朝飯前のことであつたらう。しかし人がそれをすゝめた時、巧さんは冷然としてこれを一笑に附し去つたさうである。これは決して負惜みではあるまい。私はそこに巧さんの奪ふ可からざる本質を見るのである。

巧さんは又右の手のしたことも左の手に知らしめぬといふ所があつた。平生奥さんを戒めて、人に物をやつたことを決していつてはならない、いつたらばしたことは何にもならない、といはれた。これも行為を行為そのもの以外の何物にも託すまいとする道徳的純潔から来たものであつて、巧さんの為す所は期せずしてカントの道徳主義を実行したことになつて居た。

巧さんの感情に細やかだつたことに就ては、涙を催す挿話がある。巧さんは明治二十三年十一月に、甲州北巨摩郡八ヶ岳の南麓に当る甲村に生れられたが、この世の光を見られた時にはもう父君がなかつた。小さな巧さんの父君に対する思慕のいたいけさは、兄君の伯教さんに父君の顔の記憶のあることを羨み、母上に向つて出入の杣をとうさんといつてもよいかと聞き、兄君のその姉君に語つて、もしお父さんの顔が見られたら眼が一つつぶれてもいゝがなあ、というふに至らしめたさうである。

伯教君と巧さんとの兄弟仲は、世にも羨むべきものである。伯教君は巧さんよりも六歳上の筈であるが、小さい時から巧さんは伯教君に兄事して、その意に反くことがなかつたと聞く。伯教君が甲府の師範に在学中、赤痢を病んで郷村に帰養して居られた時のことだそうだ。ちやうど夏の末で稲の花が水田に落ちて泥鰌の肥える頃だつたといふ。巧さんは伯教君のために朝々早く生みたての卵を附近の農家に求め、又自分で裏の藪から竹を切つて来て簗を作り、それを水田のはけ口にしつらへて、病後の伯教君のために泥鰌をとらうとしたさうである。聞くさへ涙ぐましい美はしい話である。

その後巧さんは山梨県立農林学校を卒業して、間もなく秋田県大館小林区署に赴任されたが、その時のことである。母君が餞別にとて下された十円の金を卒業したら世話はかけぬ約束だといつてどうしても受取らず、それをひそかに仏壇において赴任されたさうである。母君はその時の巧さんをにくい奴だといはれたさうだ。この頑固、この独立心、さうしてあの細やかな温情、この二つは最後に至るまで巧さんの性格を形づくる本質的要素であつたらしい。

三

巧さんの朝鮮に渡つて総督府山林部に勤められたる様になつたのは、大正三年五月、巧さん二十四歳の時であつたといふ。それから後十八年の歳月は、巧さんを深く深く朝鮮と結びつけて、もう離れられぬものとしてしまつた。しかもこの十八年の勤労を以てして、巧さんは死ぬる前、判任官の技手であり、月給は五級であつた。五級といへば中等学校に初めて赴任する者のもらふ俸給である。精励恪勤にして有能類少ない巧さんの様な人に対する待遇として誰がこれを十分だといはう。奸点な者、無能な者、怠惰な者、下劣な者の多くは、巧さんよりも遥かに高禄を喰み、その中には朝鮮で最も幅のきく「長」を享楽してゐる者もあらう。しかし我々からいへば、巧さんの如きは、如何に微禄でも卑官でも、その人によつてその職を尊くする力ある人である。巧さんがこの位置にあつてその人間力の尊さと強さとを存分に発揮し得たといふことは、人間の価値の商品化される当世において、如何に心強いことであつたらう。私は巧さんの為にも世の為にも寧ろこの事を喜びたい。

巧さんの最大の知己でもある伯教君は、生前に何とかして最大の官途をはなれて自由に働かしてやりたかつたと述懐せられたときいた。兄君の心として巧さんの才能と気質とを解する人として、この思ひを誰が同感せぬものがあらう。けれども私をして大胆にいはさせれば、巧さんは恐らく自分の技手としての仕事の尊さに多大の愛着を持つてをられたのであらう。さうでなければそれから足を洗ふ機会は必しもなくはなかつたと聞いて居る。私は生前巧さんが林業試験場につとめておられたことを知つてゐるだけで、そこでどういふ仕事をしておられるかを知らなかつた。死後になつて、巧さんの仕事は種を蒔いて朝鮮の山を青くする仕事であつたときいて「是ある哉」と思はざるを得なかつた。それは実に朝鮮にとつて最も根本的な仕事であつた。なまじつかな教育や講義なんかするよりも、一粒の種を蒔き一本の樹を生ひ立てた方が、どんなに有益な仕事か知れない。巧さんが、「種蒔く人」であつたことは、外の如何なる役目よりも巧さんの様な人にとつてふさはしくはないか。ミレーに「種蒔く人」の絵があつた。さういへば、巧さんの背中を円くして手を前にふり〳〵歩く格好までが、その種蒔く人に似て居るらしくも思へて来る。

理学博士の中井猛之進氏の故人の霊に寄せられた手紙の中に、「あなたの功をして益々偉大ならしむる様、言ひかへれば朝鮮の山を早く青くする様最善の道を尽すやうに致します」とあつたが、恐らく故人の霊を最も慰めるものはこの詞であつたであらう。

巧さんが芸術愛好者であつたことはいふまでもないが、芸術愛好者の動もすれば陥る「玩物喪志」の弊はなかつた。巧さんの一面には堅固なる道徳的性格の侵すべからざるものがあつた。林業試験所の種樹の仕事には、巧さんの参画が実に多大であつたと伝聞してゐる。巧さんはその仕事で出張中に病を得られたが、なほそれを努めて役所に出勤し、三月二十四日に臥床されてからもなほ床上で事務を見られたといふ。さうして病閑を利して、熱の高いのに、柳君から頼まれた雑誌『工芸』の原稿まで書かれたといふ。この原稿は伯教君の加筆によつて『工芸』に出るさうであるが、私はこゝに至つて巧さんの義務心の余りに強かつたことを千秋の恨事とせざるを得ない。巧さんの死は軍人でいはゞ打死の様なものである。殆んど悲壮といってよい。しかし私達の心持からいへば、そんな無理をせず平凡に休養して、も少し生きて居てもらひたかつた。これも愚痴の言葉ではあらうが。

四

巧さんには林業方面の研究や工夫も多かつたときくが、その方面のことは私は知らぬ所である。しかし、本職を忠実に勤勉にやる傍、朝鮮人の生活に親しみ、文化を研究し、殊にその工芸品に対する鑑賞と研究とに至つては、すでに世間周知のことである。この点において伯教君と巧さんとは、同行の友であつて、しかも各《おのおの》異なつた特色を持つてをられたらしい。休日などに巧さんは渼芹洞の伯教君の所にふらりとやつて来て、「兄さん居るかい」といつては、伯教君を引つぱり出して、一緒に骨董屋あさりなどをされた。母君はそれを見て「又清涼里の狐が誘ひ出しに来た」といはれたといふやうなことも、ほゝえましい一の插話である。

巧さんが大正十二年来、柳宗悦君や伯教君と協力して朝鮮民族美術館を建て、多くの価値ある工芸品を蒐集して、世間をして朝鮮工芸の価値を認識せしめた功労は、今更喋々するまでもない。この事業に対しても巧さんの態度は常に無私であつた。尤品は皆これを美術館に寄せ、自分の持つて居るものには、見所はあつても傷の多い欠けたものが多かつた。かういふ態度も今の世には殊に有難い態度であつて、学んでも仲々到り得ない所であらう。

巧さんの芸術〔著述〕として世に行はれてゐるのは昭和四年に出版された『朝鮮の膳』であるが、その外に美術工芸に関する論文の発表も数々あると聞いた。『朝鮮の膳』について感心することは、その知識が確実であり、豊富な経験を煎じつめて一つも空虚な処がなく、一々に実物に当つてそれを知りぬき味ひぬいてゐることである。本文は僅に六十ページ足らずであるが、実に簡潔にして珍しく正味の豊かな書物である。さうしてその文章も又無駄のない好い文章である。殊に私の敬服するのは、この短い芸術〔書物〕が、唯に巧さんの頭のよさと鑑賞の確かさとを示すのみでなく、そこにおのづからなる知慧――単なる知識でない――の流露して居ることとである。朝鮮の文化を対象とする学者で、朝鮮の人間にも生活にも芸術にも一向興味のない人がある。精確な知識の書である上に愛と智慧との書である、この著述の様なものに対しては、世間の学者と称する者も自らそのおよばざる所を痛感してよい。いはゆる学術的論文の形式と考証らしい体裁とを備へただけで、その学術的価値が直に肯定せられると思ふのは大きな間違である。

巧さんの遺著としては最近に世に出るべき『朝鮮陶磁名考』がある。去年十一月末、春めいた初冬の日曜日に今西〔龍〕さんと一緒に、巧さんの清涼里の居を訪ふた時、この書物の原稿を見せてもらつたが、それが生前に出版者の手に渡つたことはせめてもの幸であつた。柳君がこの書を紹介して「この著書位自分において企てられ又成されたものは少ない。未だ何人も思ひみず、試みず、又恐らく為し遂げ得ない仕事であると思ふ。故国の人たる朝鮮人にも望み難い著述である。(中略)同時にどんな日本人の手からもこの様な本を期待することは出来ない。なぜならば著者をおいてどこにも、朝鮮の陶器に対し、情愛と理解と知識と経験と語学とを兼ね備へた人は他にないからである」といつてゐるのは、決して溢美の言でも何でもない。この書一巻のみを以てしても巧さんは朝鮮において不朽の事業を遂げた人だといつてよい。

巧さんは鑑賞に勝れてゐたばかりでなく、又手先の器用な人であつた。休日の午後にでも試みたらしいその彫刻などには、誠に掬すべきものがある。かういふ素質は巧さんの祖父君から伝へられたと聞いてゐる。祖父君については、巧さんは『朝鮮の膳』をこの祖父君四友先生(俳号。本名は小尾伝右衛門)の霊に捧げて、

「敬愛する祖父よ、
生れし時すでに、父の亡かりし私は、あなたの慈愛と感化とを多分に受けしことを思ふ。
清貧に安んじ、働くことを喜び郷党を導くに温情を以てし、村事に当つて公平無私なりその生涯は追慕するだに嬉し。
今年の夏村人挙つて鎮守の森にその頌徳碑を建てしと聞けど、郷里を遙離れてすでに二十年、墓参すら意の如くならざる身のせんすべもなく、此貧しき書を供物に代ふ」

といふ心のこもつた詞を巻頭に掲げて居られる。人は逝いて書は出でようとする今日、この献詞を読んで感慨を禁ずることの出来ぬのは私ばかりではあるまい。

芸術を愛する巧さんは又自然を愛する人であつた。十六歳の年に八ヶ岳に登つた時、途中で杣などに逢ふことが、自然に対する気持をかき乱すといふ嘆きを起してをられたといふ。巧さんが最後の地であつた清涼里の官舎の近くは、京城附近にも稀な清らかな美しい一廓である。巧さんは夜如何に遅くなつてもこの家に帰らぬことはなかつたといふ。さうしてあの森の中の道を歩みつつ、自然との人交ぜない、ひそやかな会話をこの世に上なき楽とされたといふ。さもあらうと思はれる。

五

骨董を愛玩する者は多い、しかし真に芸術を愛する者は少ないであらう。けれども芸術を愛するよりも更に六ケしいものは、実に人間を愛することである。人間は芸術よりも生々しくあくどく、動もすればいやな面を見せる。その関係は芸術とのその如く自由ではない。いやであつても離れられぬ、好きであつても一緒になれない。多くの芸術愛好者若くは愛好者と称する者は、多くは神経質な気まぐれな人間愛好者もしくは嫌悪者であり、我儘なエゴイストである。殊に内地人が朝鮮人を愛することは、内地人を愛するよりは一層困難である。感傷的な人道主義者も抽象的な自由主義者もこの実際問題の前には直ぐ落第してしまふ。

芸術の愛好者であり、独立不羈の性格者であり、自分唯一人の境涯を楽しむすべをかほどまでも解して居た我が巧さんは、実に類稀な感情の暖かい同情の豊かな人であつた。さうしてそれは実に朝鮮人に対して殊に深く現はれたのであつた。

巧さんは例によつて人の為にしたことをめつたに人には語られなかつた。けれども薄給の中から巧さんの助力によつて学資を与へられ、独立の生活を営み、相当の地位を得るに至つたものは実に数々あつたといふことである。巧さんの死を聞いてやつて来た之等の人々の慈父の死に対する様な心からの悲しみは、見る人を惻々と動かしたといふ。私も亦その一人を見た。彼は巧さんを本当におとうさんよりも懐しく思つてゐたといつた。巧さんが常に彼に説かれたのは、何よりも正直であれといふことだつたとも語つた。彼の顔には掩はれぬ誠心が見えた。巧さんは恐らくその真直な曇なき感覚で、多くの朝鮮人の中から善い朝鮮人を見出されたのであらう、或は人の気づかぬ朝鮮人のよさをも見出されたのであらう。何れにしても巧さんは多くの内地人のする如く、朝鮮人に対して自分が如何に尽してやつたかを語り、次に朝鮮人が如何に忘恩であるかを語ることはなかつた。巧さんの心は朝鮮人の心を把んでゐた。その芸術の心を把んで居た如くに。

巧さんは朝鮮の色々な人々に知合を持つてをられたらしい。昨年十二月の初旬の夕であつた。私達は巧さんに引つぱられて、第一にソルランタン（牛の水だきの様なもの）をすひ、次に餅湯をたべ、更に酒幕に入つて薬酒をなめ、一品の肴を試み、終に巧さんの知合の妓生を抱へてゐる家を訪ふた興ある一夜を忘れ難い。こんな愉快な催しも巧さんがゐなくなつては出来ない。呑気なことをいふ様だが、これもさびしいことの一つである。

親族知人相集まつて相談の結果、巧さんに白い朝鮮服をきせ、重さ四十貫もあつたといふ二重の厚い棺におさめ、清涼里に近い里門里の朝鮮人共同墓地に土葬したことは奇をこのむ仕業でも何でもなく、実にこの人の為に最もふさはしい最後の心やりであつた。里門里の村人の平生巧さんに親しんで居た者が三十人も棺をかつぐことを申出でたが、里長はその中から十人を選んだといふ。この人達が朝鮮流に歌をうたひつゝ棺を埋めた光景は、誠に強ひられざる内鮮融和の美談である。

考へて見れば、故人については、涙ぐましきこと、感心すること、敬服することばかりである。朝鮮にゐる内地人もかういふ人をこそ仲間の誇とすべきである。

巧さんの生涯はカントのいつた様に、人間の価値が、実に人間にあり、それより多くでも少なくでもない事を実証した。私は心から人間浅川巧の前に頭を下げる。

（昭和六年四月二十四日夜）

安倍能成　浅川巧君の追懐

『工芸』一九三四年四月号

巧さんのなくなられる前年の十二月に巧さんからもらつたリラの苗は、東京の家へ持つて帰つて植えてから三年余になるが、今年は花が咲いてくれゝばよいがと思ひつゝ、巧さんの三回忌の近づいたことに深き感慨を催すのである。

巧さんを思ふ時、惜しい人をなくしたといふ感じは常に新たである。私が京城で務める様になつてから既に満八年に近い。その間総督や総監を始め幾多の役人や教育家が入り代りし、又幾多の威勢のよかつた市民が蹉跌したりした。然しその中に本当に朝鮮に足跡を残した人が幾人あるであらう。内地に帰るものは直ぐ朝鮮を忘れ、朝鮮に留まる者は直ぐ帰つた人を忘れてしまふ。来往に社交的もしくは政治的送迎を受ける人はあらう。然し之が巧さんの様に自分の心を朝鮮の心に結びつけ、よし少数ではあつても真心の中に真心を置いて行つた人を余り知らない。

巧さんに対する追慕の情は既に前にも述べたから、今更それに加へることを欲しない。唯巧さんの残した友人達に希望することは、諸君が単に朝鮮の工芸を愛し、その通となるばかりでなく、もう少し研究的精神を以て朝鮮の工芸に関する材料を集め、整理し、組織してもらひたいことである。殊に私はこの事を、朝鮮の工芸殊に陶器に関する知識と経験と鑑識とに於て類を見ない、巧さんの兄君の伯教君に望みたい。伯教君が陶器の製作の中に、その多年養ひ来つたものを打込まれることは非常に望ましいことであるが、私は伯教さんに向つて又、巧さんの如くその工芸に関する知識を記録し、若しくは記録させることを切望したい。これは創作家としては第一義的なことではないかも知らぬが、文化史的の仕事としては十分意義あることであり、又伯教君の弟であり且つ友であつた巧さんの霊を慰める一つの仕事ではないかと思ふ。敢て失礼なことをいふ。

安倍能成　人間の価値　『国語　巻六・中学校国語漢文科用』岩波書店、一九三四年

浅川巧さんは私の朝鮮生活を賑やかにしてくれ、力づけてくれ、楽しくしてくれ、朗らかにしてくれる、尊い友人の一人であつた。少くともさういふ友人になつてくれる、又なつてもらひたい人であつた。この人が春の花の咲くのも待たずに逝つてしまつた。私は淋しい。街頭を歩きながらもこの人の事を思ふと涙が出て来る。私は東京に居て、巧さんが危篤だといふ電報を受取つた。さうしてその翌日の夜には、もうその訃報を受取つてしまつた。人間の生死は測

り知られぬとはいへ、これは又余りにひどい。私は朝鮮に帰るのに力が抜けたやうな気がした。巧さんのやうな、正しい、義務を重んずる、人を畏れずして神のみを畏れる、独立自由な、しかも頭脳が勝れ、鑑賞力に富んだ人は、実に有難い人である。巧さんは官位にも学歴にも権勢にも富貴にもよることなく、その人間の力だけで堂々と生きぬいていつた。かういふ人は、よい人といふばかりでなく、えらい人である。かういふ人の存在は、人間の生活を頼もしくする。かういふ人の喪失が、朝鮮の為に大なる喪失であることはいふまでもないが、私は更に大きくこれを人類の喪失だといふに躊躇しない。人類にとつて、人間の道を正しく勇敢に踏んだ人の喪失ぐらゐ大きい損失はないからである。

巧さんは確に一種の風格を具へた人であつた。丈は高くなく、風采も揚がらない方で、卒然として接すると、如何にもぶつきらぼうで無愛想に見えた。しかし親しんでゆけばゆくほど、その天真な人のよさが感じられ、その無邪気な笑と巧まぬユーモアとは、求めずして一座を暖にする力があつた。

巧さんは、生前よく「人間は恐《ママ》しくない」といつてゐられたさうである。人間を畏れない巧さんは、即ち自由に恵まれた人であつた。さうしてこの自由の反面に、巧さんの類稀な誠実と強烈な義務心とがあつた。巧さんは僅かに四十二でなくなられたが、この自由とかの精刻との調和を具現し得た点に於て、珍しく「出来た人」であつた。

巧さんの仕事を見ると、それはそれ自身の為になされて、その他の目的の為になされることが極めて少かつたやうに思ふ。

巧さんには、右の手のしたことを左の手に知らしめぬといふ風な所があつた。平生家人を戒めて、決して人に物をやつたことをいつてはならないといはれたさうである。これも、行為を行為そのもの以外の何物にも託すまいとする道徳的潔癖から来たものであらう。

巧さんの感情に細やかだつたことについては、涙の催される挿話がある。巧さんは明治二十三年十一月に八ヶ岳南麓のある村に生まれられたが、この世の光を見られた時にはもう父君がなかつた。小さな巧さんの、父君に対する思慕のいたいけさは、兄君に父君の顔の記憶があることを羨み、母君に向かつて、「出入の杣を父さんといつてよいか」と聞き、又その姉君に語つて、「若しお父さんの顔が見られたら、眼が一つつぶれてもいゝがなあ」といふに至らしめたさうである。

巧さんと兄君との兄弟仲は、世にも羨ましいものであつた。兄君は巧さんより六歳上であつたが、巧さんは小さい時からよくこれに兄事してその意に反くことがなかつたと聞く。嘗て兄君が赤痢を病んで帰養してをられた時、巧さんは兄君の為に、朝早く産みたての卵を付近の農家に求め、又自分で裏の藪から竹を伐つて来て簗を作り、それを水田のはけ口にしつらへて、病後の兄君の為に泥鰌をとらうとしたさうである。

その後巧さんは農林学校を卒業して、秋田県下のある小林区署に赴任されたが、その時母君が餞別に下さつた金を、「卒業したら世話はかけぬ約束だ」といつてどうしても受取らず、ひそかにそれを仏壇に置いて赴任されたといふ。母君はその時の巧さんを「にくい奴だ」といはれたさうだ。この頑固な独立心、さうしてあの細やかな温情、この二つは最後に至るまで巧さんの性格を形づくる本質的要素であつた。

巧さんが朝鮮に渡つて総督府の山林部に勤められるやうになつたのは、大正三年五月、巧さんが二十四歳の時であつた。それから後十八年の歳月は、巧さんを深く〳〵朝鮮と結びつけて、永久に離れられぬものにしてしまつた。しかもこの十八年の勤労を以てして、巧さんは死ぬ前、判任官の技手に過ぎなかつた。精励恪勤にして有能類稀な巧さんの様な人に対する待遇として、誰がこれを十分だといはう。しかし巧さんの如きは、如何に微禄でも、卑官でも、その人によつてその職を尊くする力のある人である。巧さんがこの地位にあつて、その人間力の尊さと強さとを存分に発揮し得たといふことは、人間の価値の商品化される現代に於て如何に心強いことであつたらう。私は巧さんの為にも、世の為にも、寧ろこの事を喜びたい。

兄君は、「生前に何とかして官途をはなれて自由に働かしてやりたかつた」と述懐されたと聞く。兄君の心として、巧さんの才能と気質とを解する人として、この思に誰か同感せぬものがあらう。けれども、巧さんは恐らく自分の技手としての仕事にも、多大の愛着を持つてをられたのであらう。私は巧さんが生前総督府山林部の林業試験場でどういふ仕事をしてをられるのか詳しくは知らなかつた。死後になつて、それが種を蒔いて朝鮮の山を青くする仕事であつたときいて、「是あるかな」と思はざるを得なかつた。それは実に朝鮮にとつて最も根本的な仕事であつた。「種蒔く人」であつたことは、外の如何なる役目よりも巧さんにふさはしく思はれる。

巧さんが芸術愛好者であつたことはいふまでもないが、巧さんには芸術愛好者の動もすれば陥りやすい放縦懶惰の弊はなかつた。巧さんの一面には堅固な道徳的性格の犯すべからざるものがあつた。林業試験場の種樹の仕事には、巧さんの参画が実に大であつたと伝聞してゐる。巧さんはその仕事の為の出張中に病を得られたが、それでも努めて役所に出勤し、臥床されてからも、猶床上で事務を見られたといふ。さうして熱が高いのに、病間を利用して依頼された雑誌の原稿まで書かれたといふ。こゝに至つて、私は巧さんの義務心の余りに強かったことを恨とせざるを得ない。

巧さんは芸術の鑑賞に勝れてゐたばかりでなく、又手先の器用な人であつた。休日の手すさびに試みられたらしい彫刻などには、まことに掬すべきものがある。かういふ素質は巧さんの祖父君から伝へられたと聞いてゐる。祖父君については、巧さんはその著書をこの祖父君四友先生の霊に捧げ、心のこもつた詞を巻頭に掲げてをられる。人は逝いてその書は世に出でようとしてゐる今日、この献詞を読んで感慨を禁ずることの出来ぬのは、私ばかりではあるまい。

芸術を愛する巧さんは、又自然を愛する人であつた。巧さんの終焉の地であつた清涼里の官舎の近くは、京城付近にも稀な清らかな美しい一郭である。巧さんは夜如何に遅くなつてもこの家に帰らぬことはなかつたといふ。さうしてあの森の中の道を歩みつゝ、自然とのひそやかな会話をこの世に於ける上なき楽とせられたといふ。

骨董を愛玩する者は多い、しかし真に芸術を愛する者は少い。けれども芸術を愛するよりも更にむづかしいのは、人間を愛することである。多くの芸術愛好者もしくは愛好者と称する人々は、神経質な、気まぐれな、人間愛好者もしくは嫌悪者であり、我が儘なエゴイストである。しかるに、芸術の愛好者であり、独立不羈の性格者であり、自分只一人の境涯を楽しむすべをかほどまでに解してゐた我が巧さんは、実にまた類稀な、同情の豊かな人であつた。さうしてそれは朝鮮人に対して殊に強く現れたのであつた。

巧さんは人の為にしたことをめつたに人には語られなかつた。けれども、巧さんの助力によつて学資を得、独立の生活を営み、相当の地位を得るに至つた朝鮮の人は、一人や二人ではなかつたさうである。巧さんの死を聞いて集つて来たこれらの人々の、慈父の死に対するやうな心からの悲みは、見る人を惻々と動かしたといふ。私も亦その一人を見た。彼は巧さんを本当にお父さんよりも懐かしく思つてゐたといつた。さういふ彼の顔には掩はれぬ誠が見えた。巧さんは恐らくその真直な曇なき直覚で、人の気づかぬ朝鮮人の美点を見出されたのであらう。巧さんの心は朝鮮人の心を摑んでゐた。その芸術の心を摑んでゐたやうに。

親族・知人が集つて相談の結果、巧さんの遺骸に白い朝鮮服を着せ、重さ四十貫もあつたといふ二重の厚い棺に納め、清涼里に近い里門里の朝鮮人共同墓地に土葬したことは、この人に対してふさはしい最後の心やりであつた。里門里の村人の、平生巧さんに親しんでゐた者が三十人も棺を担ぐことを申し出でたが、里長はその中から十人を選んだといふ。この人達が朝鮮流に歌をうたひつゝ棺を埋めたことは、誠に強ひられざる内鮮融和の美談である。

巧さんの生涯は、カントのいつたやうに、人間の価値が実に人間にあり、それよりも多くも少くもない事を実証した。私は心から人間浅川巧の前に頭を下げる。

安倍能成　或る日の晩餐　『静夜集』一九三四年

この次にはソルランタンを食つて妓生《キーサン》の家を訪問しようぢやないか、といふことを或時の会合にT〔巧〕君が提議した、さうして私達はすぐそれに賛成した。私は京城へ来てから間もなく此等の人々と知合になつたのである。それは朝鮮の工芸品特に朝鮮の陶器の鑑賞と研究とに精しいH〔伯教〕君を中心とする、五六人の友達仲間であつた。彼等は色々な職業を持つた色々な性格の人達であつたが、彼等に通ずる所は正直で世間的野心を持たず、さうして親切なといふことであつた。私は時々この仲間に加はつて、一緒に食事をしたり遠足にいつたりして居る中に、いつの間にか仲間の一人になつてしまつた。けれどもこの仲間の中でも朝鮮語が出来て、朝鮮人の中に友達があり、自由に朝鮮人と応酬の出来るのは、H君の弟のT君だけであつた。

彼はおよそ通人とか粋士とかいふたぐひからは最も縁遠い人種であつたが、又一方に税吏《みつぎとり》や娼婦の友にもなり得る、自由な囚はれざる真の基督教徒らしい骨頭を具へた人物であつた。この人に妓生の知合があるのは不思議の様で不思議でない。

それはもう十二月の七日であつた。鍾路の人道には夕を急ぐ人影があわたゞしく、車道の所々には、田舎から運んで来た温突《オンドル》用の松葉を売り残した男が、牛と共に寒さうにたゝずんで居た。私達は先づ一軒の膳屋へ寄つた。『朝鮮の膳』の著者であるT君は、官憲によつて唯無思慮に内地式内地向へと指導（？）せられる朝鮮工芸の行先が、単に朝鮮の工芸を亡ぼすばかりでなく、工芸其物の本領を没却するものだとの見解を平生から抱き、かういふ工人を発見しては色々なものを作らせたりして居るらしい。人の好さゝうな主翁は親しさうにT君を迎へて居た。

鍾路から横に折れた貫徹洞といふ町の、優美館といふ活動小屋の向ふの貨泉屋といふ家の雪濃湯《ソルランタン》は、京城でも有名だといふことである。先づ店へはひるとそこに風呂桶位の鉄釜がぐらぐらと白い液を煮立たして居る。その中に牛の頭の毛皮の残つたまゝのが浮んで居るグロテスクな光景が、一番内地人を驚かすのであるが、その時は牛の頭は煮出されてほとび且しなびた顔をしてその脇に置かれて居た。我々は先づ食堂なる二階へ上つた。そこに粗末な潮風に吹き洒された様な長方形の卓と腰掛とが置かれて居る。卓の上には胡椒、唐辛子、塩、葱の薬味を別々に入れた鉢が置いてある。間もなくソルランタンを持つて来る。容器はトゥッペキと呼ぶさうであるが、赤土に灰を入れて焼いたといふ厚い粗い鉢である。その汁は乳の如く白くて、中には堅い薄い煮出されて味のない牛肉四五片と米粒と素麺とがはひつて居る。薬味を入れて湯気を吹き吹き、少しは恐れを抱きつゝ、先づ汁を朝鮮流の柄の長い真鍮の匙ですくつて試みると中々旨い。併し同行のW〔渡部久吉〕君がその時「うまい」と叫んだ大きな声には、少し附景気らしい哀調があつた。一体今夜は総勢六人となる筈のが、一人は病気で来られず、今一人は平日からアルコールと脱脂綿とを欠かさない潔癖家だから、どうも故意に遅刻したのだらうといふ嫌疑が深かつた。私は元来一つも悪物食《あくものぐひ》ではなく、殊に子供の時から食はず嫌ひが多く、大人になつてからはそれ程でなくなつたが、今も日本食で一番日本らしい味の深いといはれる沢庵漬は食はない。魚類は新鮮な味のよいものでないと食ふ気がせず、秋刀魚なども旨いとは思ふが先づ半分位食へば沢山である。併し鳥獣の肉は大抵は好きで牛の臓物なども一つも辟易しない。全体京城に長く住んで居る内地人は、内地からの御客のおもてなしに、時々明月館だとか食道園だとかいふ朝鮮料理屋へ行き、妓生を呼んで朝鮮料理を食べる様な機会はあるが、その朝鮮料理なるものが大分内地化し、若しくは西洋料理化したもので、純朝鮮的な味はかなり稀薄である。朝鮮の人はよく郊外の寺へ遊びに行くらしく、京城近郊の、例へば清涼里あたりの尼寺などは、半分料理屋を兼ねて居る様である。小松の生えたふつくらした赤土山を負ひ、水のきれいなさゝやかな谷川に臨んだかういふ寺の座敷に、妓生を拉し来つて遊ぶのは、たしかに一つの風流事であらう。私もその後一度招かれてかういふ宴に列したことがある。料理の品々はよく覚えて居ないが、昆布の油で揚げたの、ぜんまい、海苔など、お寺だけに精進料理を主としたものであつた。

　話が横へ外れたが、私がソルランタンを試みたのは、無論その夜が初めてであつた。T君を除いては、十年以上京城に居るW君もD〔土井浜一〕君も初めてらしい。ソルランタンは一言にしていはば牛のスープである。牛の頭も肉も骨も臓物も皆一緒にぶちこんでグツ〳〵と煮出したものであるから、牛の持つて居る色々な養分は悉く液中に溶けこんで居るわけである。かういふ濃厚な液に醤油も味噌も加へず、唯塩だけで食ふのは、如何にも純粋に滋味そのものを吸ふ様な気がする。それにその味は私には存外さつぱりして居り、その熱さの為にか妙な脂臭さがない。十銭の一鉢は分量が中々沢山である。私は今晩の後の御馳走の為に、その三分の一ばかりを割愛せざるを得なかつた。

　次に引つぱつて行かれたのは平壌楼である。こゝは前の処とは違つて、温突に坐つて食ふ様になつて居る。電話などもあつて大分高等らしい。こゝで食つたのは餅湯《トック》即ち雑煮である。餅は粉餅である。旧正月前など朝鮮町を歩くと、家の前の地面に四、五寸も厚さのある長方形の大きな板を置き、その上でこれは日本と同じ様な杵で餅を搗いて居るのをよく見る。臼で搗くのを見慣れた眼にこの板が実に不思議に感ぜられるが、恐らくこの餅もさうして搗かれたものであらう。それは円い棒の形にしたのを斜に輪切にしたものである。例によつて牛肉がはひつて居る。この雑煮も中々旨かつた。店先ではこれも厚い板の上で牛肉を骨ごとたゝき切つて居る。庖丁は青龍刀の様に弓形になつて居る。厚ぼつたい、乱暴に使つても大丈夫らしい庖丁である。外に色々な庖丁もあるか知らぬが、或る所で主婦が漬物の野菜を切つて居たのも同じ形をして居た。日本流の薄刃だとか刺身庖丁や出刃庖丁だとかの様なものがあるかどうか。兎も角日本の庖丁は大体刃は直線で上辺が弧形にふくらんで居る。家にしても軒は直線で屋根は直線か若しくは弧形にふくらんだのが多い。朝鮮の屋根も庖丁も共に上に反つて居る。そこに何か意味があるかどうかは分らないが。

今度は酒幕《スリチビ》である。それは即ち居酒屋で最も大衆的なものである。朝鮮町ではよくこの酒幕の前を通るが、中が薄暗くもあり、汚なさうでもあり、あまりよく覗いてみたこともない。はひるのは勿論今夜が初めてである。入口の左側の方に風呂屋の番台の様に高い売場があつて、主婦が片膝を立てて坐つて居る。T君の真似をして先づ薬酒《ヤクチュ》を試みる。主婦は大きな瓶から、約一合入程の真鍮匙にすくひ出して、それを洗面器にうつす。主婦の前には熱湯のはひつた鉄鍋がかかつて居る。洗面器を子供が水遊びの時にする様に湯の上で四、五度くるくると廻して居る中に、お燗は出来たと見えてそれを白磁の鉢の様な茶碗にうつしてくれる。色は黄金色である。私はそれを一口二口嘗めて見たが、少し酸ぱみを感じた外別にうまいともまづいとも思はなかつた。これは私が酒客でないからであらう。薬酒は清酒であつて、労働者の多く飲むのは濁酒《マッカリ》ださうである。薬酒は一ぱい五銭で肴一品を食ふ権利がある。その肴は主婦の居るのと反対の側の一隅に並べてある。その品々は鮒、胡麻をまぶした牛肉、葱、焼いた豆腐、明太の膾、焼肉《サンジョク》等である。夏は小さい章魚の膾もあるさうだ。私は串に刺した胡麻肉を火鉢の処で焼いて食つて見た。店を見まはすと労働者らしい男が五、六人居て、そこいらに立つたり、たゝずんだり、腰かけたりして、酒を口につけて居るのも、肉を噛んで居るのも、煙草をのんで居るのもある。店の壁の所々に粗末な彩色絵が張つてある。題材はよく陶器の模様などにある十長生の類らしく、鶴、五色雲、松、鹿、不老草、蝙蝠、亀等が描いてあり、その亀は霞の様なものを吹いて居る。内地でも新しく開業した肴屋などに、よく「何々さんへ」などと書いて、紅い鯛に笹を配した絵が壁にはりつけてあるが、この絵も先づその程度のものである。併し開業祝の為ではなくて店のふだんの装飾らしい。

かういふ処でも一杯の酒に一品の肴といふ定めは、一種の道徳として守られて居るらしい。こんな処へまではひつて見れば、内地人の気づかぬ良風美俗も存外にあるであらう。又かうした酒徒に交はつて、夜更けるまで濁酒を飲みつゝ、彼等の語る話や彼等のうたふ歌を聴くのも、面白いことか知れない。実際又かういふ人達には、内地でも同じことであらうが、外では見られぬ人情の美しさもあり、金がなくて飲めない仲間の為に、なけなしの財布をはたいて一ぱい奢つてやることなどは、常にあるさうである。

一晩にソルランタンと餅湯と薬酒とを卒業（？）して、直ぐかういふことをいふのも口幅つたい様だが、私には食物の点に於ても内地人が朝鮮人から学ぶ点はないか、といふことが問題になる。一体朝鮮料理はごく大ざつぱに云へば支那料理と日本料理との中間にあり、その点かららは内地人の口に合ひさうなものだが、私などは支那料理の方は思はず貪食するのに、朝鮮料理の方はいつも努力して食ふ様な所がある。外の人に聞いて見ても大抵さうである。それを無理して内鮮融和の為に義務的に食ふ必要はないが、少くとも朝鮮料理の材料、その材料を料理する原理を学び知つて、これを在鮮の内地人の食物に利用することは、どこに住んでも不経済な生活の為に発展し得ない日本人に必要なことでないか。私は少くとも獣肉の利用に就ては朝鮮人から学ぶ可き所がある、殊にソルランタンの様な実に大ざつぱな、そのくせ要領のよい料理方は、日本人の大陸発展の為に大に学ぶに価すると思ふがどうだらう。

又鍾路の通に出た。T君はそこの夜店で沢山林檎や蜜柑を仕入れた。これから尋ねてゆく家へのおみやげである。

それは安国洞の近くであつた。朝鮮の家の構造はよく知らないし、又夜目には暗くてよく分らなかつたが、長屋の真中が入口になり、その門は昔風の武家屋敷の小門の様に、鎖に石を吊した装置によつて中々あきにくい。門をはひると中庭である。ちやうど門の筋向ふあたりの縁側から上つて、鉤の手に曲つた右側の方の一室に請ぜられた。こゝの主人は養蜂の指導をやつて居る人でT君の知合らしい。主人か細君か誰だか知らないが、今妓生の候補生を養成して居ると見える。二人共平壌から来たといふ十六と十五との少女が居る。成××と朴××といふ名であつた。十五の方のついこの間平壌から来たといふ方が日本語も語り、容姿も一層可憐であつた。部屋は二間続きになつた狭い温突である。壁には色どつたまづい絵がはつてあり、又一方には一種のまじなひだらうと思はれる模様の下に、「成」といふ字を書いた紙もはつてあつた。

後で聞くと和合符とかいつて諸願成就の符ださうである。

十五の少女は我々の為に伽倻琴を弾じて、かなり調子の激越な歌をうたつてきかせた。それは私がかつて聞いた南道雑歌（南道は全羅道、慶尚道等南部地方である）といふのに調子が似て居た。彼女の郷里の歌ならば西道雑歌（西道は黄海平安の西海岸地方）でもあらうが。外に又来客があつたらしく、少女は自分達の方を辞して、又外の部屋で同じ様に琴と歌とをやつて居るのが聞こえた。我々も間もなくその家を去つた。

それから又小路を歩き廻ること暫くにして第二の家に達した。前と同じ様に真暗な門を潜ると、今まで聞こえて居たカラコロ、カラコロといふ砧の音が急に絶えた。T君と女主人公との問答の後、我々は今度は左側の彼等の居間へ請ぜられた。部屋の障子には花弁の形に穴を沢山あけて、一々に硝子を嵌め、来客を覗ふ様にしてあるのは、妓生の住居らしいといつてよいかも知れない。我々を迎へたのは三十四、五歳とも覚しい女主人公と、二十歳位のその抱への妓生とである。その若い妓生が今まで砧を打つて居たらしく、そこに硯の凹みをとつて細長い二尺余りにした様な石製の砧と、打ちかけの白絹とが置かれて居た。

女主人公はかつて某顕官の愛妾であつたといふが、別に化粧もして居ず、口は大きい方であるが、上品で落着きがあり、而もどこか艶な所が十分残つて居る。若い方は、顎が出て少ししやくれて居るが一寸意気な顔立である。彼女の方はいつ座敷へ呼ばれてもいい様にちやんと化粧し、且衣装をも整へて居た。部屋の中には又まづい絵が飾られて居たが、その主な装飾は金具のきらびやかな朝鮮式の大きな簞笥数台であつた。私達はそこで烹飯《ビビンパク》と呼ばれる五目飯の様なものを取つてもらつて食つた。それは肴の油揚、豆のもやし、松の実、野菜に唐辛子をあしらつたものであつたが、余り旨いとは思はなかつた。女主人公はT君がソルランタンを喰べて来たといふ話に応じて、ソルランタンは夜の十二時頃が一番味が濃い、それを頼んで配達してもらつて飲めば、肺病の様なものも大抵癒るといふ話をしたさうである。彼女は日本語を語らない。

我々は暫くしてそこを辞した。若き妓生（金××といつた）はその狭い門から上半身をのぞかせて我々を送つた。我々が彼女を見返ると、ちやうどその時円い大きな冬の月が低い門の後から面を出し、枯れた梢のくねりを冴え切つた空に黒く彫り出した。私は我々がその刹那如何にも風流才子らしい情景に置かれたことを苦笑せざるを得なかつた。

（昭和七年十一月九日夜）

附記　T君即ち浅川巧君はその翌年（昭和六年）春俄になくなつた。T君が死んでから、私達をかういふ風に引つぱり廻してくれる人は居なくなり、私達もその後かういふアヴァンテュール（？）を試みる機会を得ない。

外村吉之介　朝鮮の膳と浅川巧氏　『民芸』一九七四年九月号

昭和の初めに京都の神楽丘に居られた柳先生のお宅へ私は屢々上った。そして無数の美しい工芸品を見て、一生の眼を開いたが、多くの物の中に見なれぬ足高のお膳のような木工品があった。形はさまざまで、長方形のもの、八角や十二角のもの、四本足のもの、板を立てたものなど、いわば自在に作られた群なのである。

それが朝鮮の膳であることをすぐ教えられたが「大変親しみぶかくて、身辺から離したくないものだ」と云われた。そして、近く「浅川巧君がこれの本を出すので楽しみにしている」とも云われた。それが、浅川氏の名をきいたはじめであった。そしてその本は間もなく民芸叢書第三編「朝鮮の膳」として、出版されたのである。柳先生の跋文には、

「挿絵に入れた膳の大部分は、実に君と僕とが「朝鮮民族美術館」の為に集めたものだった。なけなしの金でお互にこまり乍らも、是等のものを保存したいばかりに力を協せてきたのだ。否、君の理解と情愛と努力とがなかったら、何も成就はしなかったのだ。……云はば君が生みの母だ。……今外にはこまかい雪がしきりなく戸を打っている。いつにも増して寒い京の夕べだ。君のゐる京城の郊外は零度以下どれ程下ってゐる事か。だが今頃はあの温突の室で朝鮮の膳を囲み乍ら、朝鮮の食器で一家団欒の食事をとってをられる頃かと思ふ。斯く云ふ僕の一家

も三度々朝鮮の膳を離した事がない。どう云う廻り合せか君も僕も一生朝鮮とは離れられない結縁がある様だ。出来るだけお互に朝鮮への仕事をしょう……」とある。

私は昭和六年の三月、京城で開かれた教会の会合に出席した時、はじめて浅川氏に会い咲子夫人と園絵さんにも会った。出立前、先生は手紙で清涼里へ行く途を図に描き示され連絡の仕方まで指図された。京城郊外には、この清涼里や往十里というような心を誘う名のところが多いが、浅川邸訪問はその中のもっとも大きな魅力であった。（次頁の写真・略）

東大門のあたりから電車に乗って、清涼里で下り、堤のない浅い川添いに行くと、あたりに林があり、冬の陽ざしの中で女の人たちが白い洗濯物を叩いているのが詩の世界のようであった。家に着いてみると煉瓦建てで内部は和風だった。寒い日で、硯の水が今朝から凍っているということだったが、初対面の人々といきなり親しくなって、温い思いをした。器物が朝鮮の木工品や陶磁であったのは云うまでもないが、当時自分らが珍重に思っていた李朝の数々が安らかに日用されているのに驚きもし喜んだ。それらは相当多くて今憶えている物はほとんどないけれど、白磁の大根卸しが柱にかけてあるのが美しくて強い印象をうけた。

咲子さんがよく話され「主人は家思いで出張するとよく手紙がきて、園べいはどうしているかと書いてよこすんですよ」などと、屈託のない愉しさであった。しかし巧氏は少し元気がなかった。その時もう風邪を引いておられて、翌日の集会には一緒に出られなかった。そして一週間後の四月二日、帰らぬ人となられた。だから出会いは僅か半日一夜で初めの終りとなり、永久の別れとなった。そして日本の仲間では最後の面会者となった。

私は家へ帰ったが、間もなく柳先生のハガキが来て「浅川巧君病重しとの電報あり、之から急遽渡鮮する。同君の為切に祈りを希ふ　四月一日夕」とあった。この二人がどんなに深く交り結び合われていたか、千里海を渡って友の死目に会おうとする先生の姿が、巧氏の姿と二重写しになって偲ばれた。巧氏の柩は彼が限りなく愛した韓国の同胞たちに担がれて山の墓地に登った。人々は口々に哀号を唱えて止まなかったという。

巧氏の人柄や仕事や功績については、岩波書店の「国語」(読本)にのせられた安倍能成氏の「人間の価値」や柳先生の「浅川のこと」に審さに語られているが、巧氏自らの言葉を読むと一層惹かれるものがある。「朝鮮の膳」の四頁に、

「一家の食物を載せ、団欒の中心ともなる膳の面が月日と共に醜く禿げて行ったり、その脚が緩んで何時も不安な感じを与えたりしたとしたら、其家庭に及ぼす直接の損害は決して少なくないと思ふ。然るに朝鮮の膳は淳美端正の姿を有ちながら、よく吾人の日常生活に親しく仕へ、年と共に雅味を増すのだから正しき工芸の代表とも称すべきものである。」

とあって、この淡々とした一文に、工芸の用即美論が要約されているだけでなく、氏の人生の態度が示されていて敬慕の念を止みがたくするのである。

巧氏が亡くなって間もなく咲子夫人からハガキが来た。初めに夫の死を縷々悲しみ「憂いの時雨に袖をぬらし、嘆きの森をさまよい行末如何にと……」とあり、「あの時お渡しする筈であっ

た『朝鮮の膳』は、納棺の時に一緒に入れてやりましたので、別冊をお送りいたします。故人をお偲び下さいますなら、せめてもの悦びに存じます」と書かれていた。そしてその一冊も同時に届いた。扉に「巧」の判のあるもので、今も私の大事な蔵書の一つである。

そのような強い印象の日から速くも四十三年の歳月を経て、私は今度初めて巧氏の墓に参り、旧居を訪れた。墓は改葬されて忘憂里の広大な山地の大墓園の中に移されていた。行き着いてみると珍しい形の石塔があり、土饅頭があった。側の小さな墓石には、表に「浅川巧功徳之墓」と刻まれ、裏には、

西紀一九三一年四月二日卒

西紀一九六六年六月　日

林業試験場職員一同

とある。私共はここへ来る途中で買った花を土饅頭に立てかけて供え、彼が信じて昇って往った天国で又会う日を期した。五月の空は晴れて澄んでいた。向うには漢江が遠く眺められ、遠近の山々は緑の若葉に息づいていた。郭公がしきりに鳴き、燕は大きい空に舞い廻っていた。昔氏や権氏らを待つ間、私共は墓場を囲む低い堤に凭れて暫くまどろんだ。そして、浅川一家の旧居や林業試験場、緝敬堂を思っていた。

林業試験場は巧氏の生涯の仕事の場であった。ここを根拠にして彼は全半島の緑化に励み、人々に深く親しんだ。そこへ行ってみると、道路整備などのためにすっかり周囲が変り、旧居

は住む人の代が変って、外側から眺めるだけだった。曽って、清流と林に添って道があり、婦人たちが洗濯していた美しい風景は騒然とした市街地に変り果てていた。それでも巧氏と共に試験場に勤めていた金二万氏の案内で場内を見、ことに巧氏が手植えして残した松が美しい姿に育っているのを見るのは大きな慰めであった。金氏は「浅川氏が役所で書いたものが焼けてなくなったのは惜しいが、この松はよい記念となっている」と思いをこめて云われた。

それから、緝敬堂へ急いだ。ここは大正時代に柳師と浅川氏らが「朝鮮民族美術館」を創められた所である。既に景福宮について門番の人たちに、緝敬堂を尋ねたが、中々判らなかったけれども、年輩の人が出て来てそれは今、緝慶堂と改められているという。

以前は大きな樹立にかくれた建物であったが今は全く広い場に明かに見られた。私は少しとまどったが、四十三年前この中を見た時の感興を鮮かに蘇らせることができた。

博物館といえばそれまで、仰々しい品物が寒々とガラス張りの中に列んで、見る喜びに誘われたことは一度もないのに、ここは、どの品も裸かで棚にならべられ、互に呼び交しながら生々していた。陶器は徳利や壺のような日常の用品であるから、親しみぶかかったが、何しろ大した風格の品々であった。木工品の変化にはことに驚いた。膳や四方棚や自在な形の棚るい、それが、一緒に暮したい思いをそそるように、陶器の陳列と一つになっている。古い建築に一致したすべての統一、そして寂かさと清らかさにみちていた。

私はその時、当時の国立李王家博物館へ行ってみた。そこには、総督府の役人や学者たちが、高麗朝の宮廷的なものにばかり傾倒した稀品が陳べられて、いかにも官僚的形式主義であった。それに比べると、柳師らの緝敬堂は全く李朝の庶民への愛情や敬いに溢れ、生活の美しさを驚き喜んでいる。その捉われのない自由な眼の蒐集や陳列――これは稀代の力の仕事ではないか。既にもうこの時「韓国民芸館」は創っていたのである。戦争によってこれがどう処分されたか明かでないが、おそらく、今日の国立博物館に移管されたものと思う。

今度の旅で、その国立博物館へ行ってみると、驚くばかりの李朝ものの横溢であった。他の時代のものも勿論立派であり、よく蒐集され陳列されていたが、李朝ものへの注目の強さがまざまざと感ぜられて、戦前の李王家博物館を知る者は感慨無量であった。六十年前まで認められなかった庶民生活の美が今前面に押出されて注目をあびている――その啓蒙の仕事をした柳師や浅川氏らに、新しい敬慕の念を禁ずることができない。

この旅の間私は「朝鮮の膳」を離さず持っていた。そして屢々頁を繰った。度毎に心を惹いたのは、祖父四友先生の霊前に献げられた言葉である。その初めに、

敬愛する祖父よ
生れし時すでに、父の亡かりし私は、あなたの慈愛と感化を多分に受けしことを思ふ。
清貧に安んじ、働くことを悦び、郷党を導くに温情を以てし、村事に当って公平なりしその生涯は追慕するだに嬉し。

とあって、そういう人の形見とともにその愛した国土を旅するのは印象ぶかかった。そして、

その志を受け継ぐ仕事で、私共はこの国に真の報恩をせねばならない、と切実に思った。

浜口良光　巧さんと私　『工芸』一九三四年四月号

「あの朝鮮人は随分国語がうまいね」

巧さんの行つたあとで、かう云つた私の友人もあつた。随分久しい間、朝鮮だと思つてゐた朝鮮人すらもゐた。それほど巧さんは朝鮮と云ふものにぴつたりしてゐた。

凡そ巧さんほど朝鮮を理解し、朝鮮の自然を愛し、朝鮮民族に親しみ、又埋れてゐた工芸品(新と旧とに拘らず)を掘り出して示してくれた人は今までにないと思ふ。これからもきつと出ないと思ふ。

巧さんはさうして朝鮮と云ふものに融け込んで行つた半面、一歩退いて、朝鮮と云ふものを客観的に深く見て、鋭く批評し、一種の経綸さへもつてゐた。つまり山に入つて山其の物を究めると同時に、山を下つて総ての方面から山の全形を見ることの出来た人であつた。

私が巧さんを知つたのは十三年前であつた。東京を出る時、柳さんから浅川さん兄弟を紹介していたゞいたので、京城について三日目に逢ふことが出来た。其の時から、話が合ふとか、親切にしてくれるとか云ふ月並的な意味でなくて、何となく深い親しみを感じた。

巧さんは其の頃清涼里の朝鮮屋のオンドルに、陶器だの木工だの、多くの朝鮮の工芸品を置いて、それらと雑居して居られた。如何にも楽しさうであつた。

もし訪問が食事前であると、必ず山の尼寺へ案内して御馳走してくれた。桔梗の根だの、昆布の油揚だの、海苔の油焼だの、ゼンマイだの、豆腐と乾茸のスキヤキだの、色々の枯淡な精進料理を巧さんはうまがつてたべた。しまひには残物を全部飯と一しよに鉢に入れてまぜ合せ、「これが朝鮮式の五目飯で、とてもうまいんだよ」とむやみに私達をうまがらせやうとした。だが其の頃は義理にもうまいとは云へなかつた。(今では舌だけは巧さんに追付いたけれども、もう、共にうまがる術もない)

満腹すると、オンドルに寝ころんで、朝鮮の童話だの、童謡だの、民謡だの、色々話してくれた。その一つ、
朝鮮では子供たちがハラポヂ(お爺さん)に話をねだると、

「それでは恐くてきたない穢い話をしてやらう」

と云つて、

「ある人が山へ行つたら虎が出て来たので、びつくりして糞をしてにげたとさ」

とやる。子供達が怒つて、長い話を〳〵と云ふと、

「よし〳〵ある人が馬に丸大根をつんで山を上つて行つたら、馬がつまづいて大根がころげ

落ちたとさ。その大根は坂道をコウロリ〳〵〳〵〳〵」

「ハラポヂもうコウロリ〳〵はわかつたからその次を話しておくれよ」と云ふと、「いや〳〵まだ麓まで大分あるからまだ〳〵コウロリ〳〵〳〵〳〵」

しまひにはハラポヂが横になつて、コウロリ〳〵に合せてころげまはる。子供も根まけして

「ハラポヂもう短い話でいゝよ」と云ふと、

「ある処にオシと云ふ姓のマイと云ふ名の人があつたとさ。でオシマイさ」と話がすんだ、などとハラポヂになつた気で、自分もころげたりなどして話してくれた。一体お伽噺は書いたものを読んだのでは味が出ない。親が子に語つてきかせる其の気分が大切なのであるが巧さんの話には其の味があつた。私はいつも楽しく聞いた。

ある時、私は朝鮮の自然と児童の生活と云ふ事について、書かなければならない事が出来たので、随分日数を費して調べた。しかしうまくまとまらない。

ふと巧さんを思ひ出して聞きに行つた。すると巧さんが、

「そんな材料ならなんぼうでもあるよ」

と前置して、

春から秋へかけて、子供たちは野外を蝶のやうにとびまわつて、松の若芽の皮をむいて甘皮をたべたり、昼顔の根をほつて乳色の汁を吸つたり、何々の草を摘んだり、何々の木の若芽を摘んだり、甚しいのはキンポウゲやトリカブトのやうな猛毒のものまで摘んだり、（茹でて水

にさはしてたべる）翁草をとつて人形を作つたり、石を糸の先につけ、それを棒の先にしばりつけ、それで水面を打つて魚をとつたり……等々約七、八十種も思ひ出し〳〵して話してくれた。私はかりに其の中に三分ノ一を覚てゐる事が出来れば十分責が果せると思つて、終電車を気にして暗記出来さうな部分は書き止めもしないで急いで帰つたが、今思へば其時の自分の怠が非常な悔である。

これは多分兄さんの伯教さんの提議だつたと思ふが、ある時「吾々は集る機会が多いけれど、雑談で終つてしまふのは惜しいから、何か朝鮮趣味を語る会を作らう」と云ふことになつた。で第一回は朝鮮の室内遊戯の会と云ふことになつて清涼里のある料亭に集つた。それは浅川さん兄弟、安倍能成さん、速水滉さん、上野直昭さん、土井浜一さん、渡部久吉さん、それに私と云ふ顔ぶれであつた。（これは朝鮮工芸会の濫觴となつた）この時巧さんは、前に王宮に仕へてゐたと云ふ上品な老人をつれて来て、昔の遊戯の話をしてもらつて、それを通訳してくれた。しかし其話は大体巧さんの知つてゐる範囲で、唯疑点を明にしてくれる位のものであつた。この時巧さんが見せてくれた遊戯の道具は随分多数で、全部記憶はしてゐないが、平安朝式に似た双六もあつた。花札式のものもあつた。一寸麻雀に似た骨牌（コルペイ）と云ふものもあつた。子供に智識を与へる為に作られたらしい地図地名入のもの及官位官名入の廻り双六に類したものもあつた。その外現今一般に行はれてゐる巡警図、将棋、擲柶〔双六に似た遊び（ユンノリ）の道具〕など、何れも味のいゝものであつた。

第二回は何であつたか第三回は巧さんの案内で朝鮮料理の下手物を食ひ歩かうと云ふのだつた。それには私は病気で加らなかつた。しかし其前後、単独に巧さんに案内されて殆んど食べた。二石位はいる釜に牛の頭のあのまゝのを八つ計りも入れて、スープをとり、それを素焼の大鉢の飯と肉とを入れた中に注いで食ふソルランタンや、牛の乳房の肉からとつたスープを、飯と焼肉の鉢に注いでたべるチャンゴクパプ、朝鮮蕎麦に肉や果物を入れ漬物の汁をかけてたべる冷麵など、ニンニク臭い一ぜん飯屋でたべさせて貰つた。此頃には相当舌が進歩か退歩かしてゐたのでうまいと思つた。

工芸会と云ふものになつてからは、色々の工芸の集りや骨董屋廻りにつれて行つて貰つた。何事も隠すことなく親切に教へてくれた。智識該博と云ふ人の中には得てデタラメを本当らしく云ふ人が多いのであるが巧さんにはそれが絶対になかつた。又工芸品に対してやたらに考証的な理屈を云つて、美の鑑賞となると零の人もあるが巧さんは考証も美の鑑賞も完備してゐた。それは決して過褒ではない。

巧さんは正しい人だつた。其為に随分公憤を洩らした。日記にもかなり現れてゐる。しかし私怨は持たなかつた。子供がすきで、京城に出ると菓子を買つて来て近所の朝鮮の子供たちにやつた。又朝鮮の青年を愛してよく導いた。巧さんから学資の補助を受けて通学したものは四、五に止らない。

巧さんは随分自分の仕事を愛してゐた。誰でも自分の職を思ふものであるが巧さんは曽て一言林業がいやだ等と云ふはなかつた。致命的な病を得たのも全く職に殉じたのであつた。そして巧さんのガンバリは病を愈々重からしめて、四月二日西の山が落日を含み初める頃遂に不帰の客となられたのであつた。急を聞いて急ぎ来鮮された柳さんは伯教さんと手をとり合って慟哭された。孔子が顔回の死の前に慟哭して、彼の為に慟哭せずんば誰にか慟哭せんと云つたその心持と全く一つであられたに違ひないと思ふ。誰も彼も皆惜んだ。そして哭した。

葬式は家の西にある、巧さんが朝夕の通路に仰ぎ見られた大欅の下で行はれた。「夫子礼を大樹の下に習ふ」と云ふに似て居たらう。処が式が始るや否や、大空は俄に墨を流して、大雷雨が急に至つた。全く急だつた。それは朝鮮にしては奇蹟的な天候だつた。ベートーベンが大雷雨の中に死んだ事を思ひ合せて天がこの人の死に対して、何かの意志を発表したとしか思はれなかつた。式後、柩は東北十町余りの里門里の朝鮮人の共同墓地に運ばれ、山の頂近くに、全く朝鮮式によつて埋葬された。巧さんの部下の朝鮮人夫たちは競つて奉仕し、墓穴に入れた柩のまはりや上を、朝鮮歌の音頭哀しく、棒でつき固めてくれた。

嗚呼巧さん逝いて満三年大祥の忌を迎へて涙新たである。四十台では長命ではない。けれど巧さんの工芸及林業に残された足跡は大きい。此生命は永遠であることを信じて疑はない。

土井浜一　巧さんと尼さん　『工芸』一九三四年四月号

それは忘れもしない、六年前だった。緝敬堂の李朝陶磁器展が終つた翌日だつた昭和三年の七月三十一日の夕刻と云つてもまだ陽のある暑い時分だつた。湯上り間もなく暑さと汗に堪らなく、母は襦袢一枚の肌脱ぎで居り、自分は猿股一枚の真裸で夕食をしてゐる時だつた。入口の格子がガラツと開いて覗かれたのは、浅川伯教さんで、それに柳さんと巧さんが一緒だつた。暑いので境の障子が開いてあつた為め、母子共全く面喰つた、それも予期しないお客で、母は着物に手を通すやら、自分は浴衣を取りに入るやら全くの醜態だつた。

此のあわたゞしい中で、初めて柳さんと巧さんとに挨拶をした。柳さんには其の以前、夫人の音楽会が京城で初めてあつた時、尾崎喜八に連れられ吾々のグループでホテルに会ひに行つて会えずに帰へり、其の翌日だつたと思ふ、鍾路の青年会の音楽会の後で、リーチと一緒に挨拶した事があつたが、巧さんと挨拶したのは此の時が初めてゞあつた。巧さんとは其の以前から時々道具屋で会つては居たが、此れと云つて紹介された事がなく、それに巧さんは一寸取り付きにくい処があり、自分は至つて含羞家なので、言葉を交す機会がなかつた。

此の時の用件は、自分が蒐集してゐる李朝陶磁器が今度の展覧会に出品されたお礼と、自分が新しき村の会員であると云ふ処から、同じく古くからの会員である巧さんの宅で、明後日京城の会員の集会をしやうと云ふ事だつた。

約束の八月二日の夕刻、京城の会員を誘つて清涼里の巧さんの家に行つた。

巧さんの宅では咲子夫人や、園ちやんが我々を待つてゐられ、行くとから随分と歓待を受けて皆御好意に感謝した。

巧さんも、柳さんも湯上りらしく浴衣がけだつた。柳さんは巧さんの浴衣を着てゐられたと見え、随分短かく、つんつるてんで一寸可笑かつた。

暫らく村の話や工芸の話が出て夕食をしに出かける事になつた。夕食は巧さんの宅の裏山にある清涼寺と云ふ尼寺で、朝鮮の精進料理を食ふ事になつてゐた。

柳さんは巧さんの下駄を穿き、巧さんは朝鮮のサボ下駄を穿いて山へ登つた。其の態が又実に滑稽だつた。然し其の穿きこなしは上手だつた。巧さんは大抵の場合洋服か、朝鮮服であつたので、下駄の用が無いと云ふ事だつた。

尼寺では一切朝鮮語の達者な巧さんが世話して下さつた。巧さんと尼さんとの対話は実に親しく馴れたもので、側で聞いてゐても気持のいゝ程愉快に聞かれた。

よく晴れた涼風のある月のいゝ晩だつた。そして料理もよかつた。我々会員の殆どは朝鮮料理は勿論、此の精進料理も初めてゞあつたが、皆想像した程臭くなく、又親しみ易い料理だつた。焼昆布が出た。桔梗の根が出た。萵苣《かきょ》〔ちしゃ〕が出、唐辛子味噌が出た。そして最後に此等のちしゃもので巧さんが、ピピンパプと云ふ朝鮮のゴモク飯を、実に手器用に美味しく造られた。私は未だに此の美味さが、桔梗の根と共に忘れられずにゐる。

巧さんは客があるとよく此処で食事を共にされたらしい。私は其後も四、五回此処で巧さんと会食したが、尼寺の中でも他に比較して料理がよく、寺の位置も山中の盆地にあつていゝ処でもあるが、それ以上に巧さんには、此の尼寺と尼さんに親しみがあつたらしい。

実際此の尼寺と尼さんとは、巧さんには忘れられない一つであると思ふ。又それ丈けに親交も深かつた様である。巧さんの処にあつた美しい円座の多くは此処の尼さんに作らせてゐると云ふことだつた。

巧さんが死なれた翌朝だつた。部落の鮮人の間に神様の如くに敬愛されてゐた巧さんの死が伝へられたのか、清涼寺の尼さんも三人連れでお悔みに来た。そして霊前にいとも鄭重に香華を捧げながら静に泣いてゐたが、咲子夫人が出て来られて挨拶された時、

「浅川さんシンダンシ、アイゴー」

と、声を出して全く泣いた時は、はたの目にもいじらしく、もらい泣きをしてしまつた。

○

巧さんの事に付ては此の号でも色々書かれると思ふが、岩波書店から出版されてゐる、安倍能成さんの「青丘雑記」中にある「浅川巧さんを惜む」を読まれると、巧さんと云ふ人の全貌がよく解る。

土井浜一　巧さんの仕事の跡

『工芸』一九三四年四月号

巧さんが亡くなつてから三周年になる。それを紀念する為めに、巧さんの手になる朝鮮模様の拓本集が出る事は実に嬉しい。今日まで伯教さんとも折々話してゐたが、巧さんの拓本集を此儘にして置く事は本当に惜しい。何んとかものにしたいと思ひながら、何んとも出来ずに今日まで其の儘になつてゐた。重々申訳けないと思ふ心が切である。

巧さんは、別にものにしてくれと頼まれた訳ではないが、埋れてゐた朝鮮の工芸を見出し、紹介し、又、滅び行く朝鮮の工芸の復活に努められた巧さんは、模様の拓本も亦、自分の趣味や研究の為め丈けに集められたのではないと思ふ。何時かはものにして生かそうと思つて集められたものと思ふ。実際此の模様は、「朝鮮陶磁名考」と同じく長い間こつ〳〵拓本されたものである。此れに依つて亦朝鮮の工芸に対する巧さんの蘊蓄や、抱負や、理解やそして神経を充分に知る事が出来ると思ふ。此れも亦巧さんの残された仕事の一つである。今此の拓本集が出る事は実に実に嬉しい事である〔実際には出なかったようである〕。

巧さんが四十二年の短い生涯に朝鮮に残された仕事は実に多い。朝鮮の工芸に対するものでは、此の模様の拓本や、単行本として出てゐるもの以外に、諸雑誌に寄稿されたもの、又未発表のものが数ある。又朝鮮の工芸と共に更に大きな仕事として巧さんは朝鮮の禿山を青くする為めに随分と全力を傾注されてゐる。それは伯教さんと共に、巧さんが朝鮮の窯跡を歩かれた以上に、東西南北朝鮮の山々を歩いて、山の性質を呑み込み、山を青くする事に尽された事は巧さんの偉大なる仕事だつたと思ふ、今日矢釜しい朝鮮の緑化運動も巧さんあり、又巧さんの意を継ぐ人あつて始めてものにされるのだと思ふ。巧さんは朝鮮の禿山を唯だ青くする丈けではなかつた。其の希望は遠大だつた。その利用と応用に於ては朝鮮の工芸を理解する人にのみ考へられた仕事であつたと思ふ。そしてそれ等に対する発表未発表の論文も相当ある。（以下略）

中井猛之進　浅川巧君へ　『工芸』一九三四年四月号

浅川君！　君の一周忌の追憶会の節には君の知つての通り僕は君をウント褒めたネー、あれはチト褒め過ぎたかも知れなかつたが僕の心持はアーしなければ居られなかつた。ところが又君の細君から三周忌だから何か書けと謂はれるんだよ、僕困つちやつたよ、だから今度は行き道をかへて君のコキ下しをするよ、怒り給ふな〳〵、いゝか書くぞ。

君は丈が低くどう見ても風采が上らないね、頭は折角なで附けたかと思ふと直にモシヤ〳〵にして、雀の巣の様にするし、頤からはチヨボ髯を生やしてさ、其れも君数へる程しかないじやないか。何に削る、よせよ、其髯は君の顔に愛嬌を附けるから落さん方がいゝよ。君の兄さんは相当風采が上つて居るのに君は誰に似たんだい、変り種だつて？　ギヤいゝ方の変り種ぢやないね。併しだよ、君は御面相に似合はない美しい肌をして居るよ。君の細君はキツト言つて居るぜ、巧は顔形はよくないが体と心とはとてもいゝってね、ヨウ〳〵おごれよ。朝鮮の着物を着てる時着物が君の体によく合はないね、あれは出来合なんだらう、御粗末だねー、彼の黄色い様な茶つぽい様な麻の服を着て朝鮮語をしやべる時はどう見たつて内地人じやないよ。くやしくたつて駄目だよ、ソラ君、前に君と鄭君とが東京へ来たじやないか、日比谷に平野屋のあつた頃だつたから古いものさ、彼所へ僕が案内したら平野屋の女中が鄭君を内地人、君を朝鮮人と思つて君はトテモもてなかつたじやないか。だから君のヨボ的風采つて奴は間に合せじやない、真に逼つて居るつてのだから、内地人だつて威張つたつて駄目ダイ、矢ツ張り朝鮮で名を成し朝鮮で終る様に出来てたんだよ。僕等の祖先は朝鮮の血を多分に引いて居るんだから君は遺伝学上の先祖返りつて奴をやつたんだよ。ヒドイ？　ヒドイかも知れんが事実の証明するを如何せんて所だね。

君が人に謂はれて困つた時頭をチヨコ〳〵ツと掻くがあれは可愛いよ、目をクシヤ〳〵ツとさせてね、ソーしてウフ、と微笑して、ドウモと来らーね、あれも君の癖だから悪かないね。

君が朝鮮の古物を蒐めるのはイヽが、彼の焼物のかけらの何とも訳の判らん奴をガラ〳〵とため込んでる図なんて奴は判らんね、夫りやー君、僕だつて把手の所とか口のかけとか底とか謂ふ所の大切な事は知つてるよ。しかし君、画の出ても居ないどうでもいヽ、つなぎにも何ンにもならん奴迄丹念に蒐めて居る所は僕ばかりじやない、恐らく君の知人全体が判らない謎の様に思つたらう。蒐集熱も彼の位迄行くと超越し過ぎるよ、君が意地悪でないし善良な風貌の持主だからイヽ、が、若しもあれで意地悪の面してヽ見給へ、意地悪爺さんポチかりて、を地で行つて瓦や瀬戸かけガーラガラガーラガラ……ハヽ……ハ。

君が教会通ひをしたなんてのも変だよ、夫りや信仰の自由は畏くも明治大帝が御許になつてるんだから耶蘇だつてマホメツトだつて構はん、僕は夫れを云ふんじやないよ、君の凡てが耶蘇には縁遠いよ。耶蘇つて奴をやる奴はいやにキザで、信者らしくしてさ、「あなた信者ですか」「あなた耶蘇の復活を信じますか」と来らあね、癪にさわるツチヤない、馬鹿野郎ツと撲り附けたくなるんだが、君の様な耶蘇なら場違ひの耶蘇で、僕なんか見たいに耶蘇則偽善を厭ふ事蛇蝎の如しでも君の耶蘇丈けは妨げにはならんよ。ウンやつてもイヽサ、大に信じ給へ、しかし可笑しい事は可笑しいネ、どうも映りが悪いよ、君だつて君の妻君だつて此点は同じだよ、君の妻君だつて日本固有の神詣する京女であるべき人だよ。君は遊び事は赤ツ下手だネー、碁も将棋も花札も麻雀もテニスもピンポンも一ツだつて出来るものはないじやないか、君の話をきいてると皆一パシの達人の様だが、下手の横ずきだよ、下手に限つて自慢はするもんだよ、君の様にね。マー謡曲をやらなかつたから助かつたが、君が謡曲でも唸つたら朝鮮人から第一に苦情が出るよ、ナゼツ？　ナゼツてきく手はないよ、朝鮮で漬物が腐つたら朝鮮人の死活問題だよ。君の草花趣味はイ、ネ、彼リヤー褒めるよ仲々作り方も旨いよ。ウン褒めるさ、僕は悪口許り商売にしてるんじやないからね。君、僕が出張度毎に変つたものを生かして君の御土産だつて持つて帰つたのは君を悦ばせる許りじやない、君が夫をよく育てゝ呉れるから育つたのを見てるだけでも愉快じやないか。山の岩の上に蘭が咲いてたつて鳥も顧ないよ、其を持つて来て君も悦び君の知人が皆見て楽めば功徳だよ、僕は君の草花趣味は君の後生になつてると思ふよ。君が余り遠方に行つたから採つて来ても君に托する事が出来んじやないか、これ丈でも僕は淋しいよ、僕許りじやない大勢淋しがつてるよ、正月に金君が行つたから皆の様子を話すだらうが皆相変らず元気サ、デハ失敬。

加藤松林人　浅川巧さんの墓　『韓国の美しさ』一九七三年

日本民芸の父といわれる故柳宗悦先生は、はじめ韓国の民芸工芸によって、その民芸に対する眼を開かれ、またその柳先生に対して、韓国民芸への開眼導師の役をつとめたのが、浅川巧さんであったことは、古い民芸家のよく知るところでもあります。

当時はゲテモノと呼ばれ、愛好者からは一顧もされなかった民芸、特に韓国の民芸を、最初に日本に紹介し、朝鮮の膳その他多くの不朽の文章によって、その素朴な美しさと味わいの深さを我々に示してくれた浅川さんは、それらの他に、本務の林業方面にも多くの功績を残し、また附近の村人の間に深く融けこんで親しまれ、その葬送に際しては、韓国服をつけ、陶器の煙管を持ち、眼鏡をかけ、十数人の村人に担がれて、村民挙っての愛惜の裡に送られたといわれております。

山梨県の出身、若き山林技手として韓国に赴任され、西大門から後に清涼里の林業試験場に勤務されておりましたが、若くして亡くなり、その墓は、はじめ試験場裏手の里門里に埋葬され、十年の後、地区整理のため、そこから五、六キロ離れた現在の忘憂里の山の上に移されたのであります。

〇

今度の私の韓国訪問は、昨年〔一九六二〕、公報部の招待により十八年ぶりで出かける際、日本民芸館の田中豊太郎先生から、かの国の民芸はいまどうなっているだろうかというお話があり、誰か適当な人があったら、その調査や蒐集を依頼して欲しいということでありました。それがその後実を結んで、今年の一月、ソウルの天一百貨店の社長、李完錫氏によって、韓国民芸品研究所が設立され、いろいろ活動しておられるので、その状況の視察や、東京でそれらの作品を展示即売する場合についての打合せなどが、主な要件でありました。

六月二日大阪を立ち、二十三日帰着したので、凡そ三週間の旅でありましたが、この間、七日から一週あまりは済州島へ出かけたので、ソウル滞在は前後二週間というわけです。昨年とちがい、今度は二度目でもあり、全く自由気ままな旅なので、用件ある人以外はあまり連絡もせず、すっかり落ちついて見て廻り、いろいろな意味で収穫が多かったように思います。

ところで、初めて見た済州島のことや、その他のことはここでは省き、前記のとおり民芸品のことで出かけたことが縁となり、ゆくりなく、その韓国民芸とは最も関係の深い、故浅川巧さんのお墓を訪ね、浅川さんが昔勤務していた清涼里の林業試験場の方々や、韓国民芸品研究所の方々のご協力によって、だいぶ荒れていたその辺りを修覆することが出来たことは、故人のみちびきのようにも考えられ、まことに嬉しい限りでした。

◯

今度私が出かける前、打合せのため日本民芸館に田中先生を訪ねての帰り、今はここに住み込んでおられる浅川さんの奥さんの顔を見ましたので、四、五日のうちにソウルへ行って来ますよと挨拶しましたところ、うらやましいですねといわれ、もしついでがあれば、主人の墓がどうなっているか、誰れかに訊いてみて下さいませんかとのことでありました。いや行って来ますよ、何処ですかと訊きましたところ、それはとても遠いところ、忘憂里の山の上で、漢江が見えるところであるといわれました。

行って写真でも撮って来ますと別れたのですが、ソウルへ着くと、私の出発連絡がおくれたので、民芸品研究所の人たちは、その日から一週間あまり、江原道内の民芸視察が決っており、社長の李完錫さんと金教授は、私を迎えるため、一日おくれて一行の後を追うという始末。それで私は、この間を利用して、まず済州島へ出かけることにしましたが、その済州島行きが、飛行機満員のため、また二日おくれることになりました。いまソウルは若葉の最もいい季節です。そこで、この間を利用して、あちら此方へ出かけることになり、浅川さんのお墓も訪ねてみようということになったわけです。

忘憂里のあたりは、昔私も時どき出かけたので多少は知っており、いま墓地になっている山の下の坂路で、春川通いの乗合バスが、ピストル強盗に襲われたという当時の大事件があったことなどが想い出されます。いきなり行っても大丈夫とは思ったのですが、研究所からつけてくれた方さんが、先ず林業試験場に行って、誰か知っている人がいないか訊ねてみてはというので、とりあえずそこへ車を向けました。

〇

清涼里附近へは勿論戦後はじめてですが、ここもすっかり変りました。洪陵の松林は殆んどなくなり、街が拡がって、昔の閑寂なハイキングに出かけた頃の面影など、全くどこにも見られません。ただ林業試験場の中だけは、さすがに昔の樹木も大きくなり、実に気持ちのいい初夏の風景でした。

その時は、場長さんは出張中で留守でありましたが、造林課長や庶務の人たちがいろいろ訊き合せてくれ、古い所員の金二万という人を連れて来てくれました。この人は浅川さんと一緒の頃から此処に居る人で、後に場長さんの話によると、停年になってやめる筈のところ、なにぶんにも植樹の名人であるところから、特に嘱託として今も勤めてもらっているとのこと、浅川さんのことは勿論よく知っており、いろいろと、そこにいた若い所員や造林課長に、当時のことを説明しておりました。その結果、それでは一緒に行ってあげなさいということになり、あいにく車が修繕に出ていて送ってあげられないのが相すまないと、全く恐縮する始末です。

この人から浅川さんの埋葬やお墓についていろいろ聞きました。墓地ははじめ、そこの裏手の里門里にあったのが、十年後に現在の忘憂里に移されたもので、里門里のお墓の前には、足繁くお詣りする奥さんとお嬢さんの両手と両膝、合せて十六の跡が芝草に残っており、それを見て、更に村人たちが涙したものであったと話してくれました。里門里の墓地のあとは今すっかり街になり、広いバス通路がいま舗装中です。

○

忘憂里の墓地は、清凉里からは五、六キロ離れた、春川街道の右手の、高い山の全体に拡がっております。この街道から浅川さんのお墓までは相当に急な登りで、更に二キロはあるでしょう。遠廻りすれば車で登る立派な道も出来ておりますが、途中に、この墓地全体を管理する事務所や石屋さんの工場があり、今度のお墓参りは、最後にその石屋さんの主人が、浅川さんやそのお墓をよく知っていたという結末になるのですが、それまでに私たちは、だいぶお墓を探すのに骨折りました。

金二万さんと一緒に出かけたこの日、結局お墓は確定出来ませんでした。金さんはここの埋葬には立合わなかったそうですが、墓参りには来たといいます。それが記憶がおぼろで、いろいろ調べているところへ、附近にいた人夫や草苅りが大勢集って来て、見たとか見ないとか、がやがや大変です。

十八歳の時、自分はその埋葬を見たという草苅りの証言が、そのうちではもっともらしいので、ともかく、その埋葬の時の様子を至急奥さんに問い合せることになり、その日は山を下りました。

私が済州島から帰り、奥さんから返事が届いたのですが、それがどうも、かんじんの此方で知りたいことが書いてないのです。ただ壺の形をした墓標は、どうも持って来たらしいということは推定され、写真が同封されておりました。ところが、その墓標については、金二万さんよりも、もっと浅川さん一家と親しかった方鐘〔鍾か〕源さんが否定するのです。

奥さんの返事が届いて林業試験場に出かけますと、場長さんも帰っていて非常に心配してくれ、何がなんでも探し出せということになり、前記の方鐘源さんの他に、当時埋葬について行った村の人夫、八十歳になる老人を連れてくるなど、次ぎの朝は七、八人の一行が場長の車に乗り込みました。

どうも、はじめの里門里の埋葬の時の様子は非常に詳しく、皆の話も一致するのですが、その十年後に、この山の上に移す時のことがあいまいになるのです。ただ一人、方鐘源さんの話は、その時の様子、夕方になったので事務所で一泊したこと、翌朝埋葬したこと、壺形の墓標は持って来なかったというのです。それではお墓のしるしはどうしたかというと、自然石を置いたというのです。どうも自分が怠慢で、時どきお参りすればよかったのが、こんなことになってまことに申訳ないと詫びる始末。一時は皆で途方にくれました。

○

出発の時に私は、奥さんから確かに漢江の見える丘と聞きました。はじめの時はそれをたよりに事務所を過ぎて道を左にとり、漢江の見える所まで登りつめ、そこから金二万さんにどちらへ行ったか確かめて、前記のように草苅りの証言などをたよりに一応の見当をつけたわけですが、方鐘源さんは首を傾けて考えております。

この人は事務所を出ると、道は右に曲ったというのですが、その道を行くと漢江の見える山の上には出ないのです。話がゆきつまってしまうと、もうどうしていいかわかりません。そこで仕方がないので話をふり出しに戻し、事務所で古い台帳でも調べ、誰か当時のことを知っている人はいないか訊ねてみようということになり、また車を事務所の前まで返したのです。

結局それが幸運のはじまりで、台帳にはちゃんと出ておりました。番号一七〇ノ一、四等、一〇〇坪、四一八（使用料）方位南、許可一七、七、七、渼芹町六、浅川伯教とありました。

それでこれだということになり、誰かこの現場をわかる人はいないかということから、あれこれ考えてくれた結果、ここに三十年も勤めて、今は碧蹄館の方に行っている人があることがわかり、それでは、その人に至急連絡する方法はないかということになると、二百円くれたら自分が行って直ぐ連れてくるという人が現われる有様。そこへまた、この事務所の隣りの石工場の主人が、昔ここの管理所長であったことから、その人が知っているかも知れないと言い出すものがあり、その主人はと探しにゆくと、お腹が痛み出して今医者へ出かけていった。或いはまだその下あたりに居るかも知れないというので、皆で崖の上に出てみると、街道の方へ降ってゆくその人の姿が見えました。上から大きな声で呼び返すと漸く気づいた様子。結局、車をもって下まで迎えに行くことになり、暫くしてその車が事務所まで帰って来た時は、恰も凱旋将軍を迎えるようでありました。とりあえずコップに酒をついですすめると、浅川さんもよく知っている、奥さんもそのお嬢さんも、その墓も知っている。石碑もあると胸をたたかんばかり。昔の名は豊川さん、任奭宰という、前記のようにここの石屋さんです。

それからこの人の案内で尋ね当てた浅川さんのお墓は、それまで探していた所よりは遥かに上の方で、芝草がはげ、低くなった土饅頭の周りには、大きな榛《はん》の木や松の木が三本、壺形の石碑も、うしろに倒れて半ば土に埋まり、台帳に百坪あるという敷地も、周囲から狭められておりますが、まさしくそれに間違いありません。探すのに苦心しただけに皆の喜びはひとしお――松の木は伐り、榛の木は根まで起して石碑を正しく直し、芝草を植え替えて辺りを整理することに決め、工費は前記の任さんがかけあってくれ、組合の人夫にやらせることにしました。そしてその竣工を兼ね、形ばかりのお祀りをすることにし、参列の方々の都合も考え、それは六月二十日の午後二時からと決定して、その日はすっかり安心、皆で引きあげたわけです。

○

六月二十日は朝のうち前夜来の雨が残っておりましたが、午後から風が出て爽やかな天気になりました。林業試験場からは浅川さんの旧知の狩り出し、車の手配など、李場長がその朝になって中央庁からの呼び出しで造林課長と共に出られなくなりましたが、花束や人夫への振舞い酒など用意され、庶務主任や職員の方々が待っていてくれました。民芸品研究所からは社長の李完錫さんと金教授、趙常務、方さんが、そして墓前と山神祭のためのお供物や酒、水、果物、餅、菓子、干魚、花、線香などの他に、膳や器、花立、香炉など、すべて浅川さんに因んで民芸品を揃えて運んでくれました。

その他、朝日新聞の西村さん、共同通信からは折りよく昨年馴染みの荒井さんが先頃からソウルに来ており、支局長の亀山さんと文さん、ソウル日本婦人会長の平田さん、それに浅川さん縁故の金二万さんと方鐘源さん父子、また柳根周さんは友人の陸軍大佐の権さんを車と共に連れて来られ、その他参列者大ぜい、とても賑やかなお祀りになりました。

○

まず始めに木の根元で山神を祀り、それから墓前に供物や花を供えました。祀りの形式といってもどうしたらいいか、相談の結果、私が前夜書いておいた簡単な、故浅川さんへの呼びかけの誅詞(るいし)を読みあげ、それから参列者全部が一人ひとり線香をあげて、あと一同に祭酒と餅菓を配り、人夫たちに酒を振舞って終ったわけです。

故人の縁者はもとより、林業試験場と民芸品研究所の方々など、話を聞いた韓国の方々には、皆な非常に喜んで頂き、民芸の人たちは、これからは民芸の結びとして必らずお参りするといっております。また林業試験場では、いまある石碑の他に、別に浅川さんの名を入れた標識を作り、試験場の管理であることを明らかにするといっており、さきに李場長が出張から帰った時に、最初に私にいわれた言葉——自分は若い頃で浅川さんのことは何も知らなかったが、ここへ来て、この場内のものや附近の村人が、今も浅川さんを非常に徳としているのを知って深く感動しました、そのお墓がわからないなんて、どうしてでも探し出し、此方で気をつけるようにしなければいかんと言っているところです、というのでした。

私が簡単に奥さんとお約束したこのお墓参りが、偶然のなりゆきから、このような大きな反響を呼んで、多くの方々の協力を得ることになり、関係者の胸のうちに、今更らのように故人のお名前を甦らせたのは、唯ただ、故人の徳の深さによるものとしみじみわかりました。おそらく浅川さんにとっては、その隣人を愛することが民芸品を愛する心につながり、すべてのものに対する愛情こそ、我々の仕事の根本であることが、そこに言葉ではいい表わせない感動をもって示されております。

○

これからソウルへ出かけられる皆さん――もし機会があったら、一度郊外の散策をかねて、ソウルの東方、春川街道に面した忘憂里の山の上を訪ねて頂きたいものです。そこはバスで行ってもごく簡単で、山の下でバスを降り、山上までは二キロ、南方は遥かに漢江の流れを望み、北は仏岩山や水落山を眺める、展望の雄大な明るい清浄な環境です。山上の自動車道を曲りくねってゆくと少し内側へ湾曲した道路の右側に立派な石垣がつづくあたり、その端れのところから、少し奥の方の浅川さんのお墓の石碑が道路からも見られます。

柳兼子　朝鮮のこと

『柳宗悦全集』第六巻「月報」一九八一年

――今日は、朝鮮のことをおうかがいいたします。

柳　はい。朝鮮のことはだいぶ忘れましたのね。いろんな人に会いましたけど、あの人は、と思っても、みんな金さん朴さんで、名前が出ないんです。朝鮮人はよくまいりました、我孫子まで。我孫子時代でござんすけどね。東京でも、宗悦、だいぶ朝鮮人の世話しました。

――朝鮮の若い人が書生みたいにして。

柳　一人は南宮《なんぐう》さん（註、南宮璧）て人が、半年以上いたでしょうね。もっといたかも知れません。宗悦の展覧会の秘書やなんかして。いろいろ朝鮮の美術を変えようっていうんで、興味を持って来たらしいんですけども。どうしても政治に走っちゃうのね。ずいぶん目をかけた人でも、やっぱり。初めは焼ものやなんかいうと、なるほどと思うらしいんだけれども、やっているうちに政治になっちゃう。それじゃ美術の仕事できませんものね。南宮さんは頭がいい人でしたけども。『早稲田文学』か何か〔『太陽』〕に書いてたでしょ。けれども、やっぱり出て行ってしまいました。血気さかんな年ごろですから。無理はないんです。ずいぶんあの時分は朝鮮人との交流があったの。あとで私、朝鮮に行って、あの方々は健在ですかと聞くと、「あ、あの有名なあの人、ご存じですか」といったような学者もおりました。

――あの当時としては、先生は大胆なことをお書きになった……。

柳　本当に大胆なことを書きました。皆さんがお書きにならないようなことを書いちゃったりして。私だって、お嫁に来る前にあんな大胆なこと書いたの見たらば、ちょっと考えましたよ。（笑）

東京へ行って我孫子に帰ってくるでしょ。そいで門を入りますと、角袖が来てるんです。どこの書生さんが来てるんだと思うと、垣根の裏へかくれたりなんかするんです。「気味が悪いわねえ、こそ泥かしら」って、そう言ってたんですよ。そしたらそれが特高課から派遣されて来てたんです。四人、五人ぐらいずつ来てました。それで、「これ、どうなんでしょう。一生こういうのが来られちゃ困りますね」って話してたんですけどね。それに、うちにあずかっていた人がいたでしょ。だからよけい気をつけたんだろうと思います。「うちでは、思想に関係あるようなのは一人も置きませんし、来れば意見して帰すくらいにしておりますから」って、私、そう言いました。先でも、なんだか気の毒になってしまったみたいで、(笑)、「特高課のもんですが、別に私たちは何とも思ってないんですけれど、課のほうからお目付けにうかがうように言われてるもんですから、ひとつ、どうぞお気になさらないように。そこいらでもって一日過ごして行きますから」って言ってました。

ほんとに始終って言っていい位来てました。

——東京へお移りになってからはいかがでしたか。

柳　東京へ移ってからも、ちょいちょい来ましたけれども、我孫子のときが一番ひどかったですね。だんだんわかったらしいんです。柳の亡くなった父親を知った方が朝鮮総督だったりしたもんですから(註、斎藤実朝鮮総督)。

——先生のお書きになったものが、東亜日報に翻訳されて載ったりしましたが、朝鮮の人はそういうのを読んで感激したでしょうね。

柳　ええ。それで訪ねていらっしゃる方が多かったんだと思うんですけど。でもねえ、長くいたくっても落ちつけないで。落ちつきませんね。やっぱり思想が……、若い人の胸の中にこう、わくわくしてたんだと思います。

今、金大中の問題がやかましいでしょう。ああ宗悦がいたらどうしたろうと思って……。飛出してるんじゃないか……。

——柳先生は、最初は一人で行かれたんですか、大正五年〔一九一六年〕のときは。

柳　一人で行きました。あちらに妹夫婦（註、宗悦の妹、今村千枝子。夫は朝鮮総督府内務局長今村武志氏）がいましたから。そして浅川さんの兄弟（註、伯教、巧氏）がいましたから。

——浅川さんと知り合われたのはどういうご縁からですか。

柳　あれは、さあ、どっちが先だったか……、お兄さんとが先だったでしょう。

——伯教さんが我孫子へ訪ねて来られたんでしたね。

柳　ええ、そのときには、お兄さんは新海さん（註、彫刻家新海竹太郎氏）のお弟子だったんです。京城で先生してらして、休暇をとって新海さんのとこに食客してらした。内弟子みたいにね。そこへ私、二度ばかりお使いに行きました。何のお使いだか忘れましたけど、谷中あたりでした。ずいぶんあのご兄弟は仲がよくって、お兄さんはずいぶん巧さんを信用してらしたらしいですよ。

それで、向うへ行って巧さんに会って。巧さんは朝鮮通でね。総督府の林業局か、そういうところで仕事をしてらした。それで、あっち出張したり、こっち出張したりしてたんです。朝鮮語が達者なもんですから、いろいろ便宜はかっていただきました。お兄さんよか巧さんのほうが、朝鮮語をよく勉強なすってたと思います。朝鮮人と間違えられるくらい。見たとこが朝鮮人みたいなんです。始終白い服着て歩いてらしたから。電車などへ宗悦が一緒に乗ると、宗悦も朝鮮人に間違えられて。巧さんは、自分はちっとも朝鮮語を知らない、こっちのほうがよく知ってる、なんて言ってましたよ。あの方はほんとに朝鮮人でした。

――亡くなったときは、ずいぶん朝鮮の人たちが悲しんだそうですね。

柳　ええ、使ってた人たち、よくかわいがってられましたから。巧さんて方、ほんとにいい人です。気のおけないね。私など若かったけれども、気をおかずにいろんなこと話ができる方でした。

――柳先生も、ずいぶん仲よくしておられたようですね。

柳　ええ、ええ。宗悦のところにたった一枚、巧さんの写真が残っていて、始終机の上に飾ってありました。で、あちらでも宗悦の気持よくわかって。音楽会のときやなんかでも、ほとんど私と巧さんとの交渉でした、手紙やなんかで。

その手紙は残ってましたの、ずーっと。そしたら浅川さんの親子（註、巧夫人咲子、長女園絵さん。ともにすでに死去）が、〔一九四五年に〕向うからそれこそ、命からがら逃げてきたもんですから、みんな向うへ置いたり焼いたりしてきちゃったたって言ってらしたから、それじゃ私んとこにお父さんの手紙が残ってるから、あげましょうって、みんな園ちゃんにあげたんですよ。たった一枚の巧さんの写真と、手紙の残ったのを全部あげました。

――奥様が、最初に先生とご一緒に向うにいらしたのは、大正九年の五月でございましたね。

柳　そうです。そのときは多分、リーチさんも一緒に行ったんです。私、船に弱くて、玄海灘で船に乗るや酔ってしまって。向うへつくまでね。柳とリーチさんと、私の枕元でサンドイッチ食べてるの。（笑）もう、憎らしくて。こっちは苦しい、苦しい言ってるのにね（笑）。

――そして、五月四日に京城で独唱会をなさいました。この最初の独唱会は、千三百名集まったとあちらの記事に出ております。

柳　そうですか。ずいぶん来た。いま、そのくらい来てくれるといいですけど。

――音楽会の趣意書が見つかりましてね。朝鮮へお出でになる前に日本でおやりになったときのものです。

柳　これは宗悦のところから出ましたか。

――はい。切抜帳の中から。

柳　あら、私の名前が出てるわよ。初めて見た。

――お二人の名前で書いてらっしゃいますね。

柳　私のとこには一つもないんです。みんな民芸館の方で宗悦が片づけてましたからね。

――そのあとも三遍ほどいらっしゃってるんですね。大正十年、十三年、昭和三年と。一度大正十二年にお出でになるはずだったのが、ご病気で中止になりました。

柳　私が病気になったんですか？

――大正十二年の十一月の末に、「大震災被災朝鮮人救済のための音楽会」というのをなさるはずだったんですけど、ご病気のために延期された、ということです。
柳　何しろ、私は割合に疲れるとまいってしまうほうでね。時々、音楽会なんかでも、途中でもってへたばっちゃって、よく断ったりしたことがござんしたから。朝鮮へ入ってから、あっち行ったりこっち行ったりするんですから。平壌へんまで行きました。
——そういう音楽会や、先生の講演会の収入が、ほとんど朝鮮民族美術館の資金になったわけですが、あの館が出来たときは向うの人たちも喜んだでしょうね。
柳　今まで、朝鮮じゃかえりみていなかったことですから。ですから朝鮮では、喜ぶ人は喜んだと思いますね。
——これが朝鮮民族美術館の開館の案内状です。
柳　ああ、ほんと。
——大正十三年四月、「光化門でこれをお示し下さればご案内します」と書いてあります。
柳　そうお？（笑）
——民族美術館は、光化門から入った、緝敬堂という景福宮の中のお堂でしたね。
柳　ええ。お堂ではなくて、女官たちの部屋だったそうです。
——小さい美術館ですけれども、お造りになるには、ずいぶん費用がおいりになったでしょうね。
柳　ただ、あの時分は日本の総督府のものでしたから。建物は総督府から寄付してもらったのですから、そんなにかかってないんじゃないかと思います。いくつもお部屋が並んでまして、それで一つずつ、中へいろいろ陳列して行きましたから、そんなに改造もしてないし。

――写真で見ますと、ずいぶんたくさん並べてありますね。

柳　あの時分はねえ、集めようと思ったらいくらでも集まりましたから。道具屋がございましたね、もう。こんなものをと言っておくと道具屋がどこかから買い足してきてくれました。百姓家やなんかへ行っても、どこのうちへ行ったって、いいものがあるんですからねえ。あすこにあったものので、あれどうしたかと考えるものがございますね。

――幸いに蔵品は、いま、ソウルの国立中央博物館で、ほとんど全部無事だという話です。

柳　そう、私もそのように聞いております。でも、招待されて私がまいりましたときには、私たちが前に関心を持ってたようなものは、向うは関心ございませんでした。

――いまはずいぶん違いますね。

柳　また違うだろうと思います。

――戦後ソウルへいらしてご覧になると、以前とはすっかり変っておりましたでしょうね。

柳　緝敬堂のあったところの宮殿の庭は、こう、ゆるやかな丘がいくつも重なって、その線がとてもきれいでした。松なんかが生えていてね……。

――今はなんか公園みたいに一面平べったくなって。

柳　今はそうです。公園みたいに平べったいよりも、南大門から、ずっとこっちまで同じ通りみたいでしょ。私、行ったときに、あら、南大門が二つできたのかしら(笑)と思いました。

――光化門も、朝鮮戦争のときに焼けて、今のは鉄筋コンクリートで復元してありますけども。

柳　前のはしゃれてましたからね。あか抜けたかっこうしておりました。宗悦が初めに出した本なんぞに、あの絵が出てたと思いましたよ。それを見せたいと言って招ばれたんです。出来たには出来たんですけど、まだ覆いがとれてなかった。とれてたにしろ、周りがまるで変わってますから。

あの時分は、昔の絵にある朝鮮みたいなの。少し郊外なんぞへ行くと、こう、柳の新しい芽が出て、青い若緑の草がずうっと生えた岸辺に、お洗濯している人がいたり、それをずっと広げて野原へ干してたり、そういう情景がよく見られました。全く向うの絵みたいだと思いました。

――はあ。リーチさんの絵にも、洗濯してる女の人のがございますね。

柳　ええ。砧の音が聞こえるしね。なかなかよござんしたよ。

――沖縄なんかもやっぱり最初においでになったときは、そういう感じでございましたか。

柳　沖縄は、もっと緑が深うござんしたから。朝鮮のほうは、緑が少なかったです。山やなんか、春の草が生えているくらいなもんで、緑深い山なんていうのはなかっただろうと思うんです。木があればみんな伐ってオンドルにして。

――朝鮮の料理は、いろいろお作りになりますか。

柳　いいえ。むずかしくって作りません。それに辛いんですもの、とっても。

――この間、宗理さんがおっしゃってたんですけど、崔承喜は、大変漬けものをつけるのが上手で、奥様が教わられたとか……。

柳　ああ、宗理は混同してるんですよ。あれは、うちへ始終訪ねて来てた呉さんという人でした、朝鮮人の。多分そうだったと思いました。いろんな人が来たから忘れましたけど。朝鮮漬を教えてあげるって、すっかり教えてくれたんです。宗悦が好きだったんで、ときどき、わたし作りました。

久し振りで、いろんな果物やなんかがありましたから、ちょうどいいからっていうんで、漬けて、今日、宗理が民芸館へ、大きな壺に入れてかついで行った筈です。(聞き手／水比呂志)

富本憲吉「京城雑信」『窯辺雑記』一九二五年

十月二日、電車内。

いよいよ写生を始めた。今日は此れから京城の中央を横ぎる小さい川に沿うて歩かうと思ふ。

そこは幅二間長さ六七間の重い強い石の橋が処々にあり、その両側は屋根のはね上つた美しい小さい朝鮮家屋が軒を列べて居る処で実によい。橋のてすりは太い八角の石の柱を横たへた感じでそれが太く日本にも支那にもない形をした柱に深く穴で入れられる。

橋板の厚い石、橋杭の太く繁く置かれた有様、何と云ふ美しさだらう。形には一定の好みがあり、様式は同じだが細部は皆各非常に意匠をこらした物だ。橋について長々と書くのは此の美しい橋を何ういふ考へでか全部取除けて代りに鉄筋コンクリートのあの不様な橋にかけかへて居るからである。代つた橋の数の方がもう今では多く、二三年のうちには全部嫌ひなコンクリートになるだらう。考へても見るがよい、若し法隆寺西大門の前にあるあの扇形の美しい石の代りに、役に立つ事は同じだ位で若しコンクリートに換へられたら何と思ふ。それが一つや二つでない。

持つて来た宇陀紙はもう全部なくなり、今日から朝鮮紙を使ふことにした。鉛筆が此の紙には使へないので矢立を借りこれを濃墨に使ひ旅行用化粧具の香水入れに水を入れて淡墨とした。車窓より見える松林の樹の部分が馬鹿に長く、葉の繁つた処が上部にだけある李朝染附にある松林模様はたしかにごつごつした岩と共に当時の陶工が実際に見たものを描いた証となると思ふ。

十月三日、清涼里にて。

寒さが急にやつて来た。風も空気の具合も夜なむか丁度大和の初冬の感がある。本陣をいよいよ清涼里にきめた。

静かな村であり浅川君の家が朝鮮式のものであり、電車から家までの道が実によいからだ。三方を小さい丘に囲まれた谷に小さい朝鮮屋が円くうつむいた様に、膝をつき合した感じで建てられた村で、周囲の丘が全部松林になつて居る。夕暮、温突をたく煙が立ちこめ月が光り出し、自分がいつも絵にするあの蓼の花がゆれる。西洋館のおしつけるやうに建ち列むだ京城と好きな程度が幾倍か知れない。

今度来て最も驚き最も尊敬した事を聞かれるなら自分は建築と云ふ。陶器は勿論であるが以前から随分見て居たし破片での勉強も随分やつて居た為に、種類の大半は未だ来ない前から知つて居た。然し建築は素敵だ、何と言つても造形美術のうちで建築程力強く意味あるものはなからう。然しよくゆく場合が実に少く近世のものは大抵は先づ悪い。そして良い建物は何うしてかう自然にあるものらしく見えるか、人工といふ事は勿論解り切つた事であるのに此処にそのバックをとりこめて充分一つの空気を造り出して居る様に見える、京城のそれでは王宮の後の北漢山、三角山、臥虎山等が実によい調和を持つて、建物白身がそこに当然建物が建つ以前から在つた様な感がある。人々によつて言はれ尽した事だが屋根の曲線が実に綺麗だ。胴にあたる部分の四角さの強さ、入口、窓の取り方、細部では金物のうち方、柱の面取り、礎石の石の扱ひ方、梁のかすかな曲線もいつも強くよいと思ふ。

自分の下手な筆では何うしても出せないが一例をあげて此の美しい建物が西洋建築に代つて行く実例を書く。一つの丘の斜面に建てられた某女学校とその敷地の全部に前から建てられてあつた朝鮮住宅との比較である。女学校は四角い三層の屋根の軒の出のないペンキ塗の細長い只四角い建物で、処々に溶ける様な饂飩の感ある曲線を使つた飾破風を取つたものである。住宅は太い柱が凡そ三尺か六尺あひには必ず使はれた重い屋根の美しい低い建物で法隆寺食堂の前にある細殿に外観が似た様なもので、窓の格子などは、随分天平風なものだ。善と悪と、新と旧と、美と醜とが此処に軒を列ぺて見える。それを初めて見せられた時、自分は見てはならないものを見たと思つた。広い敷地の一方から角ばつた醜い建物が新しいペンキの香を放つて自分が建つために古い美しい建物をこはして行く。正門の位置から見て一年と経たないうちには全部が変つて仕舞ふことゝ思へる。半分引きちぎる様に取られた儘残つてゐる建物を若し感じのある者が見たら、怒らずには居れないだらう。

門々の城壁は石切場として西洋建築の材料に使用されたとか、或は美しい林の丘に赤屋根のコンクリート壁のバンガロウが数多く建つてゐるとか、交通のために南大門を近日壊すとか、書いても尽きないから止す。西大門附近で写生図が二枚出来た。少しは見られる。皿に使へることゝ思ふ。

十月四日、雨。

清涼里即景

秋の雨さみしく降れば
窓あげて見る　蓖麻の花
雀追ふ子等の声
小さき谷、小さき山
静かにも暮れて行く
清涼里。

蓖麻といふのは八ツ手に似た大きい葉の濁活に似た小さい撒形花で、実にさみしい。実から蓖麻子油を、葉を食用にすると聞いた。雀を追ふ歌の節が大和の百姓歌に一寸似て居る。何処がが似て居るそれが云へない程の程度で似て居る。

十月五日、李王家博物館庭園内。

あまり早く来すぎたゝめ博物館が開いて居なかつた。で崇二洞と云ふ方まで歩いて見て偶然朝鮮の寺子屋を見た。水は余りないが花崗岩の崩れて出来た様な砂が一面にある川、柳が風になびき女は踞つて洗濯に余念ないらしく見える。これ等の光景の街道に太い先生の声を最初に次に幼童の声、音読の教授らしい。凡そ四畳位の板の間に道に面する一方に厚い一尺幅位の板を五、六枚戸の様に積み上げてある。寒暖によつてその板を取り外しの出来る様になつて居るらしい。不衛生な硝子張よりは新鮮な空気や光を充分に入れ得る此の小さい学校に感心した。詰込主義の、或は入学試験用の学課や卒業後金を得るための学問を主とした日本の学校よりは先生の影が生徒に直接焼きつけられる様なかういふ風な学校を尊敬する。李王家の博物館の陶器の列むだ室は実にエライ。煉瓦と石の混合で出来た日本の天主閣や何かを混合した実に耐へられない建物である。リーチが此処へ来た時、此の建物の中に仮令ひ高麗の美しい陶器が列むで居様と、外観を見る丈で腹が立つて内を見る気にならないと怒つたさうである。自分も外観に眼を閉ぢて毎日走つて二階の陶器の室にかけあがる。一室になつてゐて小さい方の室に天目、鉄釉、白高麗の類。大きい方に青磁、象眼、三島、刷毛目、絵高麗、凡そ高麗朝のもので、大小の室と室との間にある所に窯跡から発見したもの数点を置いてある。毎日午前だけ此の室に入つて見取図を作ることにして居るが、此処も採光の調子が悪く硝子戸が光つたり見ようとする物が高くて見えない。かつて太田君が此の室に来て、刷毛目魚紋瓶こそ富本に見せたいと言うて居たさうだが、来て見て驚いた。実に良い、室に入ると子供が玩具店に行つた時の様に二、三分先づウロウロと何れから見ようかと必ずする。一品を見つめる。立つたまゝ紙を出し矢立で写し始める。裏が見えない、光〔高〕台を見たい、口の反りを見たい、釉面を今少し近く見たい。凡てだめだ。白磁に彫線ある把手の唐趣味な鋭い高尚な蓋物、天目にステンシルを使用して菊模様を三つおいた茶碗、窯跡から出た陶片で室内の小壁下の刳り形で高肉獅子の模様をつけた青磁や、青磁で象眼を一杯やつてゐる陶卓、唐草を強くかいてある俵壺、薄肉におし出した白磁香盒、書けば実に際限がない。如何にして型を使つたか、火度は此の釉薬の光からおして余程低いものである事。低ければ鉄が此の位の呈色で無ければならぬ事、轆轤は如何、陶工は如何、これら浮び来る感想は余りに多い。兎に角室は小さいが自分が今迄見た陶器のうちで此位名品を列べた処は今までになかつた。

此の室に一時間位居ると大につかれる。何の方向を見ても心は諸名品でなぐられる気持で一杯だから、今そこを出て庭園内にある丸木の長椅子に疲れた身体をよせかけ、頭の上まである葉桜の蔭に涼をとりながらこれをかく。

京城は直接光線では単衣で歩くと汗が出、蔭にはいると袷で丁度よい。夜は急に寒く十一時が過ぎると外套が要る。空気に湿気がないためと大陸に直接つゞくためかと思ふ。

十月六日、電車内にて。

昨夜帰宅の途で電車を待つ間に東大門が満月に照らされて居るのを長く見つめて、此の建築を一層好きになつた。スバルが頂上に近くあつた。大和とは大分北によつた此処では此の星の位置もかなり異つてゐる筈など思ふ。昨日黄金町と云ふ日本人町の近くで思ひがけなく盲目の一鮮人が細い短い尺八に似た笛を吹いて居るのに遇つた。浅川君が五銭やるとさみしい頼りなさそうな顔を少しゆるめたが、また直ぐひきしまつた様子にかへつて吹き出した。此処は大通りで電車が車道を音たてて通り、歩道も人が随分通る。その雑踏の中で立ちながら笛をきく。大抵の場合かなしみは細くかすかなものが多い、それにこれは又なんたる朗かさぞ。低い音にさげて行つた音が急に登つて行く時に節の山があるやうに思へる。あきらめてあきらめ切つた落つきのあるかなしさである。柔かに内部の底まで何かゞ静かにやつて来て慰めながら強ひられずにあるかなしみの世界に引きいれられる感じである。若い石丸君も自分も涙がもう流れさうになつた。楽器の名は筒嘯と云ふさうだ。正倉院御物中にたしかに同形のものあるを記憶する。

明日小場君の居る総督府博物館に行く筈。そこには陶器の活字があるときいた。

十月七日、夜、清涼里。

自分ひとり遠い砧の乱れる音をきゝながら此の手紙をしたゝめてゐる。今日博物館で陶器活字を見た。摺れた味も木や金属と大分異つて面白味を与へる。型を使つたらしい。李朝初期にこむな立派なものを使用された事に驚く。この博物館は近頃出来たもので陶器はあまり多く見るものがない。然し墓から掘出したものには随分綺麗なものが多い。慶州から出た金製の王冠や剣の握りに法隆寺玉虫厨子と同じ透金物がある。一方が銅の鍍金で此処のが純金だけの差である。何むだか模様や材料の上から見ると当時大和が此処の殖民地の様な気がしてならない。

偉い学者は何むと云ふか知らないが。

先便にも言うた様に、人為的に建築、橋等がどん〳〵破壊されて行く所の光景は丁度大和へフェノロサが来た当時とよく似て居ないかと思ふ。美しい古い伝統のある工芸品は片はしからドンドン消えて無くなつて行く。恰も古い建物をひきちぎるやうにして西洋建築を建てゝ行くやうに。自分等より見れば判断に苦しむ事を平気でやつて居る。正倉院の下に乞食が火をたいたり、奈良のあの美しい五重の塔を六十余円で入札して焼きくづしそこから金物を取らうとした時代に似て居る。今よりそれを考へると仮令ひ何にしても解らない人々と雖もそむな事をする事が狂気の沙汰としか思へまい。明治初年よりは物質主義の勢が強くなつた今日、その勢力そのやり方は実にはげしい。たとへば美しい手製《ハンドメード》の朝鮮靴が厭なゴム靴に代つて行く、経済的の暴力を持つた近世のものには古風なものは余りに無力である、宋の感じのする模様をつけた櫛、薄緑の木綿に木版で模様された風呂敷布、古風な図案の銀細工、琥珀、その他の石細工、簞笥その他の木工品、これに附属する金物、李朝末まであつて二、三年来全然なくなつた染附陶器、一々数へあげることは出来ない。手織の荒い麻布、厚い障子紙——草入の苔紙はもう見えない。住宅の柱や梁の美しい面——木箱や簞笥はミルクの空箱で製するようになつた。その他二、三のものがわづかに落日の姿で残留している。然しこれらの材料手法、感じ等が亡むで仕舞ふのも最早近いうちだらうと思ふ。少数の人が騒いでも何うしても大きい力でやつてくる波、それには世界的に吹きまくる風さへ加はつて、もう残すことも建てなほす事も出来ないやうに見える。此の現象をかなしむ。

遠い砧の音は未だ止まない。熱心な主婦達は単調な此のあかない分音楽を自分で自分を楽ませながらやつて居る。蠟燭の火の動くのもさみしい。

柳宗理・高崎宗司　浅川巧と柳宗悦　『明日の友』一九八八年夏号

忘憂里《マンウーリ》の追慕の碑は語る

記者——私は先頃、詩人の茨木のり子さんの書かれた『ハングルへの旅』(朝日新聞社)という本を読んで感動したのですが、それには茨木さんが、今日お越しくださった高崎宗司さんがお書きになった『朝鮮の土となった日本人——浅川巧の生涯』(草風館)を読み、また浅川巧の著書『朝鮮陶磁名考』に触れたことがきっかけとなって、韓国の忘憂里にある墓に詣でた時のことが書いてあります。
その墓前に立てられた追慕の碑には、こう書いてあるというのです。
韓国が好きで　韓国人を愛し
韓国の山と民芸に

身を捧げた日本人
ここに　韓国の
土となる

またその傍らの功徳《くどく》之碑は、かつて巧と一緒に林業試験場で働いていた仲間の韓国人たちによって、巧が昭和六年にこの世を去ってから三十五年後に建てられ、更に五十三年後には、追慕の碑が建てられたのです。日本が隣国を植民地化していたあの時代に、このような一人の日本人がいたということに、私は心うたれました。今日は、その浅川巧と同じく朝鮮を愛し、その文化への理解を深くもっておられた柳宗悦先生のご子息である柳宗理さんにもおいでいただき、お話し合いを願うことによって、隣国に対する私たち日本人の心の内を問い直してみたいと思います。

まずうかがいますが、隣国といっても今は二つに分かれていますね。これを総称して何と呼ぶべきか、誤解のないように確かめておきたいのですが。

高崎――日本人は昔からあの地域を朝鮮と呼んでいたのですから、それでいいと思いますよ。

記者――ではそのように朝鮮という呼び方で進めたいと思います。で、この浅川巧とは一体どういう方だったのか、彼についての本の著者である高崎さんからうかがいたいのですが。

高崎――まず浅川巧を知るには、彼の兄の伯教《のりたか》を語らねばなりません。伯教は彫刻家ですが、大正のはじめに朝鮮に渡って李朝の陶磁器に興味をもち、それをお土産にもって、当時、我孫子《あびこ》に住んでいた柳宗悦を訪れました。それがきっかけとなって宗悦はその後、しばしば朝鮮に出かけることになったのです。そして当時、京城（今のソウル）の林業試験所（後の林業試験場）に勤めていた伯教の弟、巧の家に泊まり、そこでまた巧から見せてもらった李朝の民芸品に魅せられ、宗悦はますます深入りしていったのです。ですから、宗悦を朝鮮民芸に導いた人といえますね。

記者――朝鮮の民芸の美しさというのは、どういうものなのでしょうか。

柳――日本のものとはまた違った、独自の美的な表現があるのです。感覚的にはたいへん純粋なものです。そこに私の父も価値を見出したのですね。

記者――とくに李朝のものが素晴らしいというのはなぜですか。

柳――私の父によれば、朝鮮では李朝になって、それまでの中国から影響を受けていた高麗《こうらい》と違って、独自の生活とか環境による花を咲かせたのです。

記者――その朝鮮に日本もまた影響を受けているのですね。

柳――ええ、日本の場合、飛鳥、天平時代の文化のほとんどは、朝鮮からの影響を受けていますが、鎌倉時代になってから、独自の芸術が育ってくるのです。そして徳川時代になって完成するのです。丁度、同じ時代の朝鮮に、李朝の芸術が花咲いたのと同様なのです。

浅川巧と柳宗悦の目

記者——日本が朝鮮を植民地化していたそんな時代に、おおよその当時の時流に乗らない、こういう二人のひとが生まれた背景とはどういうことですか。それはとても大事なことに思われますが。

高崎——そうですね。民族的なものを強調すると、しばしば国粋主義になりますね。言い換えれば排外主義ですが。それなのに柳宗悦が民族というものを大いに尊重していながら、なぜ国粋主義にならなかったのか、ということを考えることが、確かにおっしゃるように、今のぼくらにとって大切なことと思います。その点、柳さんはいかがお考えですか。

柳——父は『白樺』というグループの中で揉まれていた、ということがあります。白樺派というのは大体が平和主義者ですから。私の子どもの時のことでよく覚えていますが、とくに父はトルストイの『戦争と平和』の英語版など早くからよく読んでいましたね。その本にものすごくたくさんの赤いラインが引いてあったりしました。

高崎——柳宗悦は英語が達者で、欧米のものをたくさん読んでいた。だから、コンプレックスをもたないで、等身大で欧米を見られた。また逆に妙な優越感をもっていないから、朝鮮のいい所はいい所として素直に認められた。囚われのない目をもっていたというか、その判断が純粋だった。

記者——そういう方だったからこそ、浅川巧の人柄のよさを、よく理解されたのですね。浅川巧はクリスチャンでしょう。
高崎――ええ、クリスチャンです。そしてやはり熱心なトルストイの読者だったんですね。二人は明治も二十数年経って、維新以来の西欧に追いつけという風潮が、ある程度一段落して、そろそろ反省が出はじめた頃、という同じ時代背景の下に生まれています。

民芸的な魅力をもった人

高崎――李朝の陶磁器をほめる人は、二人の他にもたくさんいますね。昔もいたし、今もいる。しかしそれを作った人にまで思いを巡らせてほめる、という人は非常に少ないですね。ところがこの二人にはそれが出来た。
記者――なぜ二人にはそれが出来たのでしょう。
高崎――やはりヒューマニストだったということでしょうね。柳宗悦は論文集『朝鮮を想う』（筑摩書房）の中の「朝鮮美術史研究家に望む」という一章で、……私の求めたいのは朝鮮に対する理解である。不思議にも朝鮮史を愛する人が必ずしも朝鮮を愛する人ではなく、また朝鮮人を理解する人ではない。私は如何に屡々《しばしば》篤学な朝鮮史家が、朝鮮そのものには全く無関心であり冷淡であるかに驚きを感じる。……こう語っているのです。
柳さんはお父さまの身近におられていかがでした。浅川さんのことなど、いろいろ思い出されることがおありになると思いますが。

柳――私も小さい時から浅川さんのことを、巧さん、巧さんと呼んでいたのです。父には友人が多かったけれど、一番信用していたのは巧さんだったと思うのです。父の書斎に、額縁に入れた巧さんの写真がおいてあったのを覚えています。巧さんが父にとって唯一の心の友だったのは事実ですね。

高崎――そこにも柳宗悦の考え方があらわれているのですね。浅川巧は甲府の農林学校出身で、大学は出ていないし、朝鮮総督府の雇員であって、いわゆる「偉い人」ではない。でもそういう人の人間としての価値を認めることができるということが、やはり李朝の白磁の美しさを発見することにつながっている。私は、浅川巧は民芸的な魅力をもった人間だと思うし、宗悦は民芸を発見した目で、民芸的なよさをもった浅川巧という人間を発見したのじゃないか、と思うのです。

宗悦を支えた声楽家・兼子

高崎――柳宗悦を語るときに、夫人で声楽家でもある柳兼子の役割が、とかく無視されているのですが、兼子が宗悦を精神的・物質的に支えた、その存在には大きなものがあったと思うのです。京城に朝鮮民族美術館を造る場合も、兼子がたびたび音楽会を開いてお金を集めなかったら、やはり造れなかったのではないか、という気がするのですね。
記者――お二人のご家庭でのご様子はいかがでしたか。
柳――父は家庭ではかなり暴君でしたね。それに私の母もかなり気性の強い方で、ときどき火花を散らしていましたが、母は父の仕事に心酔していましたから、結局は父に従っていましたね。
高崎――そういった縁の下の力持ちという面だけじゃなくて、兼子自身の音楽家としての力が、また朝鮮人を励ました、ということもあったのです。当時、朝鮮で『廃墟』という『白樺』に似たような雑誌があったのですが、その中に同人の閔苔原《ミンテウォン》という人が「音楽会」という小説を書いているのです。これの主人公は柳兼子で、自分たちが三・一独立運動に失敗した後、方向を見失っているときに、この音楽会によって力づけられた、ということをテーマにした小説なのです。兼子が朝鮮の青年たちにも、直接にいい印象を残してくれていた、ということがあったのです。
記者――柳兼子という方は声楽家としてもまた人間的にも優れた方で、ご夫婦ともども芸術家として立派だったのですね。
高崎――ともすると、芸術家というのは政治については疎《うと》いのですが、このお二人はそうではなかったし、また非常に行動的でもあったのです。
あの関東大震災のときに犠牲になった朝鮮人のために、お金を集めようということで、朝鮮で音楽会を企画しました。兼子が急病になって朝鮮に渡れず、結局、宗悦だけが講演会をやったのですが。しかし一方、日本では音楽会も講演会も出来たので、そうして集めたお金を、震災で倒れてしまった神田の韓国ＹＭＣＡ会館の再建のために寄付したのですね。その寄付帖には、日本人としては柳夫妻の名前だけが残されています。

近代化のひずみのなかで

記者――柳さんがお父さまと一緒に過ごされていたのは、いつ頃まででですか。

柳――二十歳ぐらいまででした。まあ、その頃は私も若くて父への抵抗もあったようで、選んだ職業はデザイナーなのです。これもデザイナーとしては、一番新しいインダストリアルデザインをやっているのです。まあ、少し歳をとってから、今は父がやっていた日本民芸館の仕事も引き継いでやっておりますが、私の専門のインダストリアルデザイナーの仕事と、そうした民族的なものとのつながりをどういう風にして生かしていくか、ということが、私にとっては今の一番のテーマでもあるのです。ですからやはり父同様に、隣国の文化にも大いに興味をもっているのです。

見たところ、今の韓国に関していえば、近代化の波が押し寄せていて、かつて日本が歩んで来たようなひずみが出て来ているんではないか、と思いますね。精神的にも文化的にも、良きにつけ悪しきにつけ、日本が歩んで来た後を追っているのではないだろうか。そしてこれはただ韓国のみならず、また日本の直面した問題でもあると思いますね。ですから韓国の問題を考えて差し上げる時に、日本同様、伝統的な文化と近代化との軋轢《あつれき》の中にある、ということを、まず頭に入れて考えなければいけないと思うのです。

記者——たとえば具体的にはどういうことがありますか。

柳——一つの例では、セマウル運動、いわゆる新しい村づくり運動というのがありますね。これが朴《パク》政権時代に始まった時に、今まであった民家などを、どんどんこわしてしまったのですね。しかしこれはあまりにも行き過ぎだという反省が出て、今は保護し始めている。日本でも戦後すぐ高名な建築家が、日本の伝統的な建築は古くさくて駄目だから、これからの近代化のために役立たない、と主張して田舎を回って民家を取りこわす運動を始めた人がいたんですよ。もっともこれも今はおさまっているけれど、当時はそんなことが真剣に考えられたものです。ですからこれからは日本の文化をいかに保存し、現在はもちろん未来にもどう生かしていくか、ということが大切で、この問題はお隣りの韓国にとっても、日本同様の大きな問題だと、私は思うのです。

南北をつなぐ民族の文化

記者――柳さんもときどき韓国にお出かけになるのですか。

柳――ええ、父ほどではないのですけれど。そんなことから、ある時、韓国大使館に招かれていったことがあります。そして何か話を、と言われたもので、若い時の思い出話をしたんです。民芸館の近所に、むかし崔承喜《チエスンヒ》という美人の舞踊家がいて、ときどきわが家へ訪れて来ては、うちの家族と親しくしていました。まあ、私も十代でまだ若かったものですから、思いつきの創作の踊りですけれど、得意になって踊ったりしたんですよ。（笑）そんなことで私も両親もひと頃、私を崔承喜の弟子にして踊り手にしようか、などと真剣に考えたことがあった。と、そんな話を一席しゃべったのです。ところが、私の話が終わった途端、ある韓国の人が突然立ち上がって、今の話は怪しからん、と顔を真赤にして怒るのですね。私も呆気にとられたんですけれど……。それはなぜか、というと崔承喜は北へ走った人間だ、北へ走った奴は悪人だというのです。回りの人は、心配するな、と言って私の肩を叩いて慰めてくれたんですが、あれには驚きましたね。北を徹底的に憎むのですね。

高崎――しかし同時に民族の統一というのは、南と北の両方の人たちの悲願ですね。さっき柳さんもおっしゃった民族の文化を守り発展させて行くこと、そうした中で民族の統一性を回復することが望ましいのだと思います。

柳――そう、民族的な文化を興す気持は南も北も同じですから。

文化的遺産を手がかりに

記者——朝鮮の音楽についてはいかがお考えですか。

柳——すごくいいですよ。私は大好きでパンソリ（唱劇）などよく聴くし、日本民芸館でもときどきいろいろな研究会を催して、向うの優れた伝統音楽などを紹介するのですが、沈雨晟《シムウソン》という人形使いなど迫力満点ですね。

高崎——音楽もそうですが、私はこれからは朝鮮文学などを紹介して行くことも大事じゃないかと思いますね。マスコミ、とくにテレビなどが朝鮮を紹介していますが、安い品物の案内とか、おいしい食べ物の案内とか、もっとひどいある種の観光旅行案内とかに、偏っているのは残念です。柳宗悦が六十年前に書いた『朝鮮とその芸術』に匹敵するようないい本は少ないし、あっても本屋の片隅にしか積まれませんね。

記者——本屋の片隅にしかない。それが問題ですね。私たち個人の歴史は、日本の国の歴史と共に歩んで来ました。その観点からすると隣の国の人たちに対しては、あまりにも無自覚でひどい付き合いをしてきたのではなかったか。そうしたことをこの際しっかりと反省して、これからは一人一人がよき隣人としての付き合いをしていかなければいけませんね。

高崎——それにはまず、その国の優れたものに関心をもつこと、隣人たちの良いところを見つけて好きになることが大切ですね。

柳――そう、好きになる、それです。
記者――今年は柳宗悦先生の生誕百年記念の年ですが、日本民芸館でなにか催物をおやりになるのですか。
柳――ええ、もう既に始めています。館の一室には李朝の物を常設展示していますが、特に会期中は文字画、絵画など、父が生前好んでいた作品も沢山に展示しています。
記者――ぜひこの機会に、お隣りの国が生んだ文化的遺産をたくさんの方々が、直接自分の目で確かめてくだされぱいいのですが。
柳――そう思いますよ。それが隣国の方々と我々との間の、良い付き合いの手がかりになれば幸いです。

洪淳赫　『朝鮮の膳』を読んで

『東亜日報』一九三一年一〇月一九日付

われわれが持つ美術・工芸に対する研究が私たち自身より外国人の中で旺盛であることを認めざるを得ない。その中には私たちの美術・工芸を中国と日本の間をつなぐ一つの媒体としてみる皮相的な観察もあるが、一歩進んで理解と憧憬を内包した研究と鑑賞もまた、少なくない。

その独特な価値を求めている人も多い。

われわれの美術・工芸の中で、もっとも世人の人気を引いたものは、陶磁器である。したがって、これに対する資料蒐集と研究発表は少なくない。これらのものによって、私たちはわれわれのものを、より理解するようになった。しかし、近来、陶磁器以外の工芸品でだんだんその価値を明らかにされてきたものがある。それが木工品である。私はこれに関する資料集として『李朝時代木工作品集』(岡田三郎助・大隅為三共編、小場恒吉解説、巧芸社発兌)を、研究書として標題の『朝鮮の膳』を挙げることができる。前者は昨年四月の出版で古いものではないが、後者は一昨年三月の刊行で、著者浅川巧氏は今年の春、四月二日に四十二歳を一期とし、『朝鮮陶磁名考』を遺著として残し、残念ながら他界の人となった。

氏は朝鮮美術・工芸にもっとも多くの理解と憧憬をもった学徒として、柳宗悦・浅川伯教(氏の兄)・浜口良光等諸氏と心を合わせ、朝鮮民族美術館(景福宮内)を作り、李朝を中心とした各方面の美術・工芸品を蒐集・研究していた。

私が浜口氏と一緒に清涼里へ氏を訪ねたのは、はや四年前〔一九二七年〕のある夜のことだった。彼は私たちの訪問を喜び、私に頼んだのは、当時彼が執筆中であった朝鮮の膳に関することで、宮中で使われるいわゆる大円盤の裏板にハングルで書かれた文句の解釈であった。氏のわれわれの美術・工芸に対する深い愛と理解、知識と経験は、私をして恥ずかしくさせ、敬服せざるを得なくしたが、それ以上に驚いたのは、氏が朝鮮語と朝鮮文に明るかったことである。

その翌々年、一九二九年に『朝鮮の膳』は出版された。以来、いくらも経たないうちに、氏は故人となった。しかし、彼が忠実な学徒として最後まで研究と執筆を怠らなかったことや、たとえ外国人であるとはいえ、彼の残した業績、特に私たち学徒に与えた教えを考えるとき、彼の代表作であるこの本をまだ読んでいない、志を同じくする人に紹介することも、意味のないことではないと思う。

この題目の中の「膳」というものは、小盤、すなわち食床を指す。正しい工芸品は使用する日数に比例してその品位を高め、親切な使用者に出会って、ようやくその特質の美を発揮する、と著者は言う。〔著者は〕その点で、優秀な作品がわれわれの木工品の中に多くあることを聞き、その中でも、私たちが日常的に使用する「膳」を蒐集・研究して、この一書を作り上げる努力をした。

この書の内容は、序、朝鮮の膳（本文五十七頁）、挿絵解説（挿絵三十三枚）、跋（柳宗悦）の順で、二枚の説明図が本文中に載っている。序の中に、著者は、この書が系統的研究や論拠の整然とした考証ではなく、通俗的な叙述であることを説明して、ただ自分は見たり聞いたりした事実をできる限り忠実に記録しただけであるとした。そして、過去のものを知らず、また忘れたりする若者たちに、この書が必要であろうということを暗示した。

この書の本文である「朝鮮の膳」は八つの節で構成されている。第一節では工芸品の製作の価値を論じ、私たちが使用する膳は工芸品であり、代表的な素質——淳美端正の姿を持ち、日常生活に親しく使われ、年とともに雅味を増す――であるとした。

第二節では、膳の名称の範囲、歴史考古学的考証――俎として混用発達説を提唱し、中国の影響を受けていない独創的なものであることを主張した。次に、膳の生産の過程を論じ、使用者が選択購買の充分な自由を持ったことと、生産品の中には未完成のものもあり、その半製品を買って完全な家具とすることに深い興味を持ったことを指摘した。

第三節では、膳を産地別に分け、統営盤・羅州盤・海州盤の三つの様式と、そのほかに狗足盤（ゲーダリソバン）があることを明らかにした。さらにその構造について説明し、そのすべてのものの分布地帯までを考察した。

第四節では、膳の形態、大小と細微な部分の構造について、図を書いて詳しく記述した。

第五節では用材に対する細密な考察をした。著者が山林技手であったこともあり、周到な面をうかがうことができた。

第六節は、塗料に対する研究である。朱漆は宮中用であり、黒漆が一般用であることと、生漆と火漆の区別があって、前者の方が上質であると述べた。

第七節は、工作順序で比較的多くの紙面をこれに与えたことをみると、著者は何回も工作所を訪ねて観察を怠らなかったようである。氏は形態の上にあらわれる膳の特色を「すべての線の交わる部分が角張らずに円味を帯びるが、穏やかに接触している」ことであるとし、変化が多くても安定感のあるものを多くの実例を挙げて紹介し、膳に使える各種の寿福康寧を象徴する模様を三十種も列挙した。

第八節は膳の変遷に対する考察である。膳の起源――組の混用発達説は文字学の上でみると、高麗朝時代のものは宮儀園、闕里誌、高麗図経などの文献の記録によるものである。李朝のものは宮中で使う年代銘のある実物とその他の記録で、研究して現在民間に使用される羅州盤・統営盤は比較的古い伝統を持つものであると論断した。次に著者は、膳の型における今後の傾向を推測して、用材の確保が困難になることと、用材の利用（節約）の点で円形と多角形が無くなり、長方形が大部分を占めるようになること、機械の使用で工作が簡単化すると同時にその姿の特色をまったく失ってしまうこと、塗料も簡単で便利な仮漆が使用され、想像するに耐えられないほどの拙劣な工作品になることを悲観した。しかし、著者はこれに対する防止案ないし教訓策を見せることに躊躇しなかった。老匠による徒弟育成、雑木林と漆田の拡張がそれである。

最後に著者は、婉曲な勧告で論を結んだ。他国の物質文明を謳歌し、機械工業を礼讃して、特にその模倣を企てて、鍾路に膳屋がいまだ店を張っていることを嘆息する人たちにこのように述べた。「ブレイクは云つた『馬鹿者もその痴行を固持すれば賢者になれる』と。疲れた朝鮮よ、他人の真似をするより、持つてゐる大事なものを失はなかつたなら、やがて自信のつく日が来るであらう。このことは又工芸の道ばかりではない。」

本文の次には挿絵の説明があって、すべて進歩した技術で製作された写真版で、その中には二枚の原色版がある。解説は形態・大小・材料・用途のどの点においてもとても親切な説明である。最後の一枚は慶南道河東邑の市場の写真で智異山材を利用して製作・販売する膳屋の写真である。

三十三枚の挿絵の中に、膳が三十二枚で、その中に五つを除いては全部が朝鮮民族美術館所蔵となっている。聞くと、その中の大部分は著者の旧蔵で、すべて美術館に寄贈したものであるという。これだけの蒐集研究家として浅川巧蔵となっているものは一つもないことに、氏の面目をうかがうことができる。

私はこの書を紹介して、われわれの工芸・美術に関心を持つ学徒たちの中で、この書を読むことができなかった、同じ志を持つ人に一読を強く勧める。著者の憂慮が私たちに新しいものを模倣するより自己の良いものを固持せよということにあることから、必ずしも読書層を限定するものではないことを述べておく。この書が、他人〔外国人〕の手で、これだけの材料と研究を、私たちに提示したことだけでもありがたく、恥ずかしいことである。決して欠けている部分を批判しようとは思わない。

氏の朝鮮工芸・美術に関する論文を集めて一冊にするという企画が報道された。

（訳／李尚珍）

崔福鉉　浅川先生の想出

『工芸』一九三四年四月号

我等が浅川先生に親みを覚えるやうになつたのは、赤羽〔王郎〕先生のお蔭であらう。先生と赤羽先生とは我等にとつては、終世忘れることの出来ない尊い存在である。中央学校二年の春であつた。赤羽先生をお迎へした我々には何んと楽しい日が訪れたことよ！　先生は我等の心を躍らせ我等の憧れを満して十分魅了した。先生は西大門外阿峴の峠を越えた新村の種苗場に下宿しておられるといふ、我々はつれ立つて岩石の山阿峴の峠を越えた。（今は浅川先生の奥様が山腹に居られるのではないか！　こゝを訪づねる時は、ありし昔のことがしのばれて云ひ知れぬなつかしさを覚えるのである）。鬱蒼とした森は私達を驚かした。すつかり別天地を思はせた。京城近くにこの様な処があるとは、寧ろ不思議でならなかつた。峠を越えた麓の林の間に見える一棟の日本建がそれと分つた。これが浅川先生のお宅へ上つた最初である。赤羽先生は西洋版画を見せて下さつたと思はれる。其時先生が御一緒であつたか、どうかは思ひ出されない。其時我等の心には赤羽先生のことで一杯であつたから。其後赤羽先生は間もなく学校構内の舎宅へお引越しになつたので、我等は昼となく、夜となく訪ねて遊んだものである。お部屋には、壁中版画がはつてあつた。ダ・ヴインチ、ミケランジエロ、ミレー、ロダン等の偉大なる名を覚えた。我等は絵に描かれた殉教者、風景、人物に自然親しみを覚え、それをまねるのであつた。又赤羽先生の日記や詩を読んでは、ユーゴー、トルストイ、イプセン、ローラン等も知り、其作を唯よいものとして耽読した。時には、ベートーヴエン、シユーマン、カルソー等のレコードをも聞かせて下さつた。簡単なものは、教はつて歌つたりしたものである。日曜等はよくつれられて、郊外スケツチに出かけた。東大門から清涼里の方へ田圃や森をそゞろに歩くのであつた。菜種の花が黄く咲いた畑の上を蝶が弱々しく飛んでは葱の上を、垣の上、岡へと舞つて行つた。街道の柳は緑滴るばかり豊かな色と、繊細な枝を垂れてゐた。鬱蒼と茂つた清涼の森は清い爽やかな空気と、苔や木の香で一杯であつた。梢の間から碧空を眺めては我等は幸福に浸つた。よくブレークの絵を思ひ出した。森の中を歩いてゐる少年の頭上を天使が飛び廻る絵を。遂に我等は心も軽く、身も軽くたどりつく処は、浅川先生のお宅であつた。先生は真に喜びを知るものゝ如く喜んでくれた。先生はよく朝鮮の古壷の中から落花生やレモン等を取出しては、盛に勧められたものだ。「チエミヤン《遠慮》　チヤリミヤン《するのは》　ミツチムニムダ《損だよ》」と言はれるのである。両先生のお話を聞きながら、吾等は陶磁器や絵画を見せて貰つた。朝鮮の古瓶、壺、盆等の美しさ、きれいさに見とれて了ふのである。かくして段々我々は顧みなかつた古きものを愛するやうになり、失はれた朝鮮の美しさを見出し得らるゝやうな気がした。或古瓶には漢江の静かな流と上流の清い山陰を描いてゐるものがある。分院焼といふ。漢江畔にあつて、此の風景を朝な夕な眺めては、楽しく描いたものであらう。此等昔の人はよく自然の美しさを会得し、悠々と活きてゐたものであらうと。吾が家は漢江上流にあるのでこの美しさは自分にも分かるやうな気がして嬉しかつた。今まで我々は、無条件に朝鮮を軽蔑して来たのであるが、古瓶、壺、道具類の美しさ、洗練された手法に接して段々我が朝鮮の尊さ、美しさが分かるやうな気がして、発見した時の喜びを感じた。先生はどんなに彼等が丹念に忠実に描き、而して作つたことをお話するのである。其中でも紙壺の如きはよくも丁寧に全く時間のことは念頭に置かないで唯編んでは立派なものを作らうとして精進した跡が歴然だ。長い間手で撫で〳〵磨き上げたので手垢ですつかり一種の塗物となり温い光線を放つやうになつてゐる。まあ昔の人は何んと物を愛し、感じの鋭かつたことよ。作ることにどんなに喜びを持つてゐたことだらう。

我々は一顧だにしなかつた汚物の中から尊い我が祖先の生命を見るやうであつた。或時は赤羽先生にお伴して、試験場の後の山で働いておられる先生にお目にかゝることもあつた。我々は麓に降りて彼方の村落、家路を急ぐ人々、牛や車を引き行く人、前の北漢山等を眺めては、スケツチをする。描くことよりは寧ろミレーの絵を思出して喜ぶのであつた。而して我々は叫んだ。朝鮮は線の国、清い国であると。我等には最初の不幸が訪づれた。「朝鮮の友よ！　元気でゐてくれ。朝鮮の耕者《たがやすもの》として生長してくれ。我が友よ！」の意味のお手紙を最後の言葉として我等の赤羽先生は永遠に朝鮮を去られたのであつた。遂に荒地に落ちた悪しき種子は間もなく枯れてしまふ憐な我々であつた。大抵の友は一人〳〵中央を去り、卒業まで居残つたのは、金（教奐）君と私位のものであつた。其後は金君が先生のお宅で自炊してゐた時分なので時々遊びに行つた。先生にもお逢ひした。先生はよく私が朝鮮語で語る朝鮮のお伽噺を聞かれては子供のやうに無性に喜ばれるのである。

或時私に「レンブラントの少年の顔」と「ミレーの田舎の百姓」の版画を下さつた。「少年の顔」は殊に好きで堪らなかつた。ミレーのは今でも故郷の家にかゝげたまゝ残つてゐる。私が広島〔高等師範学校〕へ行く直ぐ前に作品第一号が生れた。或日先生を事務所にお訪ねして、此の消息をお告げすると誠に喜んで下さつた。子供のために名をお作りになつたのである。それは「創漢」と呼んでゐる。広島からは年一回は帰つたので大抵先生のお宅へ御挨拶に上つた。何時も御元気で、身内のものゝやうに喜んで下さるのである。湮滅して行く朝鮮の古い芸術品の断片をお集めになつては、新しく珍らしいものは、お見せになり、窯跡探検の苦心を話されるのである。思へば、先生は、何んと子供らしく笑ひながら御自慢なさつたことだらう。私が業を卒へて帰つた時は、先生は誠に苦労を知るものゝ如く衷心から喜んで下さつた。今も奥様はこの時のことをお話になつては、遂涙ぐまれるのである。其の元気で喜んで下さつた先生は、今何処へ行かれたのであらう！

思ひ出せば、先生はよく朝鮮服《バチチヨゴリ》をお召しになられた。物珍しいといふよりは、先生には寧ろバチチヨゴリの方が落着くやうであり、一種の誇りとさへも見受けられた。聞けば先生は今も朝鮮服で清涼の山にお眠りになつてゐられるといふ。誠に先生は生きては朝鮮の生命を生命とせられ、死しては朝鮮の土となられたのである。
噫々先生よ！　御霊に静安あれ!!

（旧正月十五日夜崔鉉謹書）

金二万　同じ人間として　一九七九年四月一九日の談話

問い　金二万さんが浅川巧と一緒に働いた期間はどのくらいですか。

答え　一九二一年に林業試験所が北阿峴洞から清涼里へ移り、林業試験場となってからだと思います。同じ造林課に勤めていたとはいえ、私は植物調査・採集などの担当で主に外で働き、浅川さんは造林指導であったため、二人の働く場所は違いました。

問い　浅川巧たちが「朝鮮民族美術館」を設立したことについてはご存知ですか。

答え　この分野は専門ではないのでよくわかりません。浅川さんと柳宗悦はとても親しい関係にあって、柳が浅川さんに奥さんを紹介したという話を聞きました。

問い　浅川巧の林業上の業績に対してはどのように評価されますか。

答え　浅川さんは技手職（四級職）の判任官として造林指導を担当しました。浅川さんはよく芽が生えない種を露天に埋蔵して促成で発芽させる「露天埋蔵法」を開発したのです。すなわち、秋に砂と混ぜて植え、種が早く芽生えるようにしたことが業績として評価できます。岩山に萩が適合することを明らかにしたということはたいしたことではないと思います。萩というものは荒れた土でよく育つ、これはよく知られていることで、浅川さんが初めて明らかにしたものではないと思います。

問い　浅川巧はどういう人でしたか。

答え　浅川さんは韓国語がよくできて、主に韓国語で会話をしていました。三寸、四寸（三親等、四親等）などの韓国の親戚関係にも詳しかったです。

問い　浅川氏の韓国人同僚に対する態度はどうでしたか。

答え　差別はなく、韓国人が好きでした。むしろ日本人に「君は韓国人なのか」とにらまれたり、怒られたりするぐらいでしたから。さらに浅川さんは、朝鮮服を好んで着て、夕方になるとバジ・チョゴリ（男性用の朝鮮服）を着て、木履を履いて出かけました。長い煙管を持ち、中国帽子をかぶり、藁で作った網のような袋を背負い、市場に出かけては、韓国の骨董品、陶磁器などを買い集めていたのです。しかし、その服装のせいで、しばしば日本の警官に職務質問されたといいます。

問い　浅川の家に韓国人同僚たちはよく遊びにいきましたか。

答え　浅川さんは林業試験場内の官舎に住んでいました。常に韓国人に親切で、韓国人が好きだったので、お正月やお盆、節気などには韓国人同僚たちがよく遊びにいきました。

問い　浅川は韓国の独立運動をどのようにみていたでしょうか。
答え　独立運動についてはあまり関心がなかったと思います。浅川さん自身が中学卒の学歴で貧しい暮らしをしていたので、韓国人労働者や同僚たちに愛情を持っていたと思いますが、独立運動について深い理解があったとは思わないですね。
問い　浅川は韓国人学生に奨学金を与えたといいますが。
答え　浅川さん自身は貧しかったですが、より貧しい人を助けて、何人かの学生に奨学金を与えていました。主に小学生に与えており、中学生も二、三名いたと思います。たいていは林業試験場の職員たちの子女で、中学課程までは学費を与えていました。
問い　浅川巧の墓碑についてお話ししてください。
答え　浅川さんは普段、日本人たちとは気が合わず、試験場を辞めようとしていました。亡くなる年の四月三日の記念植樹日の仕事を終えたら、辞めようと決心して、仕事の準備をしていたのですが、風邪を引いて肺炎で四月二日に亡くなりました。
　奥さんと娘さんがいて、この二人がとても一生懸命にお墓の管理をしていました。二人がお墓参りを続けたので、お墓の前の芝生が十六ヶ所も枯れてしまい、韓国人たちに感銘を与えたといいます。
　浅川さんは、彼自身貧しいのに自分よりもっと貧しい韓国人同僚や労働者たちの世話をしましたので、亡くなった時には葬式費用さえありませんでした。また、「私は死んでも韓国にいたい。韓国式に埋葬してほしい」と遺言しました。したがって、当時、韓国の伝統的な葬式をして、里門里の共同墓地に葬られましたが、のちに忘憂里の共同墓地に移しました。

今から十五、六年前〔一九六四年〕に、ある日本人〔加藤松林人〕が韓国に来て、浅川さんのお墓を探していました。それまでに林業試験場の職員たちは、お墓の移葬を知らず、いろいろ調べた結果、忘憂里への移葬のことを知り、場所も確認しました。その時、碑石やお墓のまわりが壊れていたので、新しい芝生を植え、まわりをきれいにしたのです。その後、年に一、二回はお墓の世話をして、碑石も新しくしました。碑石は「浅川巧功徳之碑」としましたが、碑文はありませんでした。現在は、浅川さんの世話になった当時の林業試験場の職員の息子・韓相培さんがお墓の管理をしています。今はインドネシアで研修中ですが、しばらくすると帰国する予定です。

問い　金二万さんは浅川巧についてどう思っていらっしゃいますか。

答え　浅川さんはいい人で尊敬しています。浅川さんは当時、韓国人を虐げた傲慢な日本人とは違って、韓国人に親切であり、同じ人間として愛情を持って付き合っていました。浅川さんは自分も貧しいのに、もっと貧しい人を助けていました。ですから、日本人とは気が合わず、彼らから「君は朝鮮人なのか」とむしろ、非難されたりしたのです。

浅川さんと一緒に阿峴洞の林業試験場からずっと一緒に働いていた韓国人同僚・方鍾元さんが何年か前に亡くなりました。あの方が生きていたら、浅川さんについてより詳しい話が聞けたのにと思います。

浅川さんは韓国ではあまり知られていない方ですが、日本人にはよく知られているようですね。韓国に来る日本人の中には浅川さんのお墓を探したり、問い合わせたりする人が多いようです。

（問い／高崎宗司、整理／崔沃子、翻訳／李尚珍）

金成鎮　浅川巧の日記入手の経緯《いきさつ》　一九九六年二月末日　手記

一九四五年九月下旬、ソウルの街は、解放の感激から未だ覚めきれない韓国人と、戦勝国米国の進駐軍、敗戦の衝撃に打ちのめされた日本人達の本国引き揚げを急ぐ慌ただしさ、これらがごっちゃになったざわめきが巷に沸き返っていた。

一日一夜が歴史の一こまとなって、目まぐるしく動く歴史の奔流の中で、私は独りこれらのさわぎをよそに、好きな美術品を手に入れることが出来るかもしれないという望みに駆られて、毎日〳〵骨董屋巡りに明け暮れていた。幸い、ふところには三菱電機からの退職金（解放と共に自動的に退職となった。三十三歳）とそれ迄の貯蓄など合せて相当な金があった。

そうしたある日、汲古堂という骨董屋で品のある白髪の老紳士に巡り合った。話して居る中に、計らずもその老紳士は、浅川巧先生のご令兄伯教先生であったのである。

韓国の工芸をこよなく愛し、それにもまして、韓国人を温かく愛した浅川巧先生を日頃尊敬して居た私は、驚くやら、喜ぶやら、時の経つのも忘れて話が弾んだ。

伯教先生は、私が古陶磁器蒐集に熱を上げて居るのを知って、明晩自宅に寄るようにと言われた。当時先生は、渼芹洞という韓国人居住地域で韓国式家屋に住んで居られた。

約束通り翌晩、伯教先生のお宅を訪ねたところ、白い毛氈を敷いた部屋に招じ入れられ、煎茶をすすめられた。話題は、やはり李朝の陶磁器と工芸に関する事で、又々長話しとなり、七時に訪問して十一時近く迄話し合ったように思う。別れ際に「お目の高い先生の所蔵品の中で譲って頂ける物がありましたら」と申し出たところ、しばし考えられた末、奥に入って行かれた。

やがて持ち出されたのは、李朝十角面取祭器であった。その祭器は、面の取り方の力強さといい、特異な形といい、類い稀な珍品であった。惜しむらくは、大きなひびが一つ入っていたが、私はそれを気にもかけず、譲って頂くことにして値段を訊ねた。すると先生は、「まぁー、売るとなれば二千円は取らねば」とおっしゃった。私は心の中で、五百円か？　千円か？　もっと高くて千五百円か？　と値踏みして居たが、一文も値切らず、その場で、快く懐から金を差出して祭器を買い受けた。（因みに、当時の二千円は部屋が四つ位ある韓国式瓦屋一軒の値段であった。）

伯教先生は、何を思ってか、又奥に入って行かれ、李朝の小物二点を記念にと下さった。有難く頂戴してお宅を辞そうとした時、又もや一寸待つようにとおっしゃった。やがて、奥から出て来られた先生の手には、原稿の束と紙袋があった。何だろう？　と訝って居る私に、「お待たせしました。これは弟巧の日記と、私が描いた弟のデスマスクです。これを貴方に上げます。ぜひ引き取って下さい。」

と改まった口調でおっしゃった。私は、いささか当惑もしたが、見込まれたことに喜びと責任を感じ、日記とデスマスクの絵を大事に受け取って、ねんごろに挨拶の言葉を述べ、伯教先生のお宅を辞した。これが浅川巧先生の日記を入手したあらましである。

その後、一九五〇年六・二五事変（韓国動乱）のため、家財道具を打ち捨てて命からがら避難した折にも、この日記を巧先生の御霊と思って、貴重品と共に背中に背負って釜山に避難した。巧先生に私はお目にかかった事もなければ、直接恩顧を蒙った事もない。然し、韓国を愛し、韓国の土となった尊敬する巧先生の日記を護り続けたことは、浅川巧先生へのせめてもの手向けとして、当たり前のことを韓国人の一人として為したに過ぎないと思って居る。

過酷な日本帝国主義の植民政策の下、しいたげられた被圧迫民族に対して、温情を注ぐことさえも日本の官憲ににらまれる事であった時代に、韓国人を心から愛して下さった巧先生は、泥池に咲き出た一輪の白蓮と申すべきである。

その崇高な人類愛の精神は先生を知る韓国人の胸の中に永遠に生き続けることを信じて疑わない。

この日記とデスマスクの絵を、浅川巧先生の研究に打ち込んで居られる高崎宗司教授を通じて巧先生の故郷にお贈りするに当り、改めて、浅川巧先生のご冥福をお祈りし、合わせて、その遺徳によって韓国と日本の両国民が、お互いに理解し、尊重し合って、本当に仲の良い隣国として平和に幸福に暮らして行くことを切に望むものである。

一九九六年二月末日

金 成 鎮
代筆 妻・安貞順

山梨県高根町 御中

IV

親族が見た浅川巧

浅川伯教　彼の故郷と其祖父

『工芸』一九三四年四月号

彼と朝鮮の田舎の旅に出て宿で何時も話題に登るものは故郷の思ひ出であつた。そして二人は幼き日の面白い田舎の行事や、周囲のよき人たちの話をたれかれとなく、次ぎから次ぎへと浮ぶ人だちについて其追憶を語り更した。

そしていつも祖父〔小尾四友〕の事に話題が入ると、「よいお爺さんだつたなあ」と思はず言ふて話を結ぶ。

お爺さんの性質を最もよく受けて居るものは弟であつた。年を拾ふに従つて益々お爺さんに似て来た。

今自分は「正しい生活」と云ふ事をいつも考へさせられる。新しい工芸も基調を茲に置かなければならないと思ふ。そう云ふ事を思ふ時、考へさせられる事は今一度日本の田舎の生活のよさをふり返つて見たく思ふと共に、祖父の歩かれた平凡の内に持つおほらかな生活がしたはしくなる。

○

甲州と云ふたら日本の内でも山の中で、その北巨摩郡の逸見と云ふたら馬と同居して居ると人のよく云ふ処で、実際鰹節や鰊やひらきは、あの通りの姿で海に泳いで居るものと子供の時は思ふたものだ。八ケ岳の南麓の高原で、村が十ケ村位ある。甲村と云ふのは其中程の村で、字を五丁田と云ふた。

金峯山から出る旭は西の駒ケ岳に没する。駒ケ岳に続いて鳳凰山、地蔵ケ岳がある。これ等の山を西山と言ふ。白根も極く僅かに見える。青田越しに遠く富士が見える。

岡の起伏に雑木林があり、間に畑や水田がある。大きな金持ちもなければ、そして貧乏人もない。働けば食へる部落である。五丁田と云ふのは百戸位の家数で周囲の部落に用を弁ずる。百貨商、古着屋、菓子屋、染物屋、紙屋、鍛冶屋、豆腐屋、床屋、医者、仕立屋、大工、左官などの家があり、半農半商で、この高原の極めて小さな町である。毎月の午の日には、蔵原の観音へ参る奥地の人が、茲に出て来て用を弁ずる。

昼の時計は太陽で、夜の時刻は星で定める。高原の夜の星は都会で想像する事の出来ない美しさを持つ。ことに秋から春にかけては、三つ星さんは最も深い印象を持つ。冬籠りの炬燵から出ては三つ星さんで刻限を計る。当番を定めて廻る。冬の夜番も星の刻限で、一軒〳〵丁寧に「ご用心なすつて」と起して歩く。「ごくろうさんでごいす」と返事のある迄一夜の中に三回起して歩くのだ。三つ星が斜に駒ケ岳の上に傾く頃が最後である。歳時記の季節を追ふて一年中の行事を行ふ。次ぎから次へと準備、実行、完成、収穫と時節に応じてくり返して行く。仕事の間に適当にお祭りが割込ませられる。七夕の星の祭りから空の祭りが始まる。盆祭り、十五夜、十三夜、秋の収穫の済む頃に十ケ夜《トウカンヤ》、山の仕事が済んでお山の神の祭り、冬籠りに入る。商家の恵比寿講が済んで正月に入る。村の青年の十四日祭礼、娘さんだちの祭りの針供養、手習ひ子供の天神講、初午祭り、彼岸の寺詣、季節に応じて仕事に祭りが織り込まれ、村も人も同じ気分で時を追ふて行く。

天候などでも長い経験で不思議な予感を持つ、諏訪口が明けると晴、佐久風が吹くと雨、駒ケ岳に嵐が立つと翌日は寒い、上行寺の鐘が聞こえると雨、蟻の歩き方や、蚤を火にして其音で天気を判断したりする。

こうした天体の運行や季節の変化、動植物の成長、人事の出来事等に人間の行動を順応させ、そこに詩情を見出させ、短い詩形の俳句と云ふものが与へられる。

きさらぎ、水ぬるむ、ささなき、下萌、つくし、たんぽゝ、只こう名詞を羅列しただけでも故郷の春を思はずには居られない。

○

芭蕉、支考、葛里《カツリ》、蟹守《カニモリ》、守彦《モリヒコ》、彦貫《ヒコツラ》、田彦《タヒコ》、四友《シユウ》、こうした伝統が流れ〳〵て八ケ岳の麓のこんな田舎に落ちついた。

祖父の俳名を蕪庵四友と云ふた。四友は守彦の末子であつた。〔小尾〕守彦は少しは知られた学者で、自分の著書を江戸で出版して居る。本の名を人道俗説弁義と云ふた。

祖父の兄田彦は隣の西の割と云ふ村に居つた。子供心に憶へて居る事は、氏神の祭りには必らず行つたり来たりしたが、一緒に成ると直ぐ連歌だ。村の親しい弟子が二、三人間に入る事もある。楽々と詩の対話が展開して行つて、表六句から裏の四句五句迄を三通り位やり、翌日又これを続ける。

弟の「巧」と云ふ名前もこの田彦爺さんが附けてくれたのだ。古い韻鏡などを引張り出して、何々の反　巧《タクミ》　何年何月何日　田彦　と書いて印を捺した紙があつた。

○

明治二十三年十一月のことである。自分が七歳の時で、その年の五月に父〔如作。四友の子。浅川家の養子になる〕が自分と妹と母の腹に弟を残して、三十一歳でこの世を去つた。母の心は海とも川とも判らぬ愁しみの十一月に巧が生れたのだ。

母の父が半里離れた西井出と云ふ処に居る。これも〔千野〕真道と云ふ歌人であつたが、そこ迄自分が知らせに行つた事を憶へて居る。

おかあさんが腹がいたいから知らせに来たと云ふた。赤ん坊が生れるのだろう、と伯母が云ふた事を記憶して居る。帰つて見ると実際生れて居つた。今でも母はよく云ふ。その頃の二、三年は心を鬼にして夢中で過ぎたと。祖父も祖母も隠居気持ちから心を更へて、孫共を一人前にしなければならぬと態度が変つた。手習ひ子供が沢山来て居つたが止めて家の世話をする事にした。

○

父の葬式の時は賑かで別に寂しくもなかつたが、日が立つ程変に心細さを感じた。

二十六歳で後家を張り通す事は難しい、と云ふので母方の心配は一通りでなく、弟を引き取つて育てるとか、母を他所へ嫁入りさすとか云ふて来たこともあつた。炉ばたで泣いて灰の上に涙を落した孤児の寂しさがこの年に成つた今でも心の奥にひそんで居る様な気がする。祖父が長子に家を譲り、三子の父を連れて小尾と云ふ姓から継がせた浅川の家は、働かずに食へる家では無かつた。それで祖父母も母も何にしろよく働いたものだ。

秋の仕事が済むと紺屋の仕事にかゝる。阿波《アワ》藍、西郡藍の藍玉が来ると、これをこわす事が夜の仕事で、大釜に湯をたぎらし、蕎麦灰と石灰とを甕に入れ、藍玉と共に掻き込む、四、五日過ぎて小麦糖を又湯で捲き込む、二、三日過ぎて甕に水を一杯にする、紫紺に光る泡が出る。これを掻くと円く満月の如くなる、これを藍華と云ふ。この水を小棒を入れて転廻すると赤褐色に見える、これを上出来とする、上出来の紺の薫りは一種のなつかしさを感ずる。

山から榛の木の実を採つたり、小梨〔ずみ〕の木を栽つて来て皮を削つて、植物染料を作つたり、鉄屑を壺に入れて鉄気水を作つたり、灰汁を作つたり、祖父自らもやり出した。

昼食後一時間位は、定まつて座敷の柱によりかゝつて読書をする。白氏文集、七部集、唐詩選などをよく読んだ。

○

祖父は俳人としてその天才とも思はれぬが、連歌は達者なものだつた。よく遊歴人が他国からも訪ねて来たが、感心して居つた事も憶へて居る。祖母の田舎料理は味噌汁と漬けものが自慢と云ふでも無いが、いつも賞められた。別に厄介するでも無く、気安く宿つたり宿めたりしたものだ。

帰る時には人によつては旅費を包んで渡す。この銭は別に持つて居つた。それは句会に行つた時の謝礼其まゝ中も見ずに小さなかばんに沢山入れて置いて、下から出しては用ひて居つた事が死後に判つた。謝礼の中を改める気持ちを嫌つたものらしい。

○

いつも朝は七部集の連歌を口ずさみ乍ら庭を掃く。狂句木枯の句や、初冬や今年も袴着て帰る、など終り迄全部自分等でも暗誦した位だから、何時でもやつて居つたものだ。

発句の会に行く時には、祖母の織つた内織の着物に、文房具一切を入れた竹刀の形をしたものを腰にさして行つた。これは彦貫に譲られたものだ。帰りには必らずおみやげを持つて来る。或る時は田作に数の子を紙に包んで持つて来た事があつた。

○

高原の田植は短い間にやらなければならない。どの家も総動員で入梅期の雨の中を、背中から腰迄ずぶぬれで、水田の中を掻き廻すのだ。商ひやの娘さんも、農家に嫁入りする場合の準備にと、特に手伝ひに来てくれる。七十の祖父、馬の尻尾に馬鍬をおさへて田を掻くのであつた。この時は七時に朝食、十時を中入れと云ひ、十二時の昼食、午後三時夕ざけ、八時に夕食と、五回食べる。食事の時は畔に集つて話によく花がさく。

○

或晩、どろぼうが蔵に入つたと云ふて、自分が起された事があつた。蠟燭を持つて祖父の後を行くと、祖父は太い棒を持つて蔵の隅々を探し乍らどなつて歩いた。その時自分の顎が止めどなくがたがたした事を憶へて居るが、後ではこう云ふ時には強いおぢいさんだと気丈夫に思ふた。

大工道具なども一揃ひあつて、家の諸修理などもやるし、庭の百日紅の瘤で莨入を作つたり、水田の筧《カケヒ》の五、六間もあるのを山の杉の木を栽つて来てこつ〳〵作つた事などもあつた。

○

朝早く起きて、田の水を見廻る。帰りにはおもだか、水引草、めど萩、ふとゐの様な草花をとつて来て、うすばたに挿した。以前思朝閑と云ふ上方の相当の人が、この村に来て身を留め、庵を結んで一生を終つた事がある相だが、この人は立派な学者で、諸芸に通じて居つた。ことに挿花は池の坊で、東山銀閣寺の百杯に出た話しをしたと云ふ事だが、前半生全く語らず、京都の公卿らしいとも云ふて居つた。この人に挿花を学んだ。楽々と野草を生けた事を憶へて居る。万年青、いちはつ、秋海棠、あやめ、かきつ、竹藤、葉蘭等を作つて村の人たちに教へたり、村の祭りに飾つたりした。

ちよき〳〵鋏の音をさせ乍ら、庭の植木の手入れをする。

泉水の水の音がよくないと云ふて、大きな水の落ち口の石を朝から一日かゝってやつとの事少しひねつた事を憶えて居るが、うんともすんとも云はぬ石をいくらでもこじる、石の方が根気負けして一寸首をひねつた。その翌日からは水の音が宜敷いと云ふて喜んで居つた。

○

旧幕中は郡中総代とか云ふ役で、この地方の米を集めて幕府に納める為め江戸に行つた。鰍沢から富士川を下つて、岩関に出で、清水から品川に上り、上納が済む迄江戸に居らなければならなかつた。こんな事で何か思ふたものか焼きものを始めた事もあつた。職人を入れて窯を作り始めた処が、高火度の土が無くて本焼きが出来ず、失敗したらしい。自分が覚えてからも、轆轤や型ものが家にあつた。又種壺、徳利がごろ〳〵して居た事を覚えて居る。物心が出てから籾殻を積んで素焼する事や、土の出場所を教へて貰つた事があつた。少年のこんな一寸した事が自分等の現今に、こんなに影響するかと思ふと恐ろしくなる。

○

巧は性根が宜いと云ふてよく賞められた。自分が十八歳、弟が十二歳の春とは成つた。ふとした事から風邪を引いて正月を炬燵で過した。褥について月の十六日に去つた病床でどんなに苦しくても七部集を読んでやると喜んで居つた。

変に静に成つたので、「お爺さん」と呼ぶと返事が無い、驚いてそばに行つて見ると、もうこの世の人では無かつた。

明治三十四年一月十六日の朝であつた。

理屈を抜きにして泣き言を言はず、楽に働いて環境に興味を感じ、その内に人のなさけや詩を見出し、所謂俳人かと云ふとそうでも無く、百姓かと云ふとそうでもない。学者でもなく、仕事の中に俳句を見出し、俳句に仕事を見出し、村に事件が起ると頼まれて行つては何とか片つけて来る。結婚の事から、夫婦喧嘩の仲裁、若い男女のかけおちの後しまつ迄持つて来る。

仕事に貴賤のあるを知らず、何でも働いて暇があれば読書する。褥について眠る迄は其日の出来事を俳句にまとめる。連歌を詩の対話と心得、心得のある人に遇へば直ぐ始める。祖父は結極《ママ》自然に対してのブルジュアーであつた。

浅川園絵　浅川政歳への手紙

一九三一年四月二二日付

お手紙を頂きまして有難うございました。

私もあれからお手紙をお出しして家の事をお知らせしやうと思ひながら、そは〱落ちつかぬ日を送つて居りました。どうぞおゆるし下さいませ。又御渡鮮〔政歳が巧の葬式に参加したことをさす〕の節はいろ〱お世話になり有難うございました。

今度の事はほんたうに思い掛けぬ事で、今でも何だか夢のやうな気が致します。あんなに御丈夫だつたお父さんも、今は床の間で花につつまれながらにこ〱笑つてはいらつしやるけれど、ただあんなに変つてしまつたかと思へば新な涙にさそはれます。お母さんは毎日〱泣いてばかり、私は何と言つてなぐさめてよいか、其の言葉さへありません。

家では強い事ばかり言つてなるべく悲しそうな顔を見せない私も学校の行き帰りに一人で歩いて居りますと、つくぐ〱とさびしさ悲しさが思はれます。殊にお役所の人を見ますとお父さんもいつも御元気にああしてつとめていらつしやつたのにと、一そう生前の父が思ひ出されます。此れも神様のおためしと思ひすべてをあきらめませう。

家は少しもさびしくはありません。いろ〱の人が入れかわり立ちかわり来て下さいますから……。

叔父様、御安心下さい。私はお母さんと一しょに仲よく強く、これからくらして行くつもりです。では又家の処置がつきましたらお知らせ致します。

さよなら

叔父様

浅川咲　浅川政蔵・ちか子への手紙　一九三一年四月二八日付

おぢ様――長らくお手紙も差し上げず御許し下さいませ。

幾度かペンを執り筆を持ちて気も心も狂はんばかりの今の状態。万感胸にせまりて新なる涙はつきる処も知りません。余りに急激に余りに大いなる打撃に只呆然自失の有様で御座います。

叔父さん、巧はどうしてかくももろくも散り失せたでしやう。花にさき立つて失せました。今更申すまでもなき事乍ら惜し見てもく\堪へられません。神の御試練御摂理とは申せ、余りにも悲しい痛手で御座います。世の無常を切にく\感じました。

みめぐみ深い天の父はどうしてこんな悲しい死別、かくは御召し取り遊ばしたか。何故私共をも御召し取り下さらないのかと、幾夜泣き続けたでしやう。天父のなされることは人間にはわかりません。神の智恵を人の頭でさばかうにもわかりません。平素あんなに壮健だつた御父さんも、今は花に包まれて静かに微笑むうつしえと変りはてました。うれいの時雨に袖をぬらし、なげきの森をさまようて、行末如何にと思ひわずらふております。果てしなき人生の荒波に今や独り舟をすゝめてわたりゆく身には、余りにかぢは弱く御座います。目にうつる耳にふれるあらゆる物、皆々亡き面影が偲ばれてなりません。或る時はにつこりと笑つて立ちました。又の時は私共の御膳のそばに座つて笑つてました。――それはあだなる夢でした。いよよ目も心も冴え澄み渡るがままに思慕の念まさり泣き明かす夜も幾度でしやう。

本当に私も此世ではかない縁でした。惜しまれて死ぬのは其者にとつて花かも知れませんが、残るものは耐へがたいつらさです。人生にとつて死ほどげんしゆくな絶対のものはありません。そして其の死も、相愛し相信じあいし独りを失いたるのちに来るかなしみこそ、くらぶべきものはないと思ひます。私共のうけた痛手はおそらく終生癒えるものでは御座いません。

園ちやんも実に薄幸な子供です。人間おそらく幼にして若くして親に別れる悲しみこそ不幸なことは御座いません。真に可愛そうでなりません。いぢらしくてなりません。悲しみの中にも学校の勉強やら通学にまぎれる様子で、毎日元気にしておりますから、御安心して下さい。時には「お母ちやん今日も泣いていたでしやう。もうあきらめなさい」と云ひます。しかしあきらめられぬのは私ばかりでしやう。

勝手な事ばかり書きました。お許し下さいませ。

先日ははるぐ〳〵の処を御こし下さいまして、うれしく存じました。思ふ心の一つも御話出来ず御別れしなければなりませんでした。

〔巧の〕病み始めから終わりまで眠りもろくに取らず、食も頂けなかった私は、いろ〳〵の悲しみが一度におし寄せてどうしていました事やら、御葬式の前後はほとんど夢の中の夢でした。叔父さんに御言葉もかけずほんとうにすまなかつたと、つく〴〵すまなく思います。御土産も差し上げず、ほんとうに御許し下さいませ。御なさけこもる御手紙、御やさしい数々の御言葉に幾度泣き続けたでしやう。御墓に詣でては心のかぎり泣きつゞけました。御手紙は墓前にて再々読みました。今は空しい巧も地下で皆様の御心情を涙してうけたでしやう。渼芹洞の兄〔伯教〕もこの間大阪より帰城〔京城〕いたしました。今度は兄様もどんなに嘆きどんなに悲しまれた事でしやう。貴兄様と御同様にー。兄の大なる打撃、今もなほ手につかぬ胸中を察しては、又涙のかはく間も御座いません。

官位にも学歴にも権勢にも富貴にもよることなく、その人間の力だけで生きぬいて行つた巧でした。「よき夫である巧さんが奥さんに残された悲しみ、よき子を先だてられた母君の嘆き、またよき弟と同時によき友達を持つといふ最大の幸福を突如として奪はれた兄君伯教君の心を思ふ時、……巧さんの死を悲しまずにをられない。けれども私は巧さんの死をたゞ此等の人々の為にのみ悲しむのではない。巧さんのやうな正しい義務を重んずる、人を畏れずして神のみを畏れた独立自由な、しかも頭脳のすぐれて鑑賞力に富んだ人は実に有難き人である」。こんな記事を城大〔京城帝国大学〕の安倍教授によつて続けて新聞にかいて下さるのです。御よろこび下さい。これからもまだ二、三日続けて書いて下さることと思ひます。悲しみの内にもなぐさめとなりうれしさとなつて、この淋しいやるせない心持をいたはつて下さるやうに思ひます。園ちやんと二人の淋しい清涼里に毎日とまりに来る母上〔浅川兄弟の母けい〕の御心を思ひ、二人を力づけて、泣かないと仰有る御心を察しては又一しほ涙が出ます。

工芸会（これは私共の心の合う方々が時々催す会の名）の方々の心からなる御親切に、兄とも相談して二人の住むささやかな家を建てることにきめて頂きました。（保険金で）

このものすごい生活戦線にたつて行くと云ふことは、女の身として容易な事ではないと思ひます。ことに手に何物もつかぬ私は自活の道もなく、今後の方針に胸を痛めております。いい御かんがへも浮びましたなら御教へ下さいませ。京城には母もあり兄もあり姉もある私に、尚おぢさんのいらつしやることを深く〳〵陰ながら力強く思ひます。私共の行末を御まもり下さいませ。御導き下さいませ。やがては立ち去るべき官舎にしばし止まることでしやう。しばらく庭の草や木に目もとめなかつた間に春はめぐつて来ました。連翹も美しく咲き揃いました。

ライラックの美しい花が今さかりです。小さなすみれにまで亡き巧の心が残つてゐる様に思つて、一つ〳〵に悲しみがわき上ります。御蔭様で私も園ちやん、それに母も元気で、残る仕事の片づけに今しばし日を費すことと思ひます。くだらぬことのみ書きつゞけました。思ふ心の一つも言い表はせぬつたなき文を何卒御察し下さいませ。

皆様の御健康をはるかに念じて淋しい筆をとゞめます。母上様にくれぐれもよろしく。母よりもよろしく申上げております。

清涼里にて

咲

政　歳様
ちか子様　御もとに

小宮山栄　弟の思い出　一九七九年九月二七日の談話

祖父の四友はきれいな人でしてね。冬には『日本外史』だとか教えましてね。俳句の会によばれていくんですよ。黒い羽織をきて、杖をついて。七十四歳で亡くなりましたが、亡くなったときに、枕元をみましたら、入れ物があって、お札が入れてあるんですね。それを必要に応じて使うらしく、水引を虫がくって。二十銭札なんていう、とうに無効になった札がありました。もらえばいくらあるかとみるのが人情だけど。

村の子どもの名なんか、よくつけてくれなんて言われまして。

巧がすごく似ていたんです。根性が。

弟子が二人いまして、それが、母が朝鮮から帰ったとき、八ケ岳から野石を拾ってきて、祖父の句碑にしたんです。母が、公会堂だかで披露宴したなんて言ってましたけんね。

曾祖父守彦の二男は、田彦といってね、この人の碑は、八幡様にあります。伯教が、和とじの本をもっていまして、それに、四友の句が収められていました。その中から選んで、兄が書いてくれたものがあります。四友は天保生まれです。生け花が上手でね。遠州流でしてね。京都の公卿がきて教えてくれて、それでできたのですね。四友の句集は、和とじの本がひとふろしきあってね。引き揚げのときもってきたんです。そのとき、兄がいくつか書き写してくれたのがこれです。

祖母のきくは、七十四、五まで元気でした。とてもやさしかった人で、かわいがってくれたんです。

母けいの父・千野真道《まみち》は、神主で漢方医だったんです。いろいろな仕事をしたので、有力者が寄付して、碑をたててました。

母は十七で嫁にきてね。父が死んでね、里は物もちだったんです。ですから、里に帰ると、祖父が「よくきた」と言って、自分の部屋に膳を運ばせて、それで、「巧をつれて帰っておいで。」伯教と巧は四友に育ててもらって」と言ったそうです。兄嫁さんにも同じ頃の子がいたので、母は、そんなことしたら、巧がその子と同じには扱われないからかわいそうだからと、夕方は挨拶もしないで帰ったと言ってました。

母はしっかりもんでね、兄が朝鮮にいくときに、「いままでは止めてきたけど、これからはあんたの言いなりにどこにでもいくよ」と言っていったんです。母が甲府に出たのは四十いくつかです。兄が〔山梨師範〕付属小に勤めるようになってから、出たんです。とても熱心なクリスチャンになってね。わたしが高円寺にいるとき、駅で待っているときに、目つぶってお祈りしてるんですよ。

母は、牧師と兄のひざにだかれて息をひきとったそうです。牧師が「なおりますよ」と言うと、「そんなこと言ったってだめですよ」と言ったということです。

兄は、甲府の師範に入って、すぐキリスト教に入ったらしいです。当時、農村が疲へいして、弟をおばのところへやって学校に出してもらおうかとかいう話があったとき、兄は、家から金をもらわないでやっていくから、巧を農林学校に入れてやってほしいと言ったんです。一方〔巧〕は竜王にいて、家はまん中です。

付属にいるとき、教会に英学院というのがあって、日曜に礼拝するところですが、そこの一部をただで提供してもらって、そこに母をよんだんです。母は、それから教会へ入って、洗礼をうけたんです。

わたしも、阿佐谷教会に二十年通ったし、聖書を五十年よみ続けています。

浅川政歳さんは、農林学校の友人でした。で、「ぜひうちの姉をもらってほしい」と言われて、一つ位歳上か同じ歳のをもらったんです。竜岡の浅川の家は名門だし、構えもいいし、財産もある、とても立派な家でした。

この前、政歳さんの長男と次男が来て、農林学校時代のアルバムをいくつもしょって見せにきました。手紙ももって。

巧はとても手紙がうまくてね。

祖父が学者で、俳句の宗匠で、冬は寺子屋なんかしたらしくて、いっしょけんめい兄にも教えまして。兄は昔の中国の本なんか出されてもめんどくさがって。弟は七歳ごろから、教えるとよく覚えると言って。詩の作り方を教えたら詩を作ったというんですね。九歳位かもしれん。そしたら祖父がすごく喜んじゃって、母に、「あんね（この辺りでは嫁のことをあんねと言うんです）巧は伯教よりもよく覚える」と言ってました。

わりあいに記憶はよかったらしいですね。俳句をよませたりしても、何かまねができたりね。

勉強はあまりしないんです。村から学校に通っている先生にお会いすると、「巧ちゃんは職員室で問題だ」と言うんです。なんでかと言うと、算数なんてひとがいっしょけんめいやっているとき、自分はふせていたずらしている。いたずらしているからと思って行ってみるとちゃんと問題はできあがっている。点でも引いとこう、ということになったんです。うまれつき知能がよかったんです。

汽車が韮崎まで開通になった時、高小一年位のときでしょうか。六里の道を夜あけにおきて、韮崎から甲府までのったんですね。そのときの作文を書かせたんです。わりにうまくね、しまいに「ああ今日は臣子の恵みをこうむって汽車の旅を難なくすごしたり。されば、われは今日よりは艱難辛苦を身にしみて、わが国力の万分の一にも報いなん」と書いていた。ところが、先生が、あんまりうまいからというんで問題になったので、隠して家の者に見せなくて。それを見たら、「だまって見て」と言っておこって。

そしたら先生が、「美文一読の価値を有す、甲の上々」と書いてありました。

祖父が、父のない子でかわいそうだといってかわいがりましてね、私がやきもちをやくようでした。

学校に行く途中に八幡様があって、杉が密生していてね、それを抜いてきて、家に植えてました。椎の木を育て、近所の人にあげたり。それが好きでした。

竜王に死にたえた家があってそこを借りて住んでいた。小宮山清三さんとすばらしく仲がよくて、毎晩のようにおみえになる。桃がなった、柿がなったといってふところに入れては遊んでいくんです。小宮山さんもキリスト教で仲がよかったんです。

甲村の家では、母と私で蚕をかったりしていたんですが、二人は兄の給料でやっていて、家からは一銭ももらわんことにしていたわけです。二人は、休みになるとすぐ帰ってきて、桑とるとか、草つむとかして、行く日の四時まで働いて帰っていったんです。

帰るときに母がおこづかいをやると「約束がちがうからもらえません」と言って、仏壇にちゃんとおいていくんです。そんな潔癖でした。

兄は英学院におせわになって、日曜日にはいつも司会をしておりました。

兄が、朝鮮に学校ができて、日本人の教師が必要だというとき、付属に勤めていて、まじめに勤めてたので、上司がよかったら一番初めにあそこに行けということで行ったんです。

弟は兄を追って朝鮮に行ったんです。まず朝鮮に行ったら、朝鮮語を学ばなくちゃ朝鮮人と付き合えない。そういう性質なんです。それをみんな日本語でもって朝鮮人を使っていたんです。いちおう話せるようになって、それから林業試験所に入ったわけです。

私は数え年四十歳のとき〔一九二六年〕に清涼里に行きまして、苗を作るのがすきで、下役だったから月給が少ないので、変えてわきに行ったらと言うと、ぼくの趣味は苗作りだと言って、いっしょけんめいやってました。

水が出ると流れてしまう。そこへ萩をうえると流れない。初めはみんな故障したそうです。彼は秋、萩の種をまいて、それが成功して、禿山だった朝鮮の山が青くなったのは浅川のおかげだという位だった。

朝鮮服を着てね、まことにふうさいはあがらない顔でした。ですから、「ヨボ〔朝鮮人に対する蔑称〕」、「ヨボ」と、朝鮮人だと思われて、電車にこしをかけていると、「ヨボ、どけ」なんて、席をたたされると、だまってどいて席をかけさせませました。

わたしが行ったとき、十月の祝日に、朝鮮のめずらしいものが地方に売られていくのがおしくて、こづかいをためて、買いものをして。『工芸』なんかに柳さんが美術館を作ったように書いてあるのをみると、わたしなどは、笑ったり、ふんがいしたりしました。

兼子夫人の音楽会の利益をそこに入れたんですが、巧は口が悪いから、「今度の兼子さんの興行はあたらなんだ」なんて言っていたことを覚えています。ちょうどわたし四十日遊んでおりました。

ヨボ、ヨボなんて言われても平気でおりました。あるときは、青年が学校いってたけん、父が亡くなったので学校をやめた、なんていう話をききますと、そりゃかわいそうだといって、月謝を出してやって、しまいまで学校に出してやりました。それから、部落の人が初物だといってもろこしをもってき、大根をもってきて、いっしょけんめい庭をはいてくれたり、お風呂をくんでくれたりしたんですよ。

そういう人にはおこづかいをあげたんです。月給日になると、もらいにくるんですが、あるときは月給が遅れて、明日おいで、なんて言ったときもありました。素朴で、かざりもしないし。

咲子さんをもらうとき、母が、服がなさそうだからと、くつをはいているときそっとお札をいれて、「ちょっと新しい服を買って」と言ったんですって。その次にきたから「洋服かったか」と言ったら、「みんな骨董になった」と、そういうことを平気で言う。

あるとき、私と母を鴨緑江の近くまでつれてったんです。悪いから私もお金を出したんですが、「勘定したら、余計にもらって悪かった」。残りは美術館に寄付しました。

まじめすぎるくらいまじめでしたが、冗談を言ったり、口が悪い男でした。

里門里に葬ったとき、村の人がみんなかつがせてくれと言ったけど、母は、「高い山に棺をもっていって、けが人でもでたら申しわけないと思って、私しゃ、帰るまでいっしょけんめいに祈った」。里門里の巧の墓を移すために掘ったところが、そっくりミイラになって、ちゃんと朝鮮服きて、ロイドめがねをかけて、ちっともかわっていなかった。

（整理／高崎宗司）

浅川政歳　亡き巧君の事　『工芸』一九三四年四月号

巧君の想ひ出を書くと可成り書くことは多いやうに思ふ。

同君が生前僕等の上に残して行つた多くの印象や、生活態度などが、何日迄も消ゆる事なしに残つて居るのは、何かしら我々の心に迫る何物かゞあるのだと思ふ。

彼の心の良さ、といふものを私は何時も沁々と考へさせられる。

巧君は心から人を憎めない「心の良さ」を持つて居た。どんな場合でも同情と愛とが失はれた事はない様に思ふ。それから、巧君は何でも不自然なこと、無理だと思ふ事は、随分嫌ひだつた。

何事も自然であることを喜び、物事をあるが儘に味ひ、あるが儘に行ひ、魂と魂で語り且つ結合せんことを念願として居たと思ふ。

巧君と私との交遊は農林学校時代から始まる、それから秋田時代、京城時代を通じて続けられ、その間いろ〳〵な関係で彼との交りに一層の深さが加へられた。

その当時（農林学校在学）巧君は、実兄伯教氏と甲府市外池田村に自炊生活をして居られた。池田村は甲府へも学校へも余り遠くない処で巧君や伯教氏の居られた家は三方塀で囲われた四、五坪の中庭を持つてゐて、西南の塀際にはグミの樹があつたと記憶してゐる。出入は桐の植えてあつた東の小門からしてゐた。私達は良くその家に遊びに行つたものだ。巧君が不器用な手付で（実際は何でも器用なんだが）飯を盛つてくれ、豆腐の味噌汁を御馳走になつた事を覚えてゐる。

その頃私達がどんな話をしたか、どんな話題が中心だつたかよく覚えて居ないが、何となしに相通ずる或る物があつたのだらうと思ふ。同じ下宿の人達と一緒に御厄介になつた晩もあつた。そんな時にはトルストイの復活の話など聞かして貰つたのを覚えてゐる。氷がピシ〳〵割れる音がしてといふ復活の初めの物語りなど寝床の中で聞いてゐて、神秘的な気持に浸つたことも覚えてゐる。

山菊を掘つて来てその縁先の四、五坪の庭一面に植えて一人悦に入つたりしたものだ。

花の事で思ひ出したが、学校の確か堆肥舎の前に可成り大きな土山があつたが、巧君の主唱で山一面コスモスを植えて花の盛りには随分美しかつた。

その頃から「山に植える」事に縁があつたのかも知れない。山に木を植える事は自然を美化する積りで植えて居るのだと云ふ事は巧君がよく話してゐた話だ。巧君らしい考へ方だと思ふ。

学校では度々生徒が集まつて講演会を開いてゐた。或る時「尊むべき哉艱難」といふ題でヨブ記の一節を話した事があつた。処が宗教と政治に亘る事を禁じてゐた関係で、生徒間の問題となり、色々物議の種となつたが、説かんとする処が別にキリスト教の教義でもなければ説教でもないので有や無やに終つた。

その当時「尊むべき哉艱難」といふ言葉が校内の流行語となつた事を記憶して居る。

巧君は在学当時から確に特色の有る男として其の存在を認められ、尊敬され親しまれて居た。彼は演習などの有る時、指揮刀などを持つて得意がつてゐる仲間に向つて、「下らない男だ」と云つたやうなことを洩らした事があるが、この気持は一生涯を通じて持ち続けてゐたやうに思ふ。

巧君は只仕事を熱愛した。自分の仕事については彼らしい考へを持ち、それが如何に尊き仕事であるか、意義深いものであるかを理解してそれに没頭した。

だから官吏としては物質上の不平も、地位に対する欲望も、凡そ下らないものだとして終り迄変らなかつた。巧君の偉かつた一面だと思ふ。

巧君は学校時代から何かしら考へに耽つてゐるといつた風で、何時もジツとしてゐる事の嫌ひな男であつた。

巧君が秋田に赴つたのは、確か学校を出て間もない頃だつたと思ふ（明治四十二年の三月に学校を出てゐる）。秋田では国有林の伐採作業や、植林が仕事の大部分であつたらしい。斯うした秋田の山の中の生活は凡そ五、六年も続いたであらう。そこで彼は小坂鉱山の煙害のため、日本三大美林の一つ長木地国有林の真赤に枯れた山の姿を見た。又そこでは山神祭りの夜、彼の眼に映じた有てる者と有たざる者との淋しい世の姿を見た。

長木地事業所に居た頃巧君は、その周囲を斯う書いてゐる。

正月の事だから飯炊きも、帳場も、使つてゐる者は皆帰省を許して僕一人で読書にふけつた。食事時になると誰彼となく来て世話して呉れる。

二尺四方の炉に炭火をおこしてその上に灰をかけ、椅子を置いて布団を覆ふと炬燵になる。それに尻切り這入つて仲々立たない。その時見た物は此の間兄の話されたコサックである。僕は妙な同情を以つて一息に読んだ。僕は三年前の春此処へ来て間もなく造林で出張した。僕の眼になつかしく映じたのは、雪消え早々に咲く色々な野花と筋骨たくましい少女であつた。

取り分けて十七、八の小娘が黒々と歯を染めて、無邪気にキヤツ〳〵と騒ぎ廻つてゐるのに何とはなしに見とれた。

此辺の山中は一般に早婚だ。早いのは十四から十六、七、八の間に決つて了ふ。煙草休みの時など、娘の老母などに冗談に「旦那様の奥さんに上げるすでや」とか、「旦那様す此の子を奥さんに貰つてたべ」などゝ冷かすので、初めての僕は閉口して唯赤い顔をしてゐた。娘は平気で僕の顔を見てゐる。その他の人夫は僕の回答を待つて吹き出したりする。今の僕なら何ともないが、其の当時の僕は困つたものだ。

その年の秋の植林には又同じ処へ出張した。娘達は春の人と大部分変らなかつたが、二、三他へ縁付いたので物足りなかつた。

美しく晴れた秋の朝霜を踏んで、歌がけで唐鍬と焼飯肩に勇ましく揃つて来る若い女や、青年などを見ては、嬉しくて苫の中に居れずに飛び出したりした。

山中の女には甲州辺りの田舎の女に見られぬ美しくやさしい処がある。僕はコーカサスの女を見たやうな気になつてコサツクに読みふけつた。

僕の処の小屋司は猟の名人で酒が好きだ。体格も好い。僕は秋田のエーロシユカだと思ひ込んだ。

こんな感想にふけつてゐるその炬燵で、転任の辞令を受け取つた。

馴れた人夫も、野花の美しい山も、仮想のエーロシユカもマルヤーナも、後に残して去る悲運に向つた。そうしてその結果が今の生活になつた。僅か百日の中にマルヤーナもエーロシユカも脳中の故人となつて了つた。然し山野の美は僕につきまとう。

僕は何時でも到る処で山野や木や草や水や虫やを友として終りたい。

巧君はよく読んだ、そしてよく考へた。

彼の真剣な生活態度は多分のユーモアに依つてうるほひあるものとなつて行く。巧君は終り迄土から離れることが出来なかつたと思ふ。常に土を愛し、それから産れ出づる万のものに感謝と尊敬とを捧げて来た。矢立沢ではその家を南盧と称してゐた。そこで斯ういふ手紙を書いてゐる。

虫の声が段々哀れになつて来て、七葉樹や塩麩子が僅かに色づき初めて来た。東北の秋は唯雨の多いのが気に喰わぬ。

材木の作業が大体終つて、昨日賃金の支払も済んだので、定夫も杣子も今日の十五夜を当て込んで帰つて行つた。

事業所には自分一人残された。昨日の夕方熊太郎が射つて来た山鳥の鍋を啄いて昼食を済せた。坂下の杣小舎にも三、四人居ると見えて細い煙りが二条三条立つてゐる。珍らしい静な日だ。

僕は此の頃小狗を貰つて来て飼つてゐる。その小狗を連れて後の藪へ葡萄とあけびを採りに行つた。驚く程なつてゐるが未熟だ。二つ許りあけびの熟したのを採つて食べて見ると甘い。葡萄は枝のまゝ折つて来た。酸いのには閉口した。

明月や酸き山葡萄枝のまゝ

今夜はどういふ趣向で月見をしやう。それとも寝て了わうか。太陽が杉林へ這入ると益々静かになつて、唯川の音のみ高くなるやうな気がする。此沢にはむじなが居て此間夜中に木を切り倒す音をしてゐたのを聞いた。今夜も聞かせられるだらう。

此の時代の巧君の生活がうかゞはれる。随分山の中で不自由をしたと思ふ。然し自然を友としてその中に溶け込んでゆける君は、却つて彼様な生活を楽しみ得たであらう。

又前の通信では、

……帰りは青物採りをした。熊笹の筍、三葉やうどやすどき、ぼんなあいなど色々なものがあつた。先日迄乾菜と塩鮭で生きて居た。体は近頃新鮮な青物と漁り立ての鰊と来ては血の色も鮮かになるやうな気がする、且つ自ら採る青物だから殊更うまい。帰りは同役三人で椎茸採りに出掛けた。

そこで水溜りに集まつて居る数多くのひきがへるが一向逃げる仕度もせず、只もうクー〳〵云つてゐる怪奇な光景を書いて、

定夫が先日採つて来て焼いて食わせたが仲々甘い。胆は薬になる。

と結んで居る。
この手紙を書いて約一年の後大正三年四月に書いた手紙では、

僕は精神的の立脚地を確立すると同時に、身の上の方針も新らしくしたい考へで計画して居る。兎に角近く逢ふて話す様になるかも知れない。

と書いて居る。

僕も永い休眠から覚めつゝある蚕児の脱皮すると同じ様な苦しみを味わつた。

巧君は

生〔き〕る見込は充分つきそうだ、と書いてゐるが、五月二日の手紙では朝鮮行が確定して秋田に訣れを告げる由を報じて来て居る。東京迄帰つた巧君は、

甲州へは行かぬ積りだつたが此処まで来て急に行きたくなつた。十一日の午前九時韮崎を通過する。逢ひたいからお知らせする。

といふ手紙で韮崎から同車して、日野春で降りて二人共久し振りで色々話し乍ら歩いたことをなつかしく覚えてゐる。

斯くして五月十七日朝京城独立門通三ノ六に落ちついた。巧君の朝鮮に於ける生活が之れから始まる。

その生活は朝鮮に住むことの長かつた丈け、それ丈け朝鮮を知り、そこに住む人達を識り、その生活を自分のものとし尊敬と同情と理解とが深められ、朝鮮の土になる決心が堅められて行つた。

阿峴里から清涼里までの十七、八年にもなるであらうその生活の間に、巧君の残して行つた仕事に対して心からなる尊敬と感謝を捧げる。巧君の朝鮮服姿は全く板についてゐたと思ふ。朝鮮を愛する点に於て巧君は人後に落ちない人々の一人であらう。

世界は出来るだけ広くしてゆつくり住むに限る。牧師にもなりたくない。画家にも小説家にも詩人にも百姓にも商人にも大工にも遊人にもなりたくない。然し随時説教もする、描きたい時は画も描く、逆上して来たら詩人の真似もする、食へなくなつたら商人にもなる、百姓もしたり、大工桶屋の仕事もやつて見たい。

と書いて秋田から朝鮮へ行つたら凡ての境遇が変化するから、新らしい道を踏み込まうと考へて居たが、それは考へが足りなかつたと思つた巧君は色々に思ひ迷ふて居たらしい。それは巧君の場合では「食つてゆく」ための悩みではなくして、「善い仕事をする」ための悩みであつたと思ふ。

朝鮮に在りし日の巧君については、多くの交友の方々が識つて居て下さると思ふ。私は巧君の学校時代について思ひ出づる儘を書き、秋田時代の同君の通信に拠つてその時代の巧君を新たに追想して、凡そ巧君を知つて居て下さる方々に対し色々な点での御配慮を感謝すると共に、亡き巧君に対するなつかしさを新たにし、長い間の御厚意と限りなき友情に対する私の感謝の心持を、今は里門里の静な奥津城に眠る君の霊に捧げたく思ふ。そして、残された人達の上に末長く幸あれかしと祈つて筆ををく。(昭九、一、三一記)

浅川政歳　巧兄死の前後　「アルバム」より

朝鮮の禿山を青くするために林業試験場の新らしい計画の実行の第一着手として先づその仕事の徹底を期する必要があつた。そのために巧兄は全道に講演行脚の幾日かを持つた。そして帰場して活動写真の映写をしたのが三月二十六日であつた。その頃同兄は可成身体に無理をしてゐたのでその夜、明日から欠勤したき希望を洩して同僚と別れた。二十七日から床についた同兄は急性肺炎のために熱発〔発熱〕と苦悩のうちに只管《ひたすら》全快の日を待ち望んだ。病は峠を超へて分離の徴候が見えた。医師も家人も愁眉を開いた。然し遂に肺炎菌の毒素は脳を冒した。又立つ能わざるに至つた。四月二日午後六時、此の世に別れを告げた。彼が病気中「責任がある……」と繰返したそうだが、彼は凡ての仕事にそう感じたのかも知れない。柳氏達の雑誌「工芸」に載せる原稿は仰臥のまゝ執筆した。それが恐らく、彼の絶筆であらう。

「死なない自信を持つた」といふ彼の言葉は此の世に限りない執着を持つてゐたことを表明するもので、同兄として死んでも死に切れなかつた事であらう。

昭和六年〔一九三一年〕四月一日午後二時。〔「タクミハイエンヤマイオモシ」という電報が着いた〕

丁度その時津金のしん姉が来訪してゐた。病重しとはあつても急性肺炎なら、又万一を期待しつゝ清涼里宛、病状により行く旨の返電を打つ。第二の電信〔午後七時に「キトクスグキテホシイ」という電報が来た〕に依りて、遂に凡ての希望をなげうつた。余りに突然のことだ。かゝることに出会わそうとは余りに夢のやうだ。

とにかく、十一時近くの上り東京回りで朝鮮の途につく。巧兄につながるいろいろなことが胸に浮ぶ。二日早朝岩間方に立寄り事情を報告する。正午発の特急桜号に乗る予定だつたが座席の関係で失敗し、午後八時の普通急行下関行きにのる。

途中大船で経過を知りたい旨の電信を列車中にて打つたが、京城着迄返電なし。

京城へ四日午後七時についた。

同じ列車で大北氏も着城したので、共に自働《ママ》車で清涼里にゆく。

その夜見る京城の街の灯も却つてうらめし。巧兄亡き清涼里、そんなことを今迄想像〔する〕ことがあつたか。一年前の十月巧兄と共に遊んだ此処にその人を弔ふべく旅しやうとは余りに悲しいことだ。

伯教氏から前後の事情も話された。

今迄互に力になり、縁あつて兄と呼ぶ様になり、兄あるが故に人生の幸福を感じ来し身の淋しさ深し。

「淋しさ」といふものゝ真実の意味、味ひを今度こそ心の底迄満喫した。

小宮山辰也　おじと林業　一九七九年九月一六日の談話

わたしは、明治三七〔一九〇四〕年一一月九日生まれです。母の栄〔伯教の妹、巧の姉〕は後妻で、わたしが三つか四つの時から育てられたんです。

わたしの母の母をけいといってね、とても真面目で厳格なんですよ。母がよくにています。とてもやかましい、厳格な家庭でしたよ。クリスチャンですしね。教会にも通ったし。入信は、けいより、伯教の方が先です。たか代もすばらしいクリスチャンですよ。で、お互いに人格を知り合って結婚したんですね。どっちも厳格でした。

伯教は気むずかしいくらいの厳格さですよ。

けいは、伯教といっしょに京城にいきました。思い切りがよかったです。しばらく家屋敷は貸していたけど、しばらくして帰ってきて、売っちゃっただ。もちろんその時は朝鮮の土になるつもりだったんでしょ。

伯教の方は朝鮮語はできません。骨董屋がずい分出入りしておったなあ。朝鮮人もずい分通っていました。日本人では、天池とか。

伯教がこの家〔山梨県北杜市高根町〕の裏山で油絵をかいていたのを覚えてるな。この裏の道の土手のところで朝鮮の紙でたこを作ってあげてくれたのを覚えてます。

巧のほうは実におおらかなんですね。べっこうぶちのめがねをかけてね、上からにこにこ笑いながら話すんです。わたしもよく指導をうけました。

わたしが朝鮮で初めて会いましたのは、朝鮮へ行った大正一五〔一九二六〕年ですが。東京帝国大学を出て三井に入って朝鮮の農林事業にたずさわったわけです。

わたしが初めて京城に行ったとき、巧おじが長谷川町の三井の本部に挨拶にきてくれたことをおぼえています。それから清涼里に行ったときに、わざわざ見送ってくれて、トルストイの全集とネクタイピンを贈ってくれたことを覚えています。

私が黄海道にいきましたとき、わざわざ見にきてくれましたよ。

巧おじは今の山梨農林高校卒です。甲府近くの。この家のうらの杉は巧おじが植えたんですよ。山のことが好きだったんですね。

着るものも朝鮮服を着てましたよ。特に冬なんかは。

「よく就職すると勉強しない人が多いんだけど、勉強しなくちゃだめだよ」とよく言われました。

朝鮮語がたんのうですから、朝鮮人の友だちが多かったですね。

朝鮮人が好きでしてね。朝鮮人を援助したり、朝鮮人から知識をえておったりしたんですね。

巧おじは本当に朝鮮を愛していましたね、伯教おじもそうなんですが。食べるものも朝鮮食を好んで食べましたよ。林業試験場のうらに尼寺がありましてね、そこによく連れてってもらいました。「これは五目めしだよ」なんていってね、自分で作って、いろいろ説明してくれたことも記憶に残ってます。

お咲さんも朝鮮のり、ゴマ油をつけたのをよく出してくれたですよ。

わたしは朝鮮から、お咲おばさんや園絵さんといっしょに引き揚げました。昭和二十年の十二月、最後の引き揚げでした。

わたしは、三井の山で朝鮮木炭を作ってました。仁川から横浜へ送りました。そのあとにからまつとか朝鮮まつを植えました。

巧おじは造林のことは生き字引でした。朝鮮の山を愛したということですね。朝鮮全国を歩いておりました。

行きゃ、伯教も巧も仕事の話だ。「すみを焼くのに一％でも多く焼けるように工夫することができれば立派なんだから勉強しろ」とよく言ってました。心配性だったね。

巧おじが『朝鮮山林会報』に「心耳をすませば苗木の動くのが聞こえるようだ」と書いていたのをいまでも覚えています。

血統とけいおばあさんのしつけだな。

お袋もきかんぼうで頭のいいこと、これはけいに似てますよ。

けいは私がいくときにも、料理して待っててくれたそうだ。とてもうれしかったね。伯教おじも、必ず側に床をとってくれてね。ねむくなるまで話をしていた。まあ、まじめでもって、何でも心配してたな。

わたしも陶磁器は好きで、朝鮮民族美術館は見せてもらいました。美術館の館長は伯教でしょ。集めたのは伯教と巧でしょ。かなりのものでしたよ。柳さんは二人に啓発されたんですね。美術館はふつうは閉めておりました。鍵は伯教がもっとったぞ。巧が亡くなったあとは。朝鮮の鍵で開けるのを見たぞ。
〔朝鮮工芸会という〕一つのグループがありましてね。私は出たことないです。高橋保清とか。三井物産にいた。そのころ支店長は「すみいたつお」さんで、美術に理解がありました。それから生田内務局長――葬式のときもきたですね。高橋保清さんのおじさんですよ。

お袋は大正一五〔一九二六〕年の一一月一日頃、京城にきたことがありましたよ。お袋は、おばあさんに似て厳格でした。伯教と巧はとても仲がよかった。伯教は身体が弱いときがあったので、巧がよく伯教のことを心配してました。巧が伯教のためにどじょうをとってきたなんてお袋が言ってました。

巧が亡くなった昭和六〔一九三一〕年にちょうどわたしは今の家内と婚約ができておったんです。家内をつれて清涼里の官舎に行ったのが、ちょうど亡くなった直後でした。お咲おばが沈んでおった時でした。

巧おじが亡くなったとき、わたしは黄海道の金川におりました。そこに三井の山がありまして、ちょうど造林の最中でした。そしたら危険だからきてくれというので、とんでったら肺炎だった。

葬式はうすら寒いときでした。今でもその時のもようがまざまざとわいてきますね。柳先生は納棺式のときに、いっしょに賛美歌をうたいましてね。お棺のふたをしたことを覚えています。

お葬式の日は夕立ちがきましてね。お棺をかつぎ出すときはやんだな。林業試験場前の大広場のいちょう〔浜口良光は「欅」と書いている。本書一六四頁〕の木の下でやりました。

（整理／高崎宗司）

V 解説／年譜

もう一つの回想

高崎宗司

ここでは、同じ「回想の浅川兄弟」ではあっても、Ⅰ〜Ⅳに収録した文章のようにはまとまっていない、断片的なものを紹介する。筆者宛の手紙からの部分引用と単行本・雑誌などからの部分引用と筆者による解説・解題である。

伯教は、一九一三年、朝鮮に渡って京城府南大門公立尋常小学校の教師になり、翌年、京城府西大門公立尋常小学校に転勤した。西大門公立尋常小学校時代の同僚であった別府房次は、筆者への手紙（一九七九年十一月二十六日付け）の中で、次のように伝えている。伯教に教師としての力量があったということであろう。

「図画や手工の指導は、もちろんお手のものですが、算数や読み方など、一般教科の授業にも堪能で、申し分ないすばらしい先生でした。〔中略〕温和な方でしたが、研究心が強い上に創造力も豊かで、学校長には懐刀として信頼され、児童にはむろんのこと、父兄の方々にも親しまれ、内外ともに全く敵のない方でした」

伯教から一九一六年に京城府西大門公立尋常小学校で図工などを学んだ小谷正巳は、筆者宛の手紙の中で、そのときの思い出を、次のように書いている。やさしい先生であったという。

「伯教先生からは図画（クロッキー、水彩等）、工作（木工、竹細工、粘土細工等）、絵画、彫刻、陶器制作の基本を学ぶ。美術が好きになったのも先生の感化が大きい。

図画は、その都度採点され、『甲』か、悪くても『甲の下』という点をもらっていたが、工作にはいって、竹細工で、紙鉄砲を作ったところ、『乙の上』という点がついていて、失望の色が顔に出たのを先生は見のがさず、励ましの言葉をかけて下さった。その先生のやさしさが身にしみ、未だに思慕の念を禁ずることができない」（代筆、一九七九年十月二十三日付け）

このころの伯教の思い出を書いたものに、白鳥鳩三の「こんにちは、とさよなら、の間」（『鮮交』一九七五年三月号、一二頁）がある。白鳥は当時小学三年生で、西大門近くに住んでいた。

「ある夏の朝早く、奇妙な風態の日本人が訪ねてきて私たちを驚かせた。麻の朝鮮服をまとったその人は、うす汚れた灰色のロバに乗って来たものだ。（自転車もなかったのかね、あの時代は……）何でも監獄の裏に、京城三名水と云われるヤクムル（薬水）の湧く泉があり、毎朝それを飲みに通う途次、我家の表札が目についたので『こんな所にも日本人がお住まいかと、なつかしくてお訪ねしました』と挨拶していた。この人が、後年李朝陶器の研究で高名を馳せた浅川伯教氏だったのだが、人と人との出合いとは不思議なもの、この時のエンで爾来四十年、先生が亡くなるまで両家の親密な付合は続けられた」

白鳥の父・昇平はその後、寸松堂という李朝民芸品を専門に扱う骨董店を開いた。店には、柳宗悦や浅川兄弟がやってきた。鳩三は次のように証言している（一九八二年一月十三日付け、筆者への手紙）。

「必ず伯教氏と共に来店され、父とは（李朝ものの逸品を蒐めておいて欲しい）との契約があったようで、柳氏がみえると、店の殆どの商品が柳氏の手に移り、店はガラガラ、しばらくは開店休業のような状態になったものです」

「私が外出先から帰ると、店の前にロバがつながれていて、店の奥の座敷に朝鮮服の来客の姿が見えました。あとで『あの人が伯教先生の弟さん』と母から聞かされ、『アー、あの人が……』と合点したことがありましたので、巧氏の名はその頃門外漢の私すら承知していたもののようです」

伯教の制作した彫刻「木履の人」が一九二〇年十月、帝展に入選した。柳宗悦はこれを見て、友人のバーナード・リーチに次のように感想を述べている（『柳宗悦全集 著作編』第二十一巻上、筑摩書房、一九八九年、二三四頁）。

「ロダンばりの作品で、有名なあの『絶望』を連想させますが、案外よく彫り上げられています。観衆の注意を惹いているらしいのですが、それはその中に朝鮮民族への同情心がはっきりと打ち出されているからでしょう。浅川氏はその作品のおかげで、朝鮮のみならず日本の有名無名の人びとからも約百通の手紙を受け取った旨知らせてくれました。このまま彼の仕事を続けるよう、僕も激励するつもりです。近日中にその写真をお送りしましょう」

一九二〇年十二月、柳宗悦宅を訪れた浅川巧と図って、柳は朝鮮民族美術館を京城に設立する運動を開始した。この計画について、翌年の九月二十一日付けで友人のバーナード・リーチに報告した手紙が残っている（『柳宗悦全集 著作編』第二十一巻上、筑摩書房、一九八九年、二三九～四〇頁）。この事業において巧の存在が大きかったことを物語っている。

「もうひとつ、特にお話したいのは、朝鮮での僕の新しい計画――京城に朝鮮民族美術館を設立することです。〔中略〕この美術館用に、もともと景福宮の一部であった魅力的な古い朝鮮の建物を確保することに成功しましたし、また、大小あらゆる種類の第一級品が数にして六百個以上も収集できて上首尾です。李朝の陶磁器がその大半を占めています。もしうまく行けば、来春には開館の運びとなるでしょう。浅川兄弟の弟の方が僕の熱心な協力者です」

教師で詩人でもあった内野健児（筆名は新井徹）は、一九三九年九月号の『東洋の光』（七七～八八頁）に「朝鮮を愛する人々――古いアルバムから」（『海峡』一九八七年七月号に再録）で、小田内通敏、浅川兄弟、浜口良光、鮎貝房之進を取り上げている。巧についての回想は、一九二三年頃、内野が京城から釜山に向かう寝台車内でのことから始まる。なお、文中、巧が生涯独身とあるのは誤りである。

「夜の白む頃、近くの寝台から起き出て来た一人の青年があつた。黒いベツカウ縁の眼鏡をかけた地味な顔立ちの人で、まだ上衣を着けぬワイシヤツ姿であつた。貰つた名刺には総督府の山林関係の役柄が肩書きについてゐる。浅川巧とあつた。なるほど、さういへば役人らしい風貌の人だと思つたが、どことなく落ついた性格が仄見えて僕には兄貴分に思はれ何ものかを蔵してゐる人のやうに見えた。併し氏は殆んど沈黙してゐるし、氏に就て何等予備知識のないそして世間知らずの僕は話しかける術も知らずに過ごしてしまつた。数年の後、僕は大田から京城に移り、氏に二、三回出合ふ機会があつたかとおもふ。第二回目はたしか浅川伯教氏の宅であつたが、そこではじめて氏が伯教氏の令弟であることを知つた。併し、その時も氏は殆んど沈黙してゐたし、どういふ人物か忖度するに苦しんだ。その後、同じ京城に住み伯教氏には屢々お眼にかかつたりしながら、巧氏の仕事に就ては全然無知のまゝ、東京に出てしまつた。そして、ふと神田か何かの書店で「膳の研究」〔『朝鮮の膳』〕といふ、氏の著書を見出して、今更眼をみはらされた。その後氏の逝去を新聞で知り、生前氏の造詣に親しくふれる機会を永久に失つたことを、ひとり悲しんだ。頃来、岩波版の中学教科書「国語」中で、氏のことを書いた阿部〔安倍〕能成氏の一文に接しはじめて氏の人となりを聞き得たおもひがして、氏を惜むの情切なるものがある。氏は植林の仕事に従ひ、朝鮮の禿山を今日の緑林に育てあげるに、功労大なるものがあつたといふ。独身にして朝鮮の部落に住み、朝鮮の人々と親しみ、朝鮮の工芸に就て深く研究し、遂に前記の著書にその一端を示された。大齢をさらに借したならば猶多くのすぐれた研究書を著はされたであらう。氏の逝くや部落の人々はその死を愛み悼み、朝鮮の古例に従ひゐその棺を肩にして葬送したとのこと、阿部氏の一文にはたしか「偉大なる凡人」(?)〔「人間の価値」〕と題されてゐた。実に氏は役柄からいへば平凡な下級官吏にすぎなかつたが、その人柄と仕事は決して平凡なるものではなかつた。〔中略〕

巧氏が生涯独身で過された半面に、その愛を全身的に朝鮮に注がれたことあるを想へば、氏の愛人は朝鮮そのものであつたともいへよう」

内野は伯教に就いても、こう回想している。

「浅川伯教氏もまた巧氏の令兄としてはづかしからぬ朝鮮の至宝的人物である。巧氏の温和な風丰に対して伯教氏は鋭敏で熱情的な力を感ぜしめる。李朝の壷に就て氏の造詣を聴くとき、何人も氏の右に出づるなきを想はせる。嘗て当時京城日報記者であつた多田毅三君と朝鮮芸術雑誌「朝」を発刊した時、その種の談話筆記を貰つたことがあるが、咳唾玉をなすといふ風で、自ら一名文を成してゐた。内に深く豊かなるものがあるからに外ならぬ。氏の李窯に就ての研究は机上のものとは選を異にし、自ら北鮮の窯で土まみれ汗まみれになつてその再現創造につとめてゐられる努力は貴い。特に「げてもの」の美に真の生命を発見してゐられるところ、東洋芸術独自の美に味到した民衆の芸術家といはねばならない。その壺の絵が鮮展で特選になることなきも（現在は出品してゐられるのかどうか知らぬが）それは自から条件の異るによるもの、特選画以上の気品を感受しないことはなかつた。東京でも何回となくその作品（焼物と絵画）展を催されてゐるやうで、余程前一度さういふ場所でお目にかかつたが、その後は雑務に追はれ氏の風丰に接するを得ないでゐる。氏の李朝の壷等に関する研究書も出版されてゐるやうであるが、老来益々あの活眼に光と愛を加へて来てゐられることだらう。」

一九二五年十月二十日、巧は大北咲（咲子ともいった）と再婚した。柳宗悦と河井寛次郎（夫人が咲の従姉）の世話によるものであった。結婚式は京都の柳宗悦の家で行われた。式に出席した咲の従妹・安田貞子は筆者への手紙（一九八二年一月十日付け）の中で、次のように回想している。

「柳様が咲子様に御紹介の様なことをおっしゃいますと、とてもはにかんでいらっしゃいまして、本当に純真な神さまのような方だなあと感心してしまいました。咲子様も少しの不安げも無く全部浅川様におまかせして、何の心配もないという心の安らぎがお顔にも態度にも出ておりまして、本当にこんないい結婚式などあるだろうかと嬉しくなり、心からおめでとうと云いたくなる、とてもあたたかい雰囲気でございました。」

京城帝国大学予科の二年生であった森田芳夫は、一九二八年春、浅川巧の家を訪ねて夕食をご馳走になったときのことを、次のように書いている（一九八二年十一月十一日付け、高崎宛て手紙）。

「お庭にライラックが咲いていたこと、室の中に韓国のたんす（オッチャン）があったこと、はいが米がおいしかったこと、夕食を終えて巧さんがこれから出張にでかけるとて一緒に歩いて東大門行の電車に乗ったこと、そのときの巧さんは韓国農夫の用品マンテ（縄であんである袋）を肩からかけておられたことを記憶しております」

森田は別の文章で、巧の朝鮮好きが徹底していて、朝鮮わらじを用いていたことも証言している。

同じころ、事情があって伯教の家に預けられていた鈴木みどりは、伯教が当時も彫刻の制作に励んでいた、と回想している（一九八八年九月一日付け、高崎宛て手紙）。

「鮮展〔朝鮮美術展〕特選の『鈴木先生』〔みどりの父・孫彦がモデル〕は〔中略〕私が浅川家に預けられていた一九二八年四月から七月までの間、伯教氏が夜な夜な彫刻台をキイキイ廻しながら制作されていたもので、鮮展で特選になったというので、多分、牧栄〔伯教の長女〕さんと一緒に見に行った覚えがあります。〔中略〕いまは山口の私の姉の家にあります」

巧は朝鮮人同僚たちと仲がよく、朝鮮人に対して親切だった。そのようすは本書の金二万証言にも明らかであるが、方鐘源も、一九六四年六月二十日、巧の墓の修復を記念して墓参した共同通信の記者に次のように語っている（『東京新聞』一九六四年六月二十八日夕刊）。

「浅川さんは男のコジキに会うとかならず村役場に連れていってなにか仕事を見つけてやりました。女のコジキに会えばポケットにはいっているお金をみんなあげてしまいました。浅川さんはそんな人でした」

そんな巧が一九三一年四月、惜しまれながらこの世を去り、ソウルの里門里に埋葬された。巧の骨は故郷の山梨県高根町五町田にも分けられた。巧の義弟・浅川政歳の長男・克己は次のように回想している（一九七九年十月十四日、談話）。

「私も巧おじには二回くらい会っています。背の大きい、すらったとした人でした。

巧おじのお骨を五町田に分けたときのことを覚えています。甲府の駅で、牧栄〔伯教の長女〕さんらとおちあって、お骨を持っていった」

一周忌が来て、柳宗悦は『工芸』一九三二年七月号の「編輯余録」（六七頁）に次のように書いた。

「浅川巧君が死んでから早くも一周忌になる。里門里の丘に友達がよつて碑を立てたく思ひ、追悼の会をかねて之から渡鮮する。机の上においてある写真を見るにつれても此一年の間、どんなに屢々『ゐてくれたら』と思つた事か。活きてゐてくれたら同君が企画した朝鮮の地方工芸の復興も大分進歩してゐる頃であらうし、本誌も幾つかのいい原稿を得たであらう。朝鮮窯芸史もまとめられたに違ひない。併しそれ等の仕事よりも、自分には友達としての同君の存在がどんなに深い道徳的意義をもつてゐた事か。命日に当り今更そのことを想ふ」

伯教の朝鮮陶磁器に関する眼の高さを物語るエピソードには事欠かない。一九三五年、北鮮製紙化学工業株式会社の幹部社員で、陶磁器の愛好家でもあった上野直明は、『朝鮮・満州の思い出』（審美社、一九七五年、三九〜四〇頁）の中で、次のようなエピソードを伝えている。

「茶碗は高くて買えないが、李朝の壺や徳利なら買えないこともあるまいと思って、ある日浅川氏に、朝鮮の思い出に一つ捜してくださいと頼んでおいた。数日後、天池骨董店で、偶然浅川氏に出会った。浅川氏は棚の中から一つの壺を取り出して、これはいいよと推奨してくれた。それは鉄砂の絵の入った李朝染付の壺で、値段は三十四、五円だった。浅川氏選定の物だから人に見られても恥しくあるまいと考えて、座敷の床の間に置いた。ある日子供の病気の診察に来た山野医師がこの壺を見て、これはすばらしい、いくらで買ったのかと聞くので、三十五円だったと答えると、そんな安いはずはない、と驚いてなお熱心に見入っている。そのうち、口に傷があり、修理の後を発見して、ああこれだ、この傷のために安いのです。これがなかったらたいへんなものだといった。山野氏は、陶器鑑賞にかけては相当の人である。山野氏はこういってくれたのだからいいものに違いない。そう思って見ると、壺の肌といい表面に描かれた絵といい、まことに見事である。特に鉄砂の色がすばらしい。鉄砂の色がこれほどあざやかなのは、博物館でも見かけない。」

また、伯教の蒐集は質量ともに並のものではなかった。中国陶磁器の研究家で薬学博士の中尾万三が『朝鮮高麗陶磁考』（学芸書院、一九三五年、一六、一五一～一五二、一六四頁）で紹介している次のようなエピソードがある。また、中尾は浅川兄弟と親しく、一九二五年一月には浅川兄弟と一緒に全羅南道康津の高麗青磁の窯跡を調査している。

「朝鮮に行つて、先づ訪ひ度きは浅川伯教君である。同君程、篤実に朝鮮の陶磁を調べて居る人は無い。〔中略〕庭に積まれた窯趾の破片、百済の石仏、廊下の古書と古画、手の着けやうも無く見える〔中略。浅川所蔵の高麗青磁「尚薬局」と彫った薬盒は〕世紀一三一〇年、即ち我国に在つては後醍醐天皇の御治世より以前、花園天皇の延慶三年以前のものたる事は疑ひを容れざる所で、此の適確な年代を知る事と、尚薬局の文字のある事とは余をして垂涎万丈たらしめ、是非譲つて呉れぬかと浅川君に頼んだが、何れ君に贈る事があつても今はイヤだと聞き容れて呉れぬ」

「大口面の山中に存する盗賊窟の如き地名は、同行せる朝鮮事情に委しい浅川〔巧〕氏の説によれば、陶土窟の変化であらうと謂ひ、青龍里の如きは朝鮮語セーヨン〔青龍は朝鮮語でセーヨンと読む〕里であるから、青窯里の転ぜるものであらうとの事である。尚ほ浅川氏が坪は（壺）に、徳は（瓶）に当り、我国で徳利と言ふ如き器物の名称は、朝鮮語の徳里から来て居るのだらうと言ふ如き説を聞き〔中略〕令弟巧君は朝鮮語に巧みに《ママ》、その職掌とは別に、趣味の豊かな工芸の品に対する見方の極めてすぐれた人であつた」

蒐集家としての伯教、朝鮮事情や朝鮮語に委しい巧が彷彿とする。

同じころ、紅葉山人は巧の林業上の業績について、「俗始政二十五年史」（『朝鮮公論』一九三五年十月号、三二頁）で、次のように回想している。

「昭和三年から林業試験場で実播工と呼ばれる砂防法の試験に着手し、昭和六年には朝鮮南部の五道〔県にあたる〕で試験して成功させた。それによつて、施工は余程簡易となつた。凡そ工費は半分に節約出来た。この実播工は内地ではまだやつておらぬ工法で、朝鮮が範を内地に示すものの一つであつて、おそらく長兄浅川伯教氏の名よりは実弟浅川巧の方が、やがて永遠の日本の存在となりさうである。」

一九四五年八月十五日、日本は戦争に負けた。そして、朝鮮にいた日本人は日本に引き揚げた。その間、伯教の家ではこんなことがあったという。伯教の妹・栄の孫にあたる赤岡武の証言である（「浅川伯教」、青少年のための山梨県民会議編・発行『郷土史にかがやく人々』第十七集、一九八九年、七四〜七五頁）。

「敗戦後、彼伯教は妻たか代とあばら家のような所に住んでいた。そこが住いであり、研究所でもあった。戦に敗れ、昔日の日本の威信はなくなっていた。だから、日本人とみれば朝鮮の人からは、いよいよ冷たい眼で見られ迫害される者も出てきた。伯教は、依然として陶磁器を愛し、これにとりつかれていた。今後の身の処し方を考え、朝鮮に骨を埋めてもという気になったか、自分の仕事の整理をはじめたらしい。そんなある日、侘住居へ日本人の家と見込んで泥棒が押入った。とりわけ金目の物のあるはずもないのだが、何がしかを盗って行ってしまった。さて、その翌日、押入った泥棒が連れを同道して又やってきたそうだ。この連れの男は泥棒の親分だったという。親分曰く、『昨日は、私の子分が、先生のお宅と露知らず、とんだご無礼を働き申訳けありませんでした。』と陳謝して行ったという。」

一九六六年、安倍能成は自伝『我が生ひ立ち』を岩波書店から出版した。京城帝国大学教授時代を回顧したところ(五六二〜五六三頁)で、浅川兄弟について言及している。

「学校外で近づきになつた友達では、先づ浅川伯教君を挙げねばならぬ。君は、私と同じ年恰好だつたらう。もと朝鮮の小学教員として渡鮮した人であるが、朝鮮の焼き物に関心を持ち、後には自分でも物を焼くやうになつた。朝鮮の焼き物及び工芸の美を見出し、これを日本に宣伝した功績は、柳宗悦君に帰しなければならぬが、柳君は後になつて、伯教君のあまりに茶に没頭することを喜ばず、却て弟の巧君を尊重したやうである。この巧君が伯教君の指導によつて朝鮮工芸に入つたことは、認めねばならないけれども、この人が昭和六年〔一九三一年〕の四月二日に急性肺炎の為に、僅か四十二歳の厄年で死んだことは、実に惜しみても余りある。私との交りは僅かに三年に過ぎなかつたが、私がこの人を失つたときの痛惜の情は、かつて外の人のしたことのない程のものであつた。私は『浅川巧さんを惜む』(青丘雑記)といふ一文の中にかう書いて居る。『巧さんのやうな正しい、義務を重んずる、人を畏れずして神のみを恐れた、独立自由な、しかも頭脳のすぐれて鑑賞力に富んだ人は、実に有難き人である。巧さんは官位にも学歴にも権勢にも富貴にもよることなく、その人間の力だけで露堂々と生き抜いて来た。かういう人はよい人といふばかりでなく、えらい人である。かういふ人の存在は人間の生活を頼もしくする。殊に朝鮮のやうな人間生活の稀薄なところでは一層さうである……』と。

これは私の確信である。さうして今もなほさう思つて居る。」

浅川伯教のこと

深沢美恵子

伯教の朝鮮陶磁研究

二〇〇五年韓国鶏龍山で、正月の凍てついた土の中から私たちは陶片を拾った。三島手と言われる独特の文様を見せる陶片である。白い砂が付着した高台と刷毛目と分かる模様の陶片も拾った。その刷毛目の勢いに魅かれた。浅川伯教は「陶片は立派な文章だ」(「朝鮮の窯跡と採取品の記録」)と語っている。陶片が語る李朝陶磁を朝鮮半島全域の窯跡から調べた人は伯教以外にいない。

浅川伯教の八〇年の生涯をかえりみると、彼は民芸運動創始者柳宗悦、河井寛次郎、富本憲吉、浜田庄司等と時を同じく生き、彼らとは仲間ではあったが、伯教は朝鮮にいて李朝陶磁の研究、その中でも地味な窯跡や時代区分の研究に没頭していたため、日本ではあまり知られることがなかった。

しかし、柳が民衆的工芸に関心を示す直接の動機になったのが浅川伯教から贈られた李朝染付秋草文面取壺を見たことであった。それはあまりに有名だ。柳は『白樺』一九一四年十二月号で、当時は下手ものとして問題にされなかった李朝の陶磁器に開眼し、新しい発見の喜びを語っている。以来、浅川伯教・巧兄弟とともに李朝陶磁器展覧会を京城の貴族会館で開くことになり、朝鮮の日常雑器の部類であった李朝陶磁や木工品を展示する朝鮮民族美術館の建設につながった。

伯教は日帝植民地下三十六年のうち三十一年間を朝鮮で過ごしたが、高崎宗司「浅川伯教と朝鮮の文化」(『季刊三千里』一九八〇年秋号)は、伯教の朝鮮陶磁史研究の歴史は大きく分けて四期になり、第一期は朝鮮に関心を持ち始めた一九一〇年頃から本格的に研究に取り組みはじめる一九二二年十二月まで、第二期は一九二八年七月、啓明会から資金を援助されて研究に専念し始めるまで、第三期は、敗戦を経て一九四六年に帰国するまで、第四期は一九六四年の死去まで、としている。特に朝鮮古窯跡を探しだし、発掘して、それが何時の時代の窯跡か、陶磁器の破片から研究したこの手法は、その戸籍と制作年代を明解にした。

朝鮮半島にも開発の手は伸び、「非常に剣呑な最後の段階」に達している状況で、窯跡の研究は「世界的なる緊急事業」と倉橋藤治郎は述べている。このような啓明会をはじめとする理解者を支えに、家族、特に妻たか代の理解なくしては窯跡巡りという実地研究はなし得なかった。「現場に行って一々突き止めないと正しい資料にならない」と考えた伯教は、一九四六年十一月の朝鮮引き揚げまでに朝鮮半島全域七〇〇ヶ所を超える窯跡を訪ねている。

二〇〇四年五月、私が韓国を訪ねた際、韓国人の家庭婦人に浅川伯教・巧を知っているか問うたところ、伯教は「李朝陶磁の神様」として知っているという返事に驚いた。たいていの日本人は知らないだろうに。

その年九月の訪韓の折、鄭良謨《チョンヤンモ》元中央博物館館長にインタビューすると、「伯教先生は、陶磁器研究の基本である窯跡をめぐり、全国の窯跡から蒐集した陶磁器の破片にラベルを貼って残した。その数百箱の陶磁器の破片が現在国立中央博物館に残っている。また、伯教先生は参考資料をよく集めており、それらも現在国立中央博物館に保管されている。伯教先生は、もの（陶磁器）を多く見て回ったが、これは朝鮮や美術、陶磁器に対する愛情がなければできないことであり、誠実で継続的に調査・観察する姿勢を常に持っていた」と資料収集能力や研究姿勢について、高く評価していた。

伯教は朝鮮陶磁研究の最初の成果として論文「李朝陶器の価値及び変遷に就て」（『白樺』一九二二年九月号）を発表した。李朝を初期・中期・後期・末期と区分し、初期を三島全盛時代、中期を堅手白磁時代、後期を染付全盛時代と特徴づけた。鄭良謨元館長は、朝鮮陶磁の時期区分に関しては、京城帝国大学教授奥平武彦の時代区分に比べて、実物中心であり、当時としては最高の時代区分であったこと、伯教の著書に、窯場や窯跡の絵や絵地図がある、文章の表現能力もあり、科学的な分析をしたことも高く評価できるとも言っていた。

伯教の著作の『釜山窯と対州窯』（彩壺会、一九三〇年）の評価についても、鄭元館長は次のように語られた。「釜山の倭館で、朝鮮が材料（土、窯）を提供し、陶磁器を製作して日本に持っていった。その歴史的な背景を朝鮮戦争の際には多くの窯跡が破壊され、ほとんど残されていないのが現状だ。伯教先生がその破壊の前に調査・研究したことに大きな意義がある。伯教先生の本は陶磁器と現地調査に関する研究に優れていたことを示す」。

先の論文「李朝陶器の価値及び変遷に就て」は、三島焼、朝鮮語では粉青沙器《プンチョンサギ》が高麗時代のものでなく李朝時代のものであることを明らかにしたことでも知られている。これは当時朝鮮人の間でも高く評価され、朝鮮の新聞にも翻訳転載された。

さらに、著作をあげていくと、「李朝陶磁器の歴史」（『朝鮮』一九二二年三月号）、「壺」（『白樺』

一九二二年九月号）、「李朝陶磁器の歴史」（『朝鮮』一九二二年十二月号）、「石窟庵の宿り」（『朝鮮』一九二三年三月号）、「木喰さんに就て二、三」（『木喰上人之研究』一九二五年六月号）、「富本憲吉氏の窯芸」（『アトリエ』一九二五年八月号）、「日本と喪礼」（『東亜日報』一九二六年一月一日）、「李朝白磁の壺」（『朝』一九二六年五月創刊号、表紙も）、「鮮展雑感」（『朝』一九二六年六月号、表紙も）、「朝鮮陶磁器」（『朝鮮研究資料八〇集』一九二七年）、「三木君の個展を観る」（『京城日報』一九二八年九月三十日）、「産業門外観」（『朝鮮及満州』一九三〇年二月号）、「大賢市に隠れ逸品も市に隠る」（『京城日報』一九三〇年二月二十二日）、「我国の工芸に及ぼしたる朝鮮工芸の影響」（『帝国工芸』一九三〇年二月号）、『日本地理大系第十二巻朝鮮篇』の写真解説（一九三〇年九月）、「朝鮮窯業振興に関する意見」（『工芸』一九三一年七月号）、「農民工芸に就て」（『朝鮮農会報』一九三二年九月号）、「明川の窯」（『工芸』一九三二年七月号）、「土木建築に関する二、三」（『朝鮮土木建築協会会報』一九三二年九月号）、「工芸方面より観たる朝鮮」（『朝鮮同胞の光』一九三四年三月号）、『朝鮮古窯跡の研究によりて得られたる朝鮮窯業の過去及び将来』（中央朝鮮協会、一九三四年八月）、「彼の故郷と其祖父」（『工芸』一九三四年四月号）、「朝鮮器物の模様に付て」（『工芸』一九三四年九月号）、「朝鮮古陶器の研究に就きて」（『啓明会第五十五回講演集』一九三四年十月）などがある。

「朝鮮古陶器の研究に就きて」は、バーナード・リーチも感激し、イギリスで出版したいと言ったと、赤星五郎は記している（赤星五郎・中丸平一郎『李朝』淡交新社、一九六五年）。

一九三四年には啓明会の資金援助による調査結果を公開した「朝鮮古陶史料展」（東京と大阪）が開かれた。二十八畳敷きの朝鮮半島の地図を使って、全道の窯跡をしるし、そこから出た破片をその地点に展示した画期的な展覧会であった。

一九三五年以降も、『朝鮮陶器の鑑賞』（倉橋藤治郎発行・編、一九三五年二月）、「古陶雑感」（『随筆朝鮮』一九三五年十月号）、「工芸の内容と我が国工芸の過去に就て」（『朝鮮』一九三六年五月号）、「銀象嵌工場」（『工芸』一九三六年一二月号）、「点茶三昧を浅川伯教氏に聴く」（『緑旗』一九三七年八月号）、「鈍翁の立体的趣味道——大茶人益田鈍翁」（『焼きもの趣味』一九三九年三月号）、「朝鮮陶器に就て」（『朝鮮名陶図鑑』一九四一年一〇月）、「朝鮮のお茶」（『わび』一九四四年一月号）、「朝鮮の美術工芸に就いての回顧」（『朝鮮の回顧』一九四五年三月）などを発表した。

外に未発表の論文、「鶏龍山窯古陶器に就いて」（一九二八年一月）、「無題」（明川・会寧窯について書いたもの）、「陶片録」、「高麗茶碗に就て」、「清水公園を自然公園とする案」などが遺族のもとにある。

一九四五年八月十五日、日本の敗戦とともに多くの在朝日本人が帰国した中で、アメリカ占領軍は伯教の研究の実績を高く評価し、特別在留を許可した。その間に伯教はそれまでの研究をまとめた。また、朝鮮民族美術館を守り続け、それらを宋錫夏《ソンソッカ》が新たに設立した民族博物館に吸収統合させた。伯教は私蔵の工芸品三千余品と陶片三〇箱を空襲に備えて土中に埋めていたが、一ヶ月余をかけて掘り出し、これらも民族博物館に寄贈した。それらの品々は今も、韓国国立中央博物館に受け継がれている。「朝鮮のものは朝鮮に返す」という伯教の姿勢は研究者のあるべき姿を示したものだ。

一九四六年十一月、伯教は三十三年にわたる朝鮮生活を清算して日本に帰国した。その後、陶器の手入れと茶道に心を傾け、両祖父から受け継いだ素質を発揮して、俳句を作った。俳号を佳月と名乗り、複雑な決まり事、技巧がある連句の世界で、「現在の日本の連句界では、私がトップだろう」と豪語した（浜口良光の証言）。

日本の窯跡の調査や講演、本の執筆、出版などにも携わった。しかし、朝鮮での精力的な窯跡探査に比し、成果は少なかった。

名著『李朝の陶磁』（座右宝刊行会、一九五六年）の序で安倍能成は、「君はよくいへば名人肌、わるくいへば物臭であり、何をやるのにもみこしを上げるまでに時間と手数がかかる方」と語り、「君の味解力、直覚力を尊敬すると共に、李朝陶磁についての鑑賞と製作、遍歴と探索、経験と知識とを悉く傾けた李朝陶磁誌を残してもらふことを多年熱望して居たのである」と発刊の期待を語っている。伯教の体験から得た研究と知識とを、歴史的、科学的に整理した体系的な著述を期待していた気持ちを歯に衣を着せずに語っている。

京城で親しく付き合ってきた安倍能成だから、晩年の伯教に対して「頑固爺さんにも、人に語らぬ悩みは多く、健康も衰へ」と親しみを込め、さらに「君は自然で稚拙な、欠点も多い不整正な李朝磁が、愛用者の生活による仕込みによって成長完備していく過程をも体験したのであらう」と李朝陶磁と伯教を重ねて老友に語りかけ、戦後の伯教の一面を浮き彫りにしている。

戦後の著作には「御本茶碗について」（『日本美術工芸』一九五〇年六月号）、「朝鮮随想断片」（『たくみ』一九五四年十一月号）、「高麗青磁私考」（河出書房『世界陶芸全集』第十三巻、一九五五年十月）、「白磁・鐵絵・天目・その他」「釜山窯」「朝鮮の窯跡と採集品の記録」「李朝陶磁窯跡一覧表」（いずれも『世界陶芸全集』第十四巻、河出書房、一九五六年七月）、「朝鮮の窯――谷城の窯について」

（『淡交』一九五六年十一月号）、「咸鏡北道明川の窯」（『茶道雑誌』一九五八年四月号）、「朝鮮現在の民窯」（河出書房『世界陶芸全集』第十六巻、一九五八年十一月）、「朝鮮民画の題材について」（『民芸』一九五九年八月号）、平凡社陶器全集・第十七巻『李朝』（一九六〇年七月）がある。

一九八八年八月二十一日から九月二十五日まで、李朝陶磁五百年の美展・浅川伯教資料展が山梨県立美術館で開催された。旧安宅コレクションを中心にした李朝陶磁の一級品約百三十点と浅川伯教ゆかりの陶磁約三十点が展示され、浅川兄弟の故郷での開催は大きな反響を呼んだ。

伯教旧蔵品の「染付辰砂蓮花文壺〈蓮の壺〉」（現在、大阪市立東洋陶磁美術館所蔵）について、鄭良謨元館長は「もし日本でなく韓国にあったとするなら国宝として指定することに賛成だ。その価値は十分あり、私もこの壺をみて、とても感動した」と最高の評価をし、伯教の高い鑑識眼を指摘した。なお、ソウル郊外にある弟巧の墓石は、巧が愛した朝鮮中期の「青花窓絵面取壺」をモデルに伯教がデザインしたもので、土饅頭の朝鮮式墓地群の中で異彩を放っている。

伯教と巧はそれぞれ、一九〇四年と〇七年にメソジスト甲府教会で受洗した。伯教は妻たか代とも、この教会の信徒として結ばれている。彼らの精神基盤は『聖書』を抜きには語れない。二女上杉美恵子によると、「父は日々聖書を読んでいました」という（二〇〇四年八月二十日）。

神田健次（「朝鮮の土となった日本人キリスト者」（『関西学院大学 人権研究』一九九八年三月）は、「従来の研究において決定的に欠如している視点は浅川巧のキリスト者としての思想と行動の究明」とし、「当時の教会のあり方に批判的姿勢を保ちながらも、教会との関わりを重視していた」事実を『日記』を通して確認している。そして巧のキリスト教理解、教会との関わりを「第一は、教会との関わりを批判的姿勢を保ちつつ、信仰にある共同の交わりを大切にした。第二は朝鮮語をマスターした巧が真の意味で朝鮮の人々に対して隣人として対等に向かい合って生きた。第三はトルストイの影響を受けた理想主義的なキリスト教的社会思想の実践者として非戦論を展開している。第四は故郷の豊かな自然から培ったであろう自然との共生思想が露天埋蔵法やマメ科植物の発芽促進法などの新しい手法の開発、植林事業への貢献である」と述べている。そして、最後に「新しい教会」の構想を『日記』が叙述」していることに着目している。巧は自由な聖徒の新しい交わり、団体が小さく固まるよりも広く世の中に融け込むことを志向した。それを「新しい教会の構想」として取り上げている。武者小路実篤の「新しき村運動への共鳴に対しての一つの途」とも神田は言い、それは「朝鮮民族美術館、民芸運動への関与へと、内的に継承されていった」と想定している。そしてこのようなキリスト教理解をしていた浅川巧独特の言葉で「愛の記念」とまで呼ぶ巧の宗教観を紹介している。貞洞の兄、伯教ともよく語らっていたので、その宗教観は共通するであろう。

牧師の父と共に朝鮮・仁川で生活していた石丸新は、「日本プロテスタントがきわめて稀な例外を除き、ほとんど全体として、国策を是認し、これに奉仕した罪の歴史は、朝鮮においてもっとも突出した形であらわにされている。プロテスタント教会は当時日本人のための宣教を行い、朝鮮人の信徒は稀であった」と少年時代の思い出を語っている(二〇〇四年十一月六日)。『浅川巧 日記と書簡』中、巧は兄伯教と当時のキリスト教界について良く語らい、その批判が読み取れる。

「浅川君の作品展覧会の為に」(『草野集』一九三六年)を書いた安倍能成は夏目漱石の弟子であり、崇拝者であった。哲学史研究のため、ヨーロッパへ留学し、帰国後、京城大学教授・同法文学部長となった。そのころ浅川兄弟と交流した。一九四〇年からは一高の校長となって朝鮮を去った。戦後、文部大臣となり、学習院院長を二〇年間つとめた。「李朝陶器篇に寄す」(平凡社『陶磁全集』第一七巻月報一八、一九六〇年)と「「浅川伯教君のこと」(『民芸』一九六四年三月号)には老友伯教の回想と追悼を書いてる。

「浅川さん不死」(『民芸』一九六四年三月号)を書いている陶芸家河井寛次郎は、妻が巧の妻咲子と従姉妹という関係もあった。

「伯教君を憶う」(『民芸』一九六四年三月号)を書いている浜田庄司は渡英し、帰国後、栃木県益子町に居をさだめ、柳とともに民芸運動を積極的にすすめた一人である。益子で一般的にもちいられていた陶土や釉薬をもとに、たくましく安定した独自の作風を築いた。

「浅川さんを偲ぶ」(『民芸』一九六四年三月号)を書いている田中豊太郎は、民芸運動家で、朝鮮陶磁器の研究者であった。

「伯教さんとの宿縁」(『民芸』一九六四年三月号)を書いている土井浜一は、朝鮮工芸会のなかまで、『工芸』に水滴などについて寄稿している。

「俳人伯教宗匠」(『民芸』一九六四年三月号)を書いている浜口良光は、東洋大学で柳宗悦に学び、朝鮮へ渡った。学校の教師をしながら朝鮮の工芸を研究した。「俳人伯教宗匠」の文中で芭蕉の連句を引用しているが、『芭蕉連句集』を調べてみると、

貞享二年「何とはなしに」（熱田三歌仙）のなかで、
菴住《いほ》やひとり杜律《とりつ》を味ひて――叩端
花幽《かすか》なる竹こきの蕎麦――桐葉　となっている。ここに参考までに載せておく。

「伯教さんのこと」（『民芸』一九六四年三月号）と「浅川さん御兄弟のこと」（赤星五郎・中丸平一郎『朝鮮のやきもの　李朝』一九六五年）を書いている赤星五郎は、朝鮮で牧場を経営していた赤星鉄馬の弟で、陶磁器蒐集では伯教の弟子である。伯教著作『李朝の陶磁』三〇〇部限定、非売品は赤星が発行者である。

「伯教先生の面影」（『民芸』一九六四年三月号）を書いた鈴木繁男は〝砥部焼《とべ》〟を広めた民芸運動の推進者の一人。浅川伯教もここで工芸指導を行い、知り合った。

「伯教さん」（『民芸』一九六四年三月号）を書いた山本為三郎は一九四九年の大日本麦酒株式会社の分割（もう一つはサッポロビール）により設立されたアサヒビールの初代社長。戦前からの伯教の支援者である。原題は「回想の人・伯教さん」。

「浅川先生の思い出」（『民芸』一九六四年三月号）を書いた広田煕は陶磁工芸に関する調査・研究、奨励・指導を行い、国内外へ普及すること等を目的とした日本陶磁協会の理事を何回か務めた骨董屋。

「浅川伯教先生の死」を書いている手塚利明は伯教の後輩として山梨師範を出た後、小学校教員として四十年を過ごした。退職後、高根町観光協会参与として八ヶ岳の観光事業に関わった。そして、八ヶ岳の麓に生まれて活躍した人々、その先覚者の業績を『輝く八ヶ岳』（一九六四年）としてまとめた。

「浅川伯教の死を悼む」（『陶説』一九六四年四月号）を書いたグレゴリー・ヘンダーソンは、

一九七〇年代までソウルのアメリカ大使館に勤務していた外交官。米軍の美術課長ジョージ・ギフォードと共に朝鮮を引き上げるまで伯教と親交を結んだ。ヘンダーソンは日本のアメリカ大使館に勤務していた時期もあり、しばしば自宅を訪ねる等親交を結んだ。ヘンダーソンが書いた本には、渦巻き型の韓国政治、つまり中央集権型の政治を言い、李朝時代からの前近代的な政治を比較政治学的に初解明《渦巻型構造の分析》した。「親愛なる浅川夫人へ」（ヘンダーソンとその妻による一九六四年三月二六日書簡）はヘンダーソン夫妻からの哀悼の手紙で妻たか代が訳した。

親族が見た浅川伯教

浅川たか代「ヘンダーソン論文について」は、グレゴリー・ヘンダーソン「浅川伯教の死を悼む」、ヘンダーソン夫妻「親愛なる浅川夫人へ」を読んで、一九六四年四月に書かれたコメントのようなもの。

「夫を語る」の浅川たか代は、この『京城日報』一九二〇年十月二十二日の記事で、彫刻『木履の人』が帝展に入選した喜びを、伯教が教員でありながら教育書もないと談話し、彫刻で生きるかどうか、いずれにしても早晩教員は辞めると暗示している。

「父を語る」の鈴木牧栄は伯教の長女で、その夫が鈴木正男である。牧栄は夫の死後、息子を通して、伯教愛蔵の陶磁器を大阪市立東洋陶磁美術館に寄付している。伯教夫妻はこの長女夫妻と晩年を共に過ごしている。

「父とおじの思い出」の上杉美恵子は二女で、夫亡き後、長女夫妻と同居している。長女・高柳かな子は祖父の所に遊びに行くと、畑から取ってきた野菜を写生したものに手を入れてくれた思い出を語っている。その高柳かな子が画家として活躍しているのも祖父の影響だろう。

「浅川伯教氏の死」（『山梨日日新聞』一九六四年二月五日付けに発表し、後『輝く八ヶ岳』に収録）を書いている進藤章は浅川伯教・巧の父の妹（たい）を母とした従兄弟で、画家として活躍した。若い頃からの付き合いが感じられる哀悼の言葉である。

以上、伯教の李朝陶磁研究への姿勢がいかに実践的なものであったか、その業績の大きさを改めて認識出来た。しかし、一九四六年以後の晩年十八年は窯跡の現場、朝鮮を離れたこと、集めた陶片・文化財を朝鮮に返したことで調査研究は一段落し、彼の時代は終わったという思いを抱いていたのだろうか。

今、伯教が果たした仕事を振り返り、ゆかりの人々の追悼を読むと、彼が李朝陶磁研究にはじめて手を付け、巧をはじめ、柳宗悦等友人達にさざ波のように広めていった功績は計り知れない。さらに、韓国文化特に李朝陶磁の体系を解き明かしたのは彼が先駆けであった。そして、現場主義ともいえる実践的研究者で終わらず、自ら陶器も焼き、指導し、絵も描き、書も書く、俳句もする、お茶も極める、と多角的才能の持ち主であったことはあまり知られていない。名人芸的直感に優れていた。しかし、この世的な名声を欲しがらず、啓明会には資金援助を受けていたが、彼なりに生きることを終生旨としていた。若き時、魂に結びついた神と自己との対話の中で生き、他人の評価には左右されなかった。伯教の生き方は植民地時代も戦後も変わらない生き方をして来たのだと思う。キリスト者の多い韓国社会と日本の相互理解をすすめていくヒントは、終生キリスト者として生きた浅川兄弟の生き方にあり、今日的意味を私達に問うている。

浅川巧のこと

李　尚　珍

一九九八年の韓国における日本大衆文化開放や二〇〇二年のサッカー・ワールドカップの日韓共同開催、韓流ブームなど最近の日韓友好ムードが広がる中にあっても、浅川巧を知る人は民芸関係者や林業関係者、故郷の山梨県北杜市高根町の人々に限られている。しかし、そのような中で、浅川伯教・巧の業績を調査研究し、より広く知らせるための活動が活発になってきた。

私も、山梨英和高校の元教師らとともに、二〇〇四年九月と二〇〇五年一月の二度にわたって、浅川兄弟の足跡をたどって韓国を旅してきた。第一回目の旅では、韓国国立山林研究院（林業試験場の後身）の元院長で浅川巧先生記念事業委員会幹事長・趙在明と韓国国立中央博物館元館長・鄭良謨、伝統家具研究家・裵満実などに、そして第二回目の旅では、海剛陶磁美術館館長・柳光烈、浅川巧日記の寄贈者・金成鎮の夫人・安貞順と甥のキム・ソンテなど、多くの巧とゆかりの深い方々にインタビューをすることができた。その概要を織り込みながら、まずは浅川巧の業績を紹介する。

浅川巧の代表的な著作

浅川巧は、林業フィールドから得た養苗と造林の研究成果として、朝鮮の大問題であった禿山の利用についての学問的・技術的な提案をした。巧の朝鮮松の人工造林方法の「露天埋蔵法」という研究について趙在明は、「実質的で実用的な仕事だった」と評価している。

もう一つの巧の業績は朝鮮伝統工芸に関する研究である。特に、一九二九年に発表された『朝鮮の膳』(民芸叢書第三篇、工政会出版部)は、庶民の日常生活に用いられている朝鮮民芸品・木工品に内在している朝鮮固有の美意識を明らかにした最初の研究書と言ってよい。裵満実の『李朝家具の美』(セグル社、一九七五年)にはじめて本書が参考文献として取り上げられた。当時、裵満実は韓国の伝統家具の美に関する教材が全くなかったため、自ら伝統家具の蒐集家や愛蔵家を回り写真を撮っていた時に『朝鮮の膳』を知り、「巧先生自ら朝鮮の古いものを見て美しいということを感じながら、そのまま書き込んだもので、とても感動的でした」と語っている。

巧の遺著『朝鮮陶磁名考』(朝鮮工芸刊行会、一九三一年)では、時代の気分を読むためには器物本来の正しい名称と用途を知って置く必要があることが強調された。巧の「朝鮮民族への親しみに満ちた理解」の一端を示すエピソードである。鄭良謨は、「この著書は歴史的な記録で、学術的な論文より価値」があり、「日常生活用品を研究して本を出すことは愛情がなければできない」と絶賛している。

二〇〇三年、浅川巧著・高崎宗司編『朝鮮民芸論集』(岩波文庫)と高崎宗司編『浅川巧 日記と書簡』(草風館)の刊行によって巧の著作が広く読まれるようになった。

浅川巧に関する研究文献

高崎宗司『朝鮮の土となった日本人――浅川巧の生涯』(草風館、初版一九八二年、増補三版二〇〇二年)は、多角的な浅川巧研究の最初に位置する。本書は巧をめぐる周辺人物の談話を紹介した。韓国語にも翻訳されて、韓国人が浅川巧を知るきっかけともなった。

浅川巧の故郷・山梨県での研究は早くから行われ、一九八五年の中村高志『木履の人――浅川伯教・巧兄弟』(山梨日日新聞社)、一九八六年の佐々木悟史「『浅川巧』の研究ノート」(『月刊新山梨』一九八六年三月号)、清藤城宏「林業技術者としての浅川巧」(『月刊新山梨』一九八六年四月号)などがある。牧師である佐々木は、巧の洗礼や教会籍の異動について書いている。林業技術者である清藤は、巧の林業関係の業績について評価している。

一九九六年、李秉鎮「大正時代のある対話精神――浅川巧の日記公開を巡って――」(『比較文学・文化論集』一三号)は、巧の朝鮮民芸への実証的なアプローチの意義と、それが異文化への眼差しに繋がっていることを指摘した。なお、李秉鎮は二〇〇二年に、「「白樺派」における他者としての〈朝鮮〉――柳宗悦と浅川巧の場合――」(博士論文、未刊)を書いて、巧を「京城白樺派」と称し、巧の朝鮮人との「対話」の姿勢を評価した。

一九九八年、神田健次「朝鮮の土となった日本人キリスト者――浅川巧の足跡を求めて――」(『関西学院大学人権研究』一号)は、キリスト者としての巧の思想と生い立ちとの関連を指摘している。

李尚珍「浅川巧の朝鮮観――植民地時代におけるその業績を中心に――」(お茶の水女子大学大学院『人間文化論叢』第四巻、二〇〇一年)、「浅川巧――その異文化理解モデルの今日的意義」(『人間文化論叢』第五巻、二〇〇二年)、「キリスト者浅川巧の苦悩――その宗教観を中心に――」(『人間文化論叢』第六巻、二〇〇三年）は、日韓の相互理解のパイオニアとなる「浅川巧像」を通して、巧の「朝鮮観」の意義と特質、ならびにその異文化理解モデルの今日的意義を示した。

二〇〇四年、山梨県高根町の中学生である椙村彩は、『日韓交流のさきがけ——浅川巧』（揺籃社）を出版した。韓国における浅川巧の足跡をたどり、陶芸家・民芸研究家などのインタビューを通して、今日の日本人・韓国人の浅川巧への思いを記録している。

友人が見た浅川巧

宗教哲学者で民芸運動の創始者として知られる柳宗悦は、巧のよき理解者であった。『工芸』一九三一年五月号の「編者附記」は、巧の著書『朝鮮陶磁名考』が「永遠に消えない」独創的な著述であると紹介した。さらに、同号の「編輯余録」には、当時の朝鮮民芸運動における巧の役割の重要さを率直に述べた。そして、『工芸』一九三一年七月号の「編輯余録」では、巧の「朝鮮窯業振興に関する意見」が朝鮮の過去の工芸に対するだけのものでなく、伝統の継承という将来への期待を込めていることを評価した。また、『工芸』一九三一年十月号の「編輯余録」では、『朝鮮陶磁名考』が将来の研究の基礎となることを確信している。「浅川のこと」は『工芸』一九三四年四月号に掲載され、柳は巧の存在が「自分の手本となる徳を備えた友達」「かけがえのない人」「心を清くしてくれた友達の一人」であると絶賛している。柳と浅川の深い友情に注目してほしい。

安倍能成は、一九二六年三月、京城帝国大学の教授に任命され、その後「朝鮮工芸会」の活動を通して巧とも三年ほど交流している。安倍の「浅川巧さんを惜む」は一九三一年四月二十八日から

『京城日報』に連載され、その後『青丘雑記』（岩波書店）などに収録された。巧の朝鮮における活動を詳細に紹介し、巧の死を「朝鮮の損失」であり、「人類の損失」であると嘆いた。本連載は、後に「人間の価値」という題のもとに書き直されて、一九三四年から旧制中学校の国語の教科書（岩波書店）に掲載された。「浅川巧君の追憶」は『工芸』一九三四年四月号（浅川巧追悼号）に掲載され、一九三六年に『草野集』（岩波書店）に収録された。随筆「ある日の晩餐」は、一九三四年の『静夜集』（岩波書店）に収録されている。飲み会でのエピソードを取り上げ、妓生（韓国の芸者）とも仲良くなれる巧の人間的な温かい一面を紹介している。なお、巧の生年を一八九〇年十一月としているが、正しくは一八九一年一月である。

外村吉之介の「朝鮮の膳と浅川巧氏」は『民芸』一九七四年九月号に掲載された。外村は柳宗悦を通して巧と知り合い、巧が日常生活の中で「朝鮮の木工品や陶磁」などを使っているのを見て、「驚きもし喜んだ」と述べている。外村は、初めてのお墓参りの様子と旧居や林業試験場、緝敬堂（旧・朝鮮民族美術館）などの見学の様子をも記録している。

浜口良光の「巧さんと私」は『工芸』一九三四年四月号に掲載された。浜口も柳宗悦の紹介により巧と知り合った一人である。浜口は、日常生活における巧と朝鮮の子供たちの付き合いを詳細に紹介している。

土井浜一の「巧さんと尼さん」も同じ号に掲載された。土井は当時朝鮮銀行に勤務し、朝鮮民族美術館主催の李朝陶磁器展覧会で巧と知り合い、武者小路実篤の「新しき村」の会員同士としても巧と交流した。土井は、尼寺で食事会を開く巧を紹介し、「我々会員の殆どは朝鮮料理は勿論、此の精進料理も初めてゞあつた」としている。「ピビンパプと云ふ朝鮮のゴモク飯」を作っている巧の様子が印象的に紹介されている。同号に「巧さんの仕事の跡」を発表し、未発表の作品を含む工芸・林業に関する著作リストを紹介している。リストは不正確な所が多いので割愛した。兄弟の著作については、本書巻末の「「浅川兄弟年譜」を参照のこと。

中井猛之進の「浅川巧君へ」も同じ号に掲載された。中井は東京帝国大学の教授で、総督府の嘱託として朝鮮の森林を調査していた。巧は朝鮮の着物を好み、朝鮮語を話し、よく朝鮮人に間違えられたという日常生活における面白いエピソードが紹介されている。

加藤松林人の「浅川巧さんの墓」は『韓国の美しさ』（一九七三年）に収録されている。加藤は画家であり、一九二二年から終戦に至る間、朝鮮内の各種美術団体に関わっていた。本文では、戦後に、巧のお墓の場所の確認作業が進められる過程と急遽行われた追悼祭の様子が詳細に紹介されている。

柳兼子「朝鮮のこと」（原題は「柳兼子・水尾比呂志「柳兼子夫人に聞く（三）朝鮮のこと」）は一九八一年『柳宗悦全集』第六巻の「月報」に収録されている。兼子は当時、「朝鮮民族美術館」の設立のために開かれた音楽会の準備に巧の努力が欠かせなかったことを高く評価している。在朝日本人としての巧の活躍の一面がうかがえる。

富本憲吉の「京城雑信」は『窯辺雑記』（一九二五年）に収録されている。富本は陶芸家であり、巧の清涼里の家にしばらく滞在したことがある。一九二三年当時の巧の家と清涼里周辺の風景も描かれている。

柳宗理と高崎宗司の談話「浅川巧と柳宗悦」（原題は「隣国を想う」）は『明日の友』一九八八年夏

号に掲載された。柳宗悦の長男で日本民芸館の館長である柳宗理は巧について父宗悦の「唯一の心の友」であったことを証言した。また、高崎は巧を「民芸的な魅力をもった」人であると評価している。この対談では、日韓両国の付き合いの手がかりとして、浅川巧と柳宗悦の朝鮮伝統文化認識の方法が取り上げられた。

洪淳赫の「浅川巧著『朝鮮の膳』を読んで」は一九三一年十月十九日の『東亜日報』に掲載された。朝鮮の人が巧について最初に評価した文章である。洪は早稲田大学出身の高等学校の教師であった。洪は、当時の朝鮮の人々に伝統美術・工芸に対する理解と知識があまりなかったことを指摘しながら、巧の朝鮮の伝統工芸に対する深い愛情に「敬服せざるを得ない」と、高く評価している。

崔福鉉の「浅川先生の想出」は『工芸』一九三四年四月号に掲載された。崔は当時、広島高等師範学校の学生で、かつては中央学校の日本語兼美術教師であった赤羽王郎の教え子であった。赤羽を通じて巧と知り合った崔は、巧を通して「自国朝鮮の尊さ、美しさに気づいて喜んだ」ことと、自文化への誇りを持ち始めたと回想している。そして、巧に自分の子供の名付け親になってもらうほど深い付き合いを続けたのである。のちにソウル市の教育委員長を務めた。

金二万の「同じ人間として」は、一九七九年四月十九日に行われたインタビューの記録である。高崎宗司に代わって、言論史を研究していた崔沃子が質問し、その記録を整理した。今回、李尚珍が翻訳した。金二万は、林業試験場の造林課で働いていた。「木おじいさん」と呼ばれた金二万は、定年退職後も嘱託・顧問として働き、一九八五年十一月七日、八十五歳で亡くなった。崔沃子は、高崎への手紙（一九七九年四月十二日付け）の中で、造林課の課長や同僚たちが、次のように語っていたと書いている。「金二万さんから浅川巧に関する話を耳にたこができるほど聞いている、そのお陰で、自分たちも浅川についていろいろ知るようになった。金二万さんは機嫌がよいと夜通し浅川巧の話をしている」。

金成鎮の「日記入手の経緯」は、一九九六年二月末日に金夫人・安貞順が代筆したものである。その経緯については、安貞順と甥のキム・ソンテとのインタビューを通してより詳細に知ることができた。金成鎮は一九九二年に死亡していた。安は、「主人もあの世で満足しているでしょう。また、浅川兄弟と再会して楽しんで過ごしているだろうと想像しています」と話し、「浅川兄弟は主人（金成鎮）が尊敬する方々なんです。朝鮮戦争の時、命からがらに逃げる際にも、家財道具など他の荷物は持たず、日記だけをきれいに包み、リュックサックに入れて背負って逃げました。性格のはっきりした人でしたので、他人がなんと言おうと自分の尊敬する方の日記だということで、命がけで守ったのです」。

親族が見た浅川巧

浅川伯教の「彼の故郷と其祖父」は『工芸』一九三四年四月号に掲載された。伯教は巧の兄で、「巧は根性がいいといつてよく誉められ」、「お爺さんの性質を最もよく受けて居」、「年を拾ふに従つて益々お爺さんに似て来た」と述懐している。生まれる前に父を亡くした巧の名は、大おじ・田彦が付け、「古い韻鏡などを引張り出して、何々の反巧《タクミ》何年何月何日　田彦　と書いて印を捺した紙があつた」と回想している。

浅川園絵の「浅川政歳への手紙」は母方のおじ・浅川政歳への手紙である。父巧が亡くなって、母咲が毎日泣き悲しんでいること、園絵自身も一人になると父巧を思い出していることを述べる半面、強く生きて行こうとする意志をも明確にあらわしている。

浅川咲の「浅川政歳・ちか子への手紙」は浅川政歳夫妻への手紙である。若くして亡くなった夫を思う悲痛の気持ちと、残された幼い園絵に対する深い愛情が感じられる文章である。亡き巧を思い続けてくれる伯教、安倍能成などの周りの人々に対する感謝の気持ちがこめられている。

小宮山栄の「弟の思い出」は一九七九年九月二十七日に高崎宗司がインタビューした記録である。小宮山は学校時代の巧について、算数と作文が得意で、記憶力がよく、ユーモアがあったと述べている。巧は「椎の木を育て、近所の人にあげたり。それが好きでした」とある。自然に親しみ、優しさを持つ少年であった。

浅川政歳の「亡き巧君のこと」は『工芸』一九三四年四月号に掲載された。政歳は巧の農林学校時代の友人で、姉・みつえは政歳の勧めで巧と結婚した。政歳は、巧からの手紙を紹介しながら、巧がトルストイを語る青年で、学校内で「尊敬され親しまれて居た」ことを紹介した。そして、秋田での「国有林の伐採作業や、植林」の仕事と周辺住民との付き合いと、朝鮮行きが決まった時、「食つてゆく」ためにではなく、「善い仕事をする」ために悩む巧の価値観を評価している。また、「巧兄死の前後」では、一九三一年四月一日に「タクミハイエンヤマイオモシ」という電報をもらい、京城の清凉里に赴く過程における淋しさと哀しさを述べている。そして、病気中でありながら、「責任がある……」と『工芸』に載せる原稿を執筆し続けたことを紹介し、「死なない自信を持つた」という巧の言葉はこの世に限りない執着を持っていたことを表現するもので、死んでも死に切れなかったことであろうと巧を思いやっている。
小宮山辰也の「おじと林業」は一九七九年九月十六日の高崎宗司によるインタビューの記録である。小宮山は、仕事として朝鮮の山で木炭を作り、仁川から横浜へ木材を送っていた当時のことを思いながら、巧が造林のことに詳しかったことや勉強し続けることの大事さなどを話していたと回想している。

以上、浅川巧の業績と人間像を通して、彼の精神と行動力の「大きさ」を知ることができたのではないか思われる。その「大きさ」のすべては、韓国の文化の深遠さにあることは当然として、韓国の人々に対する「心」と韓国の伝統文化への「深い理解と愛情」によるものである。そして、この「心」と「愛」は、今日、彼を偲ぶ日韓両国の人々によって受け継がれ広まりつつある。本書を手にされる方々が、このような浅川巧の人間像を知り、未来志向的な日韓相互理解のあり方を考えていく機会をわれわれと共有していただければ幸甚に思う次第である。

浅川兄弟年譜

高崎宗司編

一八八四年八月　伯教が、山梨県北巨摩郡甲村（現在の北杜市高根町）五丁田で、浅川如作・けいの長男として生まれた
一八八七年十二月　如作・けいの長女として栄が生まれた（長じて、小宮山貢と結婚した）
一八八九年三月　柳宗悦が生まれた
一八九〇年七月　浅川如作が死んだ
一八九一年一月　如作・けいの次男として巧が生まれた
一九〇一年一月　父親代わりの祖父・小尾四友が死んだ
一九〇三年四月　伯教が山梨県師範学校に入学した
一九〇四年十月　伯教が甲府のメソジスト教会で受洗した
一九〇六年四月　伯教が小学校の教師になった
四月　巧が山梨県立農林学校に進学した
一九〇七年六月　巧が甲府のメソジスト教会で受洗した
この年　学校で一級下の浅川政歳と親しくなった
一九〇九年四月　巧が秋田県大館営林署に就職した
一九一〇年八月　日本が韓国を併合した
この頃　伯教が甲府の小宮山清三宅で朝鮮陶磁器を見た
この頃　柳が神田の骨董屋で朝鮮白磁を買った
一九一三年五月　伯教が朝鮮へ渡り、小学校の教師になった
この頃　伯教が京城の骨董屋で白磁の壺を買った
一九一四年五月　巧が朝鮮へ渡った
八月　伯教が三枝高代（「たか代」と書くことが多かった）と結婚した
九月　伯教が柳宗悦宅を訪問した。土産に染付秋草文葫蘆《ころ》瓶の下半分（長年、面取壺と呼ばれてきた）を持参した

九月　巧が朝鮮総督府山林課に就職した。韓寿業・朴鍾源らと親しくなった
その頃　伯教が富本憲吉と知り合いになった
一九一五年二月　伯教と巧が柳宅を訪問した
十月　伯教と高代の長女・牧栄が生まれた（長じて、鈴木正男と結婚した）
一九一六年二月　巧が浅川政歳の姉・みつえと結婚した
八～九月にかけて柳が朝鮮に来て、伯教と旅行し、巧宅に泊まり、民芸に開眼した
一九一七年三月　巧とみつえの長女・園絵が生まれた
七月　巧が石戸谷勉と連名で「テウセンカラマツの養苗成功を報ず」を『大日本山林会報』に発表した
九月　伯教と高代の次女・美恵子が生まれた（長じて、上杉重二郎と結婚した）
一九一九年三月　朝鮮で三・一独立運動が始まった
四月　伯教が彫刻修業のため、朝鮮の小学校を辞職し、東京に出た
四月　巧が『朝鮮巨樹老樹名木誌』を朝鮮総督府から出版した
五月　柳が「朝鮮人を想ふ」を『読売新聞』に発表した
八月　巧が『樹苗養成指針・第一号』を朝鮮総督府から出版した
八月　朝鮮で斎藤総督の「文化政治」が始まった
一九二〇年五月　柳宗悦・柳兼子が朝鮮を旅行し、講演会・音楽会を開いた。宗悦は伯教所蔵の染付辰砂蓮花文壷を見て感動した
十月　伯教の彫刻「木履の人」が帝展に入選した
十二月　巧が柳とともに朝鮮民族美術館設立運動を開始した
一九二一年六月　柳宗悦・柳兼子が朝鮮を旅行し、講演会・音楽会を開いた。七月に宗悦は巧らと美術工芸品を蒐集した
七月　巧が『改訂増補樹苗養成指針・第一冊』を朝鮮総督府から出版した

八月　柳の妹が朝鮮で死んだ。宗悦が葬式に参列した
九月　浅川みつえが死んだ
十一月　柳・巧らが京城で泰西絵画展覧会を開催した
この年　林業試験所が清涼里に移転し、林業試験場と改称した。巧が記念植樹をした。金二万と親しくなった
一九二二年一月　巧が日記を書き始めた
一月　巧・柳らが冠岳山の窯址を調査した。柳は京城で講演会を開催した
二月　巧が清涼里に引っ越した
四月　伯教が朝鮮に戻った
六月　浜口良光が朝鮮へ渡った
九月　伯教が「李朝陶器の価値及び変遷に就て」を『白樺』に発表した
九月　巧が「窯跡めぐりの一日」を『白樺』に発表した
九月　巧・柳らが分院の窯址を調査した
九月　柳が叢文閣から『朝鮮とその芸術』を出版した
十月　巧・柳らが京城で「李朝陶磁器展覧会」を開催した。
一九二三年九月　関東大震災が起こった。巧が日記で朝鮮人虐殺を批判した
九月　巧・柳らが京城で「李朝陶磁器展覧会」を開催した
この頃　巧が随筆「水落山（第二回目）」「朝鮮小女」を執筆した
十月　富本憲吉が巧宅に滞在した。巧が「副業品共進会」を批判する文章を執筆した
十一月　柳が京城で講演会を開催した
十二月　伯教が陶磁史研究を本格化した
この頃　伯教の絵が朝鮮美術展で入選した
一九二四年一月　柳が甲府の小宮山清三宅を訪問し木喰仏を発見した
三月　巧が「苗圃担当の友に贈る」を『朝鮮山林会報』に発表し、露天埋蔵法を紹介した

四月　巧・柳らが京城に朝鮮民族美術館を設立した
十二月から翌年一月にかけて伯教・巧らが鶏竜山・康津の窯址を調査した
一九二五年三月　巧が「萩の種類」を『朝鮮山林会報』に発表した
四月　巧・柳らが京城で木喰仏写真展を開催した
四月　巧が「窯跡めぐりの旅を終へて」を『アトリエ』に発表した
七月　巧・柳らが丹波の木喰仏を調査した
十月　巧が大北咲（咲子ともいった）と再婚した
この年　伯教が会寧などで陶磁器を制作した
一九二六年三月　安倍能成が京城帝国大学教授として朝鮮に渡った
六月　巧が「主要林木種子ノ発芽促進ニ関スル実験（第二回報告）」を『林業試験場報告』第五号に発表した
十月　柳が朝鮮民族美術館で李朝美術展覧会を開催した
一九二七年四月　巧が分院窯址を調査した
七月　巧が「禿山の利用問題に就て」を『朝鮮山林会報』に発表した
十月　柳宗悦・柳兼子が朝鮮を旅行し、講演会・音楽会を開いた
十二月　巧が「分院窯跡考」を『大調和』に発表した
この頃　伯教が池順鐸と知り合った
一九二八年七月　伯教が啓明会から援助を受けることになった
七月　柳が朝鮮民族美術館で李朝陶磁器展覧会を開催した
この頃　伯教・巧らが「朝鮮趣味を語る会」を設立した
八月　伯教・巧・柳らが鶏竜山の窯址を調査した
一九二九年三月　巧が『朝鮮の膳』を朝鮮工芸刊行会から出版し、工政会出版部から発売した
この年　伯教が三一年にかけて七百ケ所近い窯跡を調査した

一九三〇年二月　巧が「朝鮮の棚と簞笥類に就て」を『帝国工芸』に発表した
七月　伯教が『釜山窯と対州窯』を彩壺会から出版した
この頃　巧が「朝鮮古窯跡調査経過報告」を執筆した
一九三一年三月　外村吉之介が巧宅を訪ねた
四月　巧が死んだ。京城郊外に埋葬した。遺稿「朝鮮古窯跡調査経過報告」などが残された。柳らが葬式に参列した
四月　安倍能成が「浅川巧さんを惜む」を『京城日報』に連載した
五月　巧の遺稿「朝鮮茶碗」が『工芸』に発表された
七月　巧の遺稿「朝鮮窯業振興に関する意見」が『工芸』に発表された
九月　巧の遺著『朝鮮陶磁名考』が工政会出版部から出版された
九月　満州事変が起こった
一九三三年一月　巧の遺著『主要樹苗ニ対スル肥料三要素試験』が『林業試験場報告』第十三号として出版された
この頃　巧の墓碑が京城郊外に建てられた
一九三四年四月　巧の三周忌に柳らが参列した。『工芸』が浅川巧記念号を発行した。巧の遺稿「金海」などを収録した
七月　伯教が朝鮮古陶史料展を開く
八月　安倍能成の「人間の価値」が岩波『国語』に掲載された
十月　伯教が「朝鮮古陶器の研究に就きて」を『啓明会第五十五回講演集　朝鮮の陶器』に発表した
この年　伯教が『朝鮮古窯跡の研究によりて得られたる朝鮮窯業の過去及び将来』を朝鮮中央協会から出版した
一九三六年五月　柳宗悦・河井寛次郎・浜田庄司が「朝鮮の旅」を『工芸』に発表した
十月　柳らが東京に日本民芸館を設立した

一九三七年七月　日中戦争が始まった
一九三八年三月　柳宗悦・河井寛次郎・浜田庄司が「全羅紀行」を『工芸』に発表した
一九四一年秋　巧の面取壺（李朝青花窓絵草花面取壺）」が話題になった
九月　アジア太平洋戦争が始まった
一九四五年三月　伯教が「朝鮮の美術工芸に関する回顧」を『朝鮮の回顧』に発表した
一九四五年八月　日本が戦いに敗れた
伯教が所蔵品を韓国に寄贈した
伯教が南朝鮮進駐軍のグレゴリー・ヘンダーソンと知り合った
一九四六年十一月　伯教が日本に引き揚げた
一九四七年三月　巧の妻子が日本民芸館に就職した
一九五六年　伯教が『李朝の陶磁』を座右宝刊行会から出版した
一九五七年十一月　柳が「朝鮮画を眺めて」を『民芸』に発表した
一九六〇年　伯教が『李朝陶器篇――白磁・染付・鉄砂』を平凡社から出版した
一九六一年五月　柳宗悦が死んだ
一九六四年一月　伯教が死んだ
三月　『民芸』が伯教追悼号を発行した
一九六六年六月　韓国人が「浅川巧功徳之墓」を建立した
一九七〇年一月　高代が死んだ
一九七六年十月　咲が死んだ
十一月　園絵が死んだ
一九七八年十二月　蝦名則編『浅川巧著作集』が八潮書店から出版された
一九八二年七月　高崎宗司が『朝鮮の土となった日本人――浅川巧の生涯』を草風館から出版した
一九八四年八月　韓国林業試験場有志が浅川巧の記念碑を建立した
一九八八年八月　山梨県立美術館が浅川伯教資料展を開催した
一九九六年四月　巧の著書『朝鮮の膳・朝鮮陶磁名考』が韓国で翻訳された

六月　浅川伯教・巧兄弟を偲ぶ会が結成された
十一月　高崎宗司編『浅川巧全集』が草風館から出版された
一九九七年五月　『芸術新潮』が浅川兄弟を特集した
十一月　浅川巧公日韓合同追慕祭がソウルで開催された
十二月　ＮＨＫテレビが浅川巧について特集した
二〇〇一年七月　山梨県北巨摩郡（現・北杜市）高根町に浅川伯教・巧兄弟資料館が開館した
二〇〇三年三月　浅川巧が韓国の高校教科書『韓国近現代史』（斗山）で紹介された
七月　浅川巧著・高崎宗司編『朝鮮民芸論集』が岩波文庫から出版された
十月　高崎宗司編『浅川巧　日記と書簡』が草風館から出版された
二〇〇四年五月　椙村彩が『日韓交流のさきがけ―浅川巧』を揺籃社から出版した
七月　浅川巧『朝鮮陶磁名考』が草風館から復刻された
二〇〇五年八月　韓国で開かれる「又玄高裕燮先生誕生一〇〇周年記念国際学術シンポジウム」で「柳宗悦と浅川巧の韓国美学」が取り上げられる予定。
十月　韓国で開かれる「光復六十周年及び韓日国国交樹立四十周年記念国際学術会議」で「朝鮮の土となった日本人―浅川巧」が取り上げられる予定。

回想の浅川兄弟

編　者　高崎宗司・深澤美恵子・李尚珍

高崎宗司／津田塾大学教員
深澤美恵子／浅川伯教・巧の会員
李尚珍／お茶の水女子大学大学院博士後期課程

装丁者　菊地信義
発行日　二〇〇五年九月一日
発行者　内川千裕
発行所　株式会社 **草風館**
東京都千代田区神田神保町三—一〇
印刷所　モリモト印刷

Co.,Sofukan 〒101-0051
tel 03-3262-1601
fax 03-3262-1602
e-mail:info@sofukan.co.jp
http://www.sofuka.co.jp
ISBN4-88323-151-8